中华优秀传统国学经典阅读

颜氏家训

【南北朝】颜之推　王俊 编校

中国商业出版社

图书在版编目（CIP）数据

颜氏家训/王俊编校. -- 北京：中国商业出版社，2018.12

ISBN 978-7-5208-0595-7

Ⅰ.①颜… Ⅱ.①王… Ⅲ.①家庭道德—中国—南北朝时代 Ⅳ.① B823.1

中国版本图书馆 CIP 数据核字（2018）第 220138 号

责任编辑：常 松

中国商业出版社出版发行
010-63180647　www.c-cbook.com
（100053　北京广安门内报国寺 1 号）
新华书店经销
三河市同力彩印有限公司印刷

*

710 毫米 ×1000 毫米　16 开　19 印张　250 千字
2019 年 1 月第 1 版　2019 年 1 月第 1 次印刷
定价：57.00 元

* * * *

（如有印装质量问题可更换）

前　言

泱泱中华五千载，悠悠国学民族魂。中华国学"为天地立心，为生民立命，为往圣继绝学，为万世开太平"，是中华民族几千年来生生不息的根本，是华夏儿女的文化基因和精神支柱。

中华传统文化经过千百年历史冲刷洗礼和不断交流、融合以及沉淀，最终形成了求同存异、兼收并蓄、辉煌灿烂的特点，它也是世界上唯一绵延不绝而从没中断的古老文化，并始终充满了生机与活力。

国学就是中国之学，中华之学，是以母语汉语为基础，表达中华民族的精神价值和处世态度的，有利于凝聚中华民族的文化向心力，有利于中华民族大团结，是华夏儿女的生命火炬，我们要永远世代相传和不断发扬光大。

中华优秀传统文化在思想上有大智，在科学上有大真，在伦理上有大善，在艺术上有大美。在中华民族艰难而辉煌的发展历程中，优秀传统文化薪火相传、历久弥新，始终为国人提供精神支撑和心灵慰藉。所以，更多地从传统优秀国学经典中汲取丰富营养，不只能充实灵魂，而是能够拥有一种神圣而崇高的家国情怀。

中华传统国学是指以儒学为主体的中华传统文化与学术，内容非常广泛，内涵十分丰富，如蒙学十三经、四书五经等，作为国学中经典之经典，铸就了"国学蒙学之最、中华不可或缺之魂"，凝聚了我国五千年的文明史和传统文化，体现了中华民族博大精深的文化精髓，是经过多少代人实践检验过的文化瑰宝，承载着中华民族伟大复兴的梦想。

中华传统国学中具有极高价值的经典与文章不胜枚举，且不说春秋战国时期的经传宝典，也不说《史记》《资治通鉴》，仅就唐诗宋词元曲就

有许多脍炙人口的佳作，今天我们作为中华儿女对这些精品岂可淡化或视而不见？

中华传统国学经典，蕴含了中华儿女内圣外王的个体修养和自强不息的群体精神，形成了重义轻利的处世态度以及孝亲敬长的人伦约定，包含着辩证理智的心智思维和天人合一的整体观念。

这些国学经典千百年来作为我国传统文化与教育经典，在内容方面包含有治国、修身、道德、伦理、哲学、艺术、智慧、天文、地理、历史等丰富知识；在艺术方面丰富多彩，各有特色，行文流畅，气势磅礴，辞藻华丽，前后连贯。古往今来，无数有识之士从中汲取知识，不仅培养了良好的道德品质，还提升了儒雅、淳静、睿智的气质。

国学经典是广大读者必备的精神食粮。读者们阅读国学经典，能够秉承国学仁义精神，养成谦和待人、谨慎待己、勤学好问等优良言行，达到内外兼修与培养刚健人格的学习目的。读者们阅读国学经典，就如同师从贤哲，使自己能够站在先辈们的肩膀之上，在高起点上开始人生道路。阅读圣贤之书，与圣贤为伍，是精神获得高尚和超越的最高境界。

如今社会处于转型时期，充斥着各种各样所谓的现代文化，良莠不齐，纷繁芜杂，作为读者，应该慎重地从文化杂烩中精挑细选最好的、最纯的、最精的文化知识进行学习，以便促进身心的健康，那么国学经典就是最佳的选择。

当然，我们必须注意：传承古代经典，不是单纯背诵一些诗词，而是传承古老中华文明；不是只知其文不解其义，而是传承经典文化中的精神；不是对所有传统的东西都加以吸收，而是采取"扬弃"态度，取其精华去其糟粕；也不是排斥其他国家和民族的先进文化，要互相理解和尊重，要有兼容并包的情怀和清醒的头脑，做到互相学习和互相促进；更不是躺在灿烂传统文化的光环下固步自封，要积极开创未来的、先进的和科学的民族文化，要创造新的文化辉煌。

国学经典并非陈旧过时的东西，它能够适应任何时代的需要，且不同的时代都可以进行新的解读，都有时代的新意。广大读者要古为今用，活学活用，在新的时代推陈出新，进行新的解读，赋予新的内涵，不断发扬新的精神。

我们欣喜地看到，在党和政府的积极号召下，教育部印发了《完善中华优秀传统文化教育指导纲要》，各级教育机构启用了《中华优秀传统文化》教材，中小学语文新课标中也增加了青少年学生阅读和学习国学的分量，许多中小学开设了专门的国学课程，全国各族人民掀起了学习和传承中国传统文化的热潮。

为此，在有关专家指导下，我们特别精选编辑了这套"中华传统国学阅读经典"作品，根据广大读者特别是青少年读者学习吸收的特点，采取了版块化的篇章结构。文前部分主要包括作者简介、写作背景、作品概况、思想内容和艺术特点等内容，正文部分主要包括原文、注释、解读、感悟、赏析、故事等内容，文后部分主要包括名言妙语、读后感、知识互动大会等内容。同时还配有精美的插图，图文并茂，生动形象，非常易于阅读、理解和欣赏，能够培养广大读者的国学阅读兴趣，从而增强大家对中华优秀传统文化的热爱、传承和发展，最终积极投身到中华复兴的伟大梦想之中。

根据"部编教材"和广大读者特别是青少年读者学习吸收特点,采取版块化篇章结构,设置丰富专题栏目,解构阅读知识要点,无障碍直通阅读核心,重点感受丰富知识和独特艺术,领会和发扬深刻国学精神!

导读

作者简介
简单介绍作者生卒、生平事迹、代表作品和历史影响等。

题解+背景
简单阐述书名来历、作者社会背景、创作动机、创作过程等。

作品概况
简单介绍作品结构形态、流传过程和历史价值等。

思想内容
简单分析作品思想内涵、社会价值和启迪作用等。

艺术特点
简单解析语言表达、篇章结构、人物形象等丰富艺术特色。

序 致❶

原文
参考众多权威版本,忠实于原著原文呈现。

原文
　　夫圣贤之书,教人诚孝❷,慎言检迹❸,立身扬名,亦已备矣。魏、晋已来,所著诸子❹,理重事复,递相模效,犹屋下架屋,床上施床耳❺。吾今所以复为此者,非敢轨物范世❻也,业以❼整齐门内❽,提撕❾子孙。夫同言而信,信其所亲;同命而行,行其所服。禁童子之暴谑❿,则师友之诫,不如傅婢⓫之指挥;止凡人之斗阋⓬,则尧舜之道,不如寡妻⓭之诲谕。吾望此书为汝曹⓮之所信,犹贤于傅婢、寡妻耳。

注释
❶序致:介绍和讲述著作意图和写作经过的文章,称之为"序""序文"或"序言"。作者称之为"序致"。
❷诚孝:忠孝。
❸检迹:行为检点,不放纵。
……

精美配图
根据内容配图,图文并茂,让知识变得生动形象,让阅读变得丰富有趣。

注释
介绍和评议生僻难懂语汇、内容、背景、引文等。

注 音
对多音字以及破音、通假、古音、外族语言等异读字词进行注音。

❾ 业以：专门用来。
❿ 门内：指家庭内部。
⓫ 提撕：拉扯，向上提。古代长者教诲后辈的一种手段，即耳提面命。在这里是形容教诲子孙要殷勤。
⓬ 暴谑（xuè）：胡闹戏笑。
⓭ 傅婢：富贵人家照管小孩的保姆和侍婢。
⓮ 斗阋（xì）：指兄弟之间的争吵。
⓯ 寡妻：嫡妻、正妻。毛亨《传》："寡妻，遗（嫡）妻也。"
⓰ 汝曹：你们。
⓱ 贤：超过。

解 读
对原文进行译解，使之通俗易读，浅显易懂。

解读

古代圣贤的书，都是教诲人们要忠诚和孝顺，说话要谨慎，行为要检点，要以高尚的人格扬名于人世间。这些道理，他们已经说得很完备了。魏、晋两朝以来，学者们写的阐述圣贤思想的著作，相互模仿，事理重复，就像屋下建屋和床上叠床一样，都是多余的。现在，我又来写这种书，并不敢以此来规范人的言行，只是为了整顿门风、教诲后辈罢了。同样的一句话，有些人会信服，因为说话的人是他们所亲近的人；相同的命令，有些人会遵行，因为下命令的是他们所敬服的人。要禁止儿童过分淘气，与其让老师、朋友去劝诫，还不如让日常侍奉他的保姆、侍女去劝阻；阻止兄弟间的争斗，尧舜的教诲还比不上自家妻子的劝阻教诲。

……

完美大结局

名言妙语
推介作者、作品的名言格言和妙言妙语，让读者加深印象、获得美感或启迪等。

读后感
从中、小学生认识角度，剖析阅读作品后的所思所感、所作所为等，达到有所收获和感悟等。

知识互动大会
通过阅读作品和做"填空题""选择题"和"问答题"等题型的互动，达到读与学相互促进，增强阅读兴趣，提高阅读学习质量。

作者简介

颜之推（531—约595年），字介，中国古代学者、教育家。传世著作有《颜氏家训》《还冤志》《集灵记》等。《北齐书·文苑传》记载，他有文集30卷，《颜氏家训》20篇。可惜文集已经佚失了，而《颜氏家训》一直流传，在家庭教育发展史上有着重要的影响。

颜之推生活在南北朝至隋朝期间，出生于建康（今江苏南京）的一个士族官僚家庭，爷爷是南齐治书御史颜见远，父亲是南梁咨议参军颜协。他生活的时代是一个乱世，生活非常辛苦。他19岁时候，在梁湘东王府做官。当时有个叫侯景的人发动叛乱，颜之推被俘，在建康度过了3年囚徒生活。

梁元帝即位后，颜之推受到重用。可好景不长，西魏大举入侵，杀死了梁元帝。颜之推一家便成为了西魏的俘虏，被押往关中。后来，他听说梁元帝的儿子称帝，于是和妻子逃离了长安。可是在途中又听说梁已经被陈取代，只好留在了北齐。

在北齐，颜之推受到齐文宣帝高洋的重用，可是他并不开心。后来，北齐又亡国了。在梁国，梁国灭亡；在齐国，齐国灭亡。颜之推非常伤心，写下了《观我生赋》，倾诉苦难经历和痛苦心情。

北齐灭亡后，颜之推又在北周做官。后来，北周又被隋朝取代，他又成为隋朝的官员。这时，历尽沧桑的颜之推年龄已经非常大了，他无意为官，开始全力写作，给后世留下了影响深远的重要著作《颜氏家训》。

题解+背景

颜之推生活在乱世,短短人生,几换朝代。他看到在南梁全盛时期,王公贵族子弟大都没有学识和本领,平时看上去像神仙一样,可是一遇到考试选拔人才,就要雇人代替,一参加公卿宴会,就要请人代写诗篇。

当遇到社会动乱,那些平日里不学无术的公子哥们由于体娇力弱,往往只能坐着等死。即使幸存下来,但经过改朝换代,掌权授官的人已不再是他们过去的亲戚或同伙时,便什么门路也找不到了。

颜之推深知,像自己这样毫无依靠,不断被新的君主起用的人,正因为有学识和技艺而随处都可以安居。作为一名望族之后,劫后余生的颜之推深深感到,在朝不保夕的动乱年代,如何设法使名门望族能够趋利避害和继续绵延,正是他义不容辞的历史责任。

正是基于这样的考虑,颜之推下定决心要给后代一些训示和指导,于是他根据自己的切身感受和体验,写出了一部书,因为他姓"颜",于是取名叫《颜氏家训》。

颜之推精通儒学,在修身、治家、处世、为学等方面都有自己的独到理解。他主张早教,认为人在小时候精神专一,长大以后思想分散,就不易学习了。

颜之推提倡学习,反对不学无术。他认为学习应以读书为主,又要注意工农商贾等方面的知识。他反对空谈高论,不务实际等。他既鄙视南朝士族的腐化,又不满北朝士族的无能。

颜之推对当时社会的人情世态,特别是士族社会的谄媚风气非常了解。他深深感到当时的士大夫教育腐朽没落,严重脱离实际,培养出来的人庸碌无能,知识浅薄,缺乏处事的实际能力。他不想让子孙后代成为那样的无用之人。正是在这样的背景下,他才创作了《颜氏家训》,以训诫子孙。

作品概况

《颜氏家训》在隋朝时完成,是颜之推记述个人经历、思想、学识以告诫子孙的著作,是一部系统完整的家庭教育教科书,在家庭教育发展史上具有重要的影响,被后世称为"家教规范"。

《颜氏家训》共有7卷,20篇,分别是:序致第一、教子第二、兄弟第三、后娶第四、治家第五、风操第六、慕贤第七、勉学第八、文章第九、名实第十、涉务第十一、省事第十二、止足第十三、诫兵第十四、养心第十五、归心第十六、书证第十七、音辞第十八、杂艺第十九、终制第二十。

《颜氏家训》的主要刊本有宋淳熙七年台州公库本、明万历甲戌颜嗣慎刻本和程荣《汉魏丛书》本、清康熙五十八年朱轼评点本、雍正二年黄叔琳刻节钞本、乾隆四十五年卢文弨刻《抱经堂丛书》本、文津阁《四库全书》本等。

作为传统社会的典范教材,《颜氏家训》开启后世"家训"的先河,是我国古代家庭教育思想理论宝库中的一份珍贵遗产。书中不仅对当时的社会状况进行了较为翔实的记录,为后人保留了一些很有价值的历史文献,还通过论述南北朝时的作家作品,反映了当时的文学观点和颜之推自己的文学主张。

《颜氏家训》内容真实,文笔平易近人,具有一种独特的朴质风格,对后世产生了深远的影响,特别是宋代以后,影响更大。宋代朱熹的《小学》、清代陈宏谋的《养正遗规》,都曾经使用《颜氏家训》作为素材。

不仅仅是朱熹和陈宏谋,唐代以后出现的数十种家训,都直接或间接地受到了《颜氏家训》的影响。所以,明代人王三聘说:"古今家训,以此为祖。"

思想内容

　　《颜氏家训》是中华民族历史上第一部内容丰富、体系宏大的家训作品，也是一部学术著作。全书一共20篇，"序致篇"是全书的自序，讲述了撰写这本书的主要目的，作者从亲身经历入手，告诫子孙要好好做人。

　　"教子篇"讲如何教育子女；"兄弟篇"讲兄弟之间如何相处；"后娶篇"讲夫或妻死后，活着的该不该再婚等问题；"治家篇"讲管家的问题；"风操篇"讲当时做人的风度节操；"慕贤篇"讲如何礼敬时贤；"勉学篇"讲如何为学；"文章篇"讲如何做文章；"名实篇"讲做人的名与实；"涉务篇"强调多做实事；"省事篇"强调做事专精；"止足篇"强调知足的道理；"诫兵篇"是作者从家世入手，讲弃武习文的道理；"养生篇"讲保养身体；"归心篇"讲归心于佛教；"书证篇"是本书中最长的一篇，是作者对经史文章所做考证的汇集；"音辞篇"讲古今语音的变化；"杂艺篇"讲书法、绘画、射箭、算术、医学、弹琴及卜筮、六博、投壶、围棋等；"终制篇"讲死后的安排，反对厚葬等。

　　《颜氏家训》把读书做人作为核心，认为无论年龄大小，都应该读书学习，这样才能进步。作者注重家庭教育，认为应该及早对子女进行教育，甚至主张胎教。

　　颜之推注重全面教育，要求把做人、为学、强身、杂艺相结合。在做人方面，他主张虚心好学，不能妄自尊大。在为学方面，他主张知行结合，博学多识。

　　关于学习态度和方法，颜之推强调要珍惜时光，虚心学习，尤其要重视亲身观察获得的知识，并提倡师友之间共同研究切磋，相互启发。

艺术特点

　　《颜氏家训》的文章写于不同时期，语言风格和写作艺术呈现多重性特征。从整个南北朝文学来看，南朝文学的语言绮丽、华美，工巧、典雅，北朝文学的语言则质朴、刚健。

　　颜之推由南入北，又经历隋朝统一之后的南北融合。他吸取南北文风之长，语言特色则鲜明而独特，既有典正质朴、简洁隽永的一面，又有清新秀丽的一面。这里的清新秀丽主要是指文字既不辞藻华丽，也不低俗，而是给人一种耳目清新的享受。作品语言简洁，但表达的主旨则意味深长悠远。文中经常用四言句式。四言句式虽然精炼简洁，但传递的内容却很丰富。

　　《颜氏家训》作为教育子孙的文章，用晓之以理、动之以情、循循善诱的方法告诫子孙，其语言在组织上富有逻辑性与辩证性。"涉务篇"的六事按从朝廷到朝外的顺序写出，"归心篇"将谤者分为五类而写，"教子篇"举正反两方面的例子来阐述教育的重要性，语言组织非常富有逻辑性，充分展示出独特的语言艺术魅力。

　　《颜氏家训》多处涉及修辞运用，并且运用得巧妙而适宜。颜之推为了更好地表达自己的观点，更好地教育后辈，往往引用经典著作的经典言语来进行阐述，文中有多处引用的现象，其引用精当且说服力强。

　　《颜氏家训》虽是家训，文风质朴而刚健，但是运用比喻修辞手法的地方很多，这使文章在艺术上产生锦上添花般的魅力。朴素文风中采用比喻，使文章的生动性和形象性显得弥足珍贵。

　　作品另一个语言特色是对仗工整，很多篇章中均使用对偶这一手法。这种修辞的运用，使文章语言呈现出整齐有序的美感，给文章增添了铿锵的音色美。

目 录

序　致 1
教　子 6
兄　弟 16
后　娶 22
治　家 29
风　操 42
慕　贤 76
勉　学 83
文　章 124
名　实 147
涉　务 156
省　事 162
止　足 172
诫　兵 175
养　生 179
归　心 184
书　证 203
音　辞 256
杂　艺 266
终　制 278

序 致①

原文

夫圣贤之书，教人诚孝②，慎言检迹③，立身扬名，亦已备矣。魏、晋已来④，所著诸子⑤，理重事复，递相模效⑥，犹屋下架屋，床上施床耳⑦。吾今所以复为此者，非敢轨物范世⑧也，业以⑨整齐门内⑩，提撕⑪子孙。夫同言而信，信其所亲；同命而行，行其所服。禁童子之暴谑⑫，则师友之诫，不如傅婢⑬之指挥；止凡人之斗阋⑭，则尧舜之道，不如寡妻⑮之诲谕。吾望此书为汝曹⑯之所信，犹贤⑰于傅婢、寡妻耳。

注释

❶序致：介绍和讲述著作意图和写作经过的文章，称之为"序""序文"或"序言"。作者称之为"序致"。

❷诚孝：忠孝。

❸检迹：行为检点，不放纵。

❹已来："已"古通"以"，"已来"即"以来"。

❺诸子：原指先秦时代如儒家的《孟子》、道家的《老子》、墨家的《墨子》、法家的《韩非子》之类典籍。这里代指魏晋以来的人们阐述儒家学说的著述。

❻模效：即是模拟、仿效。

⑦ 屋下架屋，床上施床：这是六朝及隋唐的习常用语，意思是毫无必要的重复。

⑧ 轨物范世：轨，古代指两轮间的距离；物，指人而不是物件；范，规范。轨物范世，规范世人的行为举止。

⑨ 业以：专门用来。

⑩ 门内：指家庭内部。

⑪ 提撕：拉扯，向上提。古代长者教诲后辈的一种手段，即耳提面命。在这里是形容教诲子孙要殷勤。

⑫ 暴谑（xuè）：胡闹戏笑。

⑬ 傅婢：富贵人家照管小孩的保姆和侍婢。

⑭ 斗阋（xì）：指兄弟之间的争吵。

⑮ 寡妻：嫡妻、正妻。毛亨《传》："寡妻，遗（嫡）妻也。"

⑯ 汝曹：你们。

⑰ 贤：超过。

解读

古代圣贤的书，都是教诲人们要忠诚和孝顺，说话要谨慎，行为要检点，要以高尚的人格扬名于人世间。这些道理，他们已经说得很完备了。魏、晋两朝以来，学者们写的阐述圣贤思想的著作，相互模仿，事理重复，就像屋下建屋和床上叠床一样，都是多余的。现在，我又来写这种书，并不敢以此来规范人的言行，只是为了整顿门风、教诲后辈罢了。同样的一句话，有些人会信服，因为说话的人是他们所亲近的人；相同的命令，有些人会遵行，因为下命令的是他们所敬服的人。要禁止儿童过分淘气，与其让老师、朋友去劝诫，还不如让日常侍奉他的保姆、侍女去劝阻；阻止兄弟间的争斗，尧舜的教诲还比不上自家妻子的劝阻教诲。我希望这本书能被你们所信服，希望比侍婢对孩童、妻子对丈夫所起的作用更大一点。

原文

吾家风教，素为整密。昔在龆龀❶，便蒙诱诲；每从两兄❷，晓夕温清❸，规行矩步❹，安辞定色，锵锵翼翼❺，若朝严君❻焉。赐以优言，问所好尚，励短引长，莫不恳笃。年始九岁，便丁❼茶蓼❽，家涂❾离散，百口❿索然。慈兄鞠⓫养，苦辛备至；有仁无威，导示不切。虽读《礼》《传》⓬，微爱属文⓭，颇为凡人之所陶染，肆欲轻言，不修边幅⓮。年十八九，少知砥砺⓯，习若自然，卒难洗荡。二十已后，大过稀焉；每常心共口敌⓰，性与情竞，夜觉晓非，今悔昨失，自怜无教，以致于斯。追思平昔之指⓱，铭肌镂骨⓲，非徒古书之诚，经目过耳也。故留此二十篇，以为汝曹后车⓳耳。

注释

❶ 龆龀（tiáo chèn）：龆和龀都是指儿童换牙。这里是指代童年时代。

❷ 两兄：指颜之仪、颜之善两兄弟。

❸ 温清（qìng）：指孝子侍奉父母。温，冬日温被使暖；清，夏日扇席使凉。

❹ 规行矩步：指行动规矩，举止端正。规本义是圆规，矩本义是直尺，引申为规矩、礼仪、法则。

❺ 锵锵翼翼：行走的时候恭敬有礼。锵锵，通"跄跄"，步履有节的样子。翼翼，恭敬的样子。

⑥ 严君：代指父亲。

⑦ 丁：遭遇。

⑧ 荼蓼（tú liǎo）：本义是苦菜和野菜，此指父母去世后家境困苦。

⑨ 家涂：涂，通"途"。家道。

⑩ 百口：全家。古时人口众多，有百口之称。

⑪ 鞠：抚养。

⑫ 《礼》《传》：指《周礼》和《春秋左传》。

⑬ 属（zhǔ）文：即作文，写文章。

⑭ 不修边幅：比喻不注意衣着、仪容的整洁。边幅，布帛的边缘。

⑮ 砥砺（dǐ lì）：本指磨刀石，引申为磨砺。

⑯ 心共口敌：指心口不一，心口相违。

⑰ 指：通"旨"，意旨，意向。

⑱ 铭肌镂（lòu）骨：指感受深刻，永远难以忘怀。铭、镂都是刻的意思。

⑲ 后车：后继之车，引申为借鉴。《汉书·贾谊传》："前车覆，后车诫。"

解读

我家的家风家教，一向严整细密。过去，孩童时代，我就受到了这方面的开导和教诲。平时，跟从两个兄长，早晚侍奉双亲，冬天暖被，夏日扇凉，做事循规蹈矩，言语适当，神色安详，行动举止小心谨慎，就像给父母大人请安一样。长辈们经常勉励我，或是问起我的爱好，鼓励我扬长补短，态度都十分诚恳。九岁那年，便遭到了父母双亡的大难。从此，家道中落，人口凋敝，一个大家庭日益衰落。慈爱的兄长抚养我长大，历

序 致

尽了千辛万苦。兄长过分慈爱,所以没有威严,对人总是注重劝导,而不予责备。我虽然读了《礼记》和《左传》,喜欢写点文章,但是与世俗之人交往而受到他们的熏染,便轻狂放纵,说话随意,仪容外表不够庄重。到了十八九岁,才稍微懂得磨砺自己的操行。但习惯成自然,终于还是改不了过去养成的毛病。直到二十岁以后,我才很少再犯什么大的错误。平常在嘴上信口开河的时候,心里便警惕,加以制止,理智与情感经常发生冲突;晚上睡下以后常常会反省自己白天所做的错事,今天常常悔恨昨天的过失。自己哀怜没有得到很好的教育,以致到了这种地步。追忆自己平时所立的志向,真是感受极深,决不是从古书中的告诫就能认识到的,那只是耳闻目睹而已。所以,我留下了这二十篇文章,用来作为你们的后车之鉴吧。

颜氏家训

教 子

原文

上智不教而成,下愚虽教无益,中庸之人❶,不教不知也。古者圣王,有胎教❷之法:怀子三月,出居别宫,目不斜视,耳不妄听,音声❸滋味,以礼节之。书之玉版❹,藏诸金匮❺。生子咳提❻,师保❼固明孝仁礼义,导习之矣。凡庶❽纵不能尔,当及婴稚识人颜色、知人喜怒,便加教诲,使为则为,使止则止,比及数岁,可省笞❾罚。父母威严而有慈,则子女畏慎而生孝矣。

注释

❶ 中庸之人:普通人,除"上智""下愚"以外的平常人。
❷ 胎教:古人认为胎儿在母体中能够受孕妇言行的感化,所以孕妇必须谨守礼仪,给胎儿以良好的影响,这叫"胎教"。
❸ 音声:古人称音乐为音声。
❹ 玉版:古时指刻字的玉片。
❺ 金匮:金属制造的柜子。匮是"柜"的古字。
❻ 咳(hái)提:即"孩提",指幼儿。
❼ 师保:古代担负教导皇室子弟职责的官员。
❽ 凡庶:平民百姓。
❾ 笞(chī):鞭打,杖击。

教 子

解读

　　智力特别突出的人，不用教导便能成材；智力低下的人，即使苦力教导也不会有什么成就；但是才智平常的人，不教育他，他就不能获得知识，不明事理。古时候，品德高尚圣明的君王有一种"胎教"的办法：妃嫔怀孕三个月，就要迁居到别的宫室，眼不见邪恶的事情，耳不听胡言乱语，她所能听的音乐，所能品尝到的味道，一切都受到礼仪的节制。这种胎教的办法写在玉片上，珍藏在铜柜里。孩子出生，尚在襁褓之中时，太师、太保就要向他阐明孝仁礼义的道理，并以此对他引导，进行教育。平民百姓纵使不能这样，也应该在孩子已成幼儿，能看懂大人脸色时，便对他加以教诲，让他去做，他就做，不让他做，他就不做。这样，孩子几岁的时候，就可以少挨笞杖的惩罚了。做父母的应该威严而又慈爱，那么子女就会敬畏、谨慎，从而产生孝顺之心。

原文

　　吾见世间，无教而有爱，每不能然；饮食运为①，恣②其所欲，宜诫翻奖，应呵反笑，至有识知③，谓法当尔。骄慢已习，方复制之，捶挞④至死而无威，忿怒日隆而增怨，逮于成长，终为败德。孔子云："少成⑤若天性，习惯如自然。"是也。俗谚曰："教妇初来，教儿婴孩。"诚哉斯语。

　　凡人不能教子女者，亦非欲陷其罪恶，但重⑥于呵怒伤其颜色⑦，不忍楚挞⑧惨其肌肤耳。当以疾病为谕⑨，安得不用汤药针艾⑩救之哉？又宜思勤督训者，可愿苟虐於骨肉⑪乎？诚不得已也！

颜氏家训

注释

① 运为：即云为，即言行、行为。《管子·戒篇》"注：'云：运也。'"

② 恣（zì）：任凭，放纵。

③ 识知：指知识。

④ 挞（tà）：用鞭或杖打。

⑤ 少成：从小养成的习惯。

⑥ 重：难，不愿意。

⑦ 颜色：脸色，神色。

⑧ 楚挞：杖打。古代用的刑杖叫楚，引申为用刑杖打人。

⑨ 谕：同"喻"，这里指比喻。

⑩ 针艾：艾，草本植物，是灸法治病的用料。指用针刺，用艾熏灼。

⑪ 骨肉：旧时习惯把子女说成是父母的亲骨肉。

解读

　　我看世上有些父母，对子女不加教诲，只一味地溺爱，往往不能如此；而对子女的饮食及行为举止，任其为所欲为，应当阻止时反而夸奖他，应当训斥时反而很高兴。等到孩子懂事以后，还以为本来就应当那样。当孩子骄横轻慢的习性已经养成的时候，才去管教、制约，即使将他们鞭抽棍打至死，也难以再立起父母的威信了。父母的火气一日日增加，子女对父母的怨恨也日益加深，等到孩子长大成人以后，最终将道德败坏。孔子说："从小养成的就像天性，习惯了的也就成为自然。"是很有道理的。俗谚说："教媳妇要在初来时，教儿女要在婴孩时。"这话确实有道理。

教　子

　　凡是世间不能教育子女的人，也并非要把子女推进罪恶的泥坑。只是难于严厉地呵责，怕伤了孩子的面子，又不忍心使他因挨打而肌肤痛苦。这应当用治病来比喻，子女生了病，怎么能不用汤药、针艾来救治呢？也应该想想那些勤于督促训导孩子的父母，难道他们就愿意苛责虐待自己的孩子吗？实在是不得已啊。

原文

　　王大司马❶母魏夫人，性甚严正；王在湓城❷时，为三千人将，年逾四十，少不如意，犹捶挞之，故能成其勋业。梁元帝时，有一学士，聪敏有才，为父听宠，失于教义；一言之是，遍于行路❸，终年誉之；一行之非，掩❹藏文饰，冀其自改。年登婚宦❺，暴慢日滋，竟以言语不择，为周逖❻抽肠衅❼鼓云。

　　父子之严，不可以狎❽；骨肉之爱，不可以简❾。简则慈孝不接❿，狎则怠慢生焉。由命士⓫以上，父子异宫，此不狎之道也；抑搔痒痛，悬衾箧枕⓬，此不简之教也。或问曰："陈亢喜闻君子之远其子，何谓也？"对曰："有是也。盖君子之不亲教其子也，《诗》⓭有讽刺之辞，《礼》⓮有嫌疑之诫，《书》⓯有悖乱之事，《春秋》⓰有邪僻之讥，《易》⓱有备物之象，皆非父子之可通言，故不亲授耳。"

注解

❶ 王大司马：王僧辩，南朝梁人，字君才，曾拜大司马等职。
❷ 湓城：湓水入长江之处，指今江西九江。
❸ 行路：路上的行人。
❹ 掩：掩盖、遮蔽。

⑤ 婚宦：结婚和当官。此处指成年。

⑥ 周逖：卢文弨曰："周逖无考，唯《陈书》有《周迪传》。"梁元帝时期，周迪官拜高州刺史，封临汝县侯。

⑦ 衅：古时新器物成，杀牲畜以祭，以血涂于缝隙，称为"衅"。

⑧ 狎（xiá）：因亲近而极度不庄重。

⑨ 简：简慢。指待人不热情，失礼。

⑩ 慈孝不接：父要慈，子要孝，慈孝不接，是说慈和孝不能会合，也就是慈和孝都做不好。

⑪ 命士：指授有爵命的士，与古代读书而做官的士有别。

⑫ 悬衾箧枕：古时长辈起床后，晚辈应替他们收拾卧具，把被子悬挂起来，把枕头放入箱子，称之为悬衾箧枕。

⑬《诗》：即《诗经》，中国最早的诗歌总集，编成于春秋时代，共三百零五篇。

⑭《礼》：即《礼记》。

⑮《书》：即《尚书》，中国上古历史文献，是一部追述古代事迹的著作。

⑯《春秋》：编年体史书，相传是由鲁国史官所编，由孔子加以修订而成的史书。

⑰《易》：即《周易》。

解读

梁朝大司马王僧辩的母亲魏夫人，生性严厉秉直。王僧辩在湓城做三千人的将军时，年纪过了四十，但他的行为稍有不令母亲满意的地方，魏老夫人还要用棍棒责罚他。正因为这样，王僧辩才能建功立业。梁元帝时，有一位学士，人很聪明又有才气，深受其父亲的宠爱，但却疏于管教。他说对一句话，便四处向路人宣扬，终年都赞誉他；而当他做错一件事时，他父亲却又百般为他掩饰，希望他能自己改正。这位学士成年之后，他那傲慢凶暴的习气日益滋长，后来因为说话放肆，被周逖杀掉，连肠子都被抽出，他的血也被用来祭祀战鼓。

父子之间要有威严存在，不可以用疏忽轻慢的态度来对待；骨肉之爱，不可以简慢而不知礼仪。简慢就做不到父慈子孝，过度亲昵，晚辈对长辈就会产生怠慢之心。命士以上的官，父子都是分开居住的，这是不过分亲昵的办法；至于晚辈为长辈搔痒抚痛，为长辈挂被子，把枕头放进箱子里，这是不简慢的教育。有的人问："陈亢因听说君子疏远自己的儿子而感到高兴，这怎么解释呢？"有人回答说："这是很有道理的：品德高尚的人是不会亲自教导自己的儿子。《诗经》里有讽刺君子的句子，《礼》中有回避嫌疑的告诫，《书》中有对悖乱之事的记载，《春秋》有对邪僻之事的讥讽，《易经》有包容阴阳万物的卦象，这些都不是父亲可以向子女直接讲授的，所以品德高尚的人是不会亲自教导自己的子女的。"

颜氏家训

原文

齐武成帝❶子琅邪王❷,太子❸母弟也,生而聪慧,帝及后并笃爱之,衣服饮食,与东宫❹相准❺。帝每面称之曰:"此黠儿也,当有所成。"及太子即位,王居别宫,礼数优僭,不与诸王等;太后犹谓不足,常以为言。年十许❻岁,骄恣无节,器服玩好,必拟乘舆❼;尝朝南殿,见典御❽进新冰,钩盾❾献早李,还索不得,遂大怒,诟❿曰:"至尊已有,我何意无?"不知分齐⓫,率皆知此。识者多有叔段⓬、州吁⓭之讥。后嫌宰相,遂矫诏⓮斩之,又惧有救,乃勒麾下军士,防守殿门;既无反心,受劳而罢,后竟坐⓯此幽薨⓰。

注释

❶ 齐武成帝:即北齐皇帝高湛,太宁元年(公元561年)即位。

❷ 琅邪王:高湛的第三子高俨,初封东平王,高湛死后,改封琅邪王。

❸ 太子:高俨之兄,北齐后主高纬。

❹ 东宫:古时太子居住的地方,这里代指太子。

❺ 相准:相比照。

❻ 许:表示概数,相当于"左右"。

❼ 乘舆:皇帝乘坐的车子,这里指代帝王。

❽ 典御:古代掌管皇帝饮食的官员。

❾ 钩盾:掌管帝王的园林等事务的官员。

❿ 诟(gòu):同"诟",诟骂。

⓫ 分齐(jì):分寸。

⑫ 叔段：郑庄公的弟弟，行事不拘礼节，最后因谋反失败而逃亡共地。

⑬ 州吁：卫庄公的儿子，深受卫庄公的喜爱。卫桓公即位后，州吁作乱，被大臣所杀。

⑭ 矫诏：假借皇帝的名义发诏令。

⑮ 坐：指办罪的因由。

⑯ 薨（hōng）：古代称诸侯或有爵位的大官死去。

解读

北齐武成帝的儿子琅邪王高俨，是太子高纬的同母弟弟。他自幼聪慧，皇帝和皇后都十分宠爱他，他的衣服饮食标准，都可以与太子相比照。武成帝每次看到他都说："这是个聪明的孩子，以后一定会有所成就。"等到太子高纬即位后，琅邪王高俨移居别宫，但他仍然享受着优厚的待遇，与其他诸侯王不一样。即便这样太后还认为礼数不够，常常拿这来说事。琅邪王高俨十几岁的时候，傲慢任性到了没有节制的地步，用的、穿的、玩的，一定要和皇帝相比。有一次，高俨去朝拜的时候，看到典御官给皇帝进献了刚取出的新冰，钩盾官给皇帝呈上了早熟的李子，回去后就派人去索要，但最后没有得到，他于是大发脾气，骂道："皇帝都有的东西，我为什么没有？"他不懂安守本分，做事没有分寸，在其他事情上也是这样。有识之士讥讽他如叔段、州吁一般。后来，琅邪王因为嫌恶宰相，就假传皇帝的诏令，将他杀掉，又担心会有人前来相救，竟指挥手下军士守住了殿门。他虽然并没有反叛之心，受到了安抚以后撤了兵，但后来还是因为这件事而被秘密处死。

颜氏家训

原文

人之爱子，罕亦能均①；自古及今，此弊多矣。贤俊者自可赏爱，顽鲁者亦当矜怜。有偏宠者，虽欲以厚之，更所以祸之。共叔之死，母实为之。赵王②之戮，父实使之。刘表③之倾宗覆族，袁绍之地裂兵亡，可为灵龟明鉴④也。

齐朝有一士大夫，尝谓吾曰："我有一儿，年已十七，颇晓书疏⑤，教其鲜卑语⑥及弹琵琶，稍欲通解。以此伏事⑦公卿，无不宠爱，亦要事也。"吾时俛⑧而不答。异哉，此人之教子也！若由此业，自致卿相，亦不愿汝曹为之。

注解

① 均：平均，一视同仁。

② 赵王：赵王如意为汉高祖刘邦和戚夫人所生，深受宠爱。戚夫人希望汉高祖能够改立赵王为太子，但未能如愿。汉高祖死后，吕后将赵王如意毒死。

③ 刘表：刘表有两个儿子，刘琦和刘琮。刘表生病时，刘表后妻蔡氏将前来探望的刘琦关在门外，并趁机让刘表立刘琮为继承人，导致兄弟反目。

④ 灵龟明鉴：古人进行卜筮时，以龟甲占卜，以铜镜照形，所以用这两种事物比喻可资借鉴的事情。

⑤ 书疏：指文书信函的书写工作。

⑥ 鲜卑语：自北魏以来北朝的大臣显贵多系鲜卑族，所以当时有些人因懂鲜卑语能和达官显贵们接近而自鸣得意。

教 子

❼ 伏事：即服事，为公家服务。
❽ 俛：同"俯"，低头。

解读

人人都疼爱自己的孩子，但很少能做到一视同仁。从古到今，这造成的弊端太多了。贤能俊秀的孩子固然值得赏识和喜爱，顽劣的孩子也应予以同情和怜惜。那些对孩子偏爱的人，虽然本意是想给他更多的好处，实际上却因此而害了他。共叔段的死，实际上是他母亲造成的；而赵王如意被害，是他父亲促成的。刘表宗族倾覆，袁绍兵败失地，这都可作为灵应的龟兆和明亮的镜子，为后人借鉴。

齐朝有一位士大夫曾经对我说："我有一个儿子，已经十七岁了，很懂得书写记事，精通文书，教他鲜卑语和弹琵琶，稍加指点，他便能通解。用这些本领来侍奉王公、卿相，没有人不喜爱的，这也是很重要的事情啊！"当时我低下头，没有回答他。这人对孩子的教育实在是太奇怪了！如果凭这些本领去取媚于人，即使能够官至宰相，我也是不愿意你们去做的。

兄 弟

> 原文

夫有人民而后有夫妇，有夫妇而后有父子，有父子而后有兄弟，一家之亲，此三而已矣。自兹以往，至于九族❶，皆本于三亲焉，故于人伦为重者也，不可不笃❷。

兄弟者，分形连气之人也，方其幼也，父母左提右挈❸，前襟❹后裾❺，食则同案❻，衣则传服❼，学则连业❽，游则共方❾，虽有悖乱之人，不能不相爱也。及其壮❿也，各妻其妻，各子其子，虽有笃厚之人，不能不少衰也。娣姒⓫之比兄弟，则疏薄矣；今使疏薄之人，而节量亲厚之恩，犹方底而圆盖，必不合矣。惟友悌⓬深至，不为旁人之所移者，免夫！

> 注解

❶九族：九代。指自己本身以上的父、祖、曾祖、高祖，自己和自己以下的子、孙、曾孙、玄孙。

❷笃：诚实，这里是认真对待的意思。

❸左提右挈：《汉书·张耳传》："以两贤王左提右挈。"颜师古注曰："提挈，言相扶持也。"

❹襟：古代衣服的领，后多指衣服的前幅。

❺ 裾（jū）：衣服的后摆。

❻ 案：条案，几案。古代称矮书桌、桌几为案。

❼ 传服：年龄大的孩子的衣服穿不了了，留给年龄小的孩子穿。

❽ 连业：业，古代书写经籍的大版。连业在这里指哥哥用过的书，弟弟又接着用。

❾ 共方：去同一个地方。

❿ 壮：古人以三十岁称壮。

⓫ 娣（dì）姒（sì）：古人称兄妻为娣，弟妻为姒，后来也称为"妯娌"。

⓬ 友悌：友爱兄弟和敬爱兄长。

解读

有了人类以后才有了夫妻，有了夫妻以后才有了父子，有了父子才有了兄弟：一个家庭中最亲近的，就是这三种关系了。由此三种关系发展开去，还可以产生九族，九族都是源于这三种至亲关系。所以，对重视人伦关系的人来说，这是最重要的，不能不诚心遵守。

兄弟，那是形体不同而气息相通、血脉相连的人。在他们还小的时候，父母左手拉着哥哥，右手拉着弟弟；或者他们两个，一个拉着父母的前襟，一个拽住父母的后摆。吃饭的时候，共用同一张几案；穿衣服，是弟弟接着穿哥哥穿不了的衣服；学的东西也是一样，哥哥用的书接着传给弟弟用。就连外出游玩，也是兄弟一块儿去。兄弟中，虽然也有悖礼的人，但也不能不相亲相爱。等到长大了以后，各自娶了妻子，各自有了自己的孩子，即使是忠诚厚道的人，兄弟间的感情也会减弱。妯娌与兄弟相比，那关系则较为疏薄；现在用疏薄的人来淡化、离间兄弟间的亲厚感

颜氏家训

情,就像是方的杯子用圆的盖子盖,那是必定合不来的。只有相敬相亲互相关爱,情深意切,不受旁人影响而改变的兄弟,才能避免那种情况。

原文

二亲既殁❶,兄弟相顾,当如形之与影,声之与响;爱先人❷之遗体,惜己身之分气,非兄弟何念❸哉?兄弟之际,异于他人,望深❹则易怨,地亲则易弭❺。譬犹居室,一穴则塞之,一隙则涂之,则无颓毁之虑;如雀鼠❻之不恤,风雨之不防,壁陷楹❼沦,无可救矣。仆妾之为雀鼠,妻子之为风雨,甚哉!

兄弟不睦,则子侄❽不爱;子侄不爱,则群从❾疏薄;群从疏薄,则僮仆为仇敌矣。如此,则行路❿皆踏⓫其面而蹴其心,谁救之哉?人或交天下之士皆有欢爱而失敬于兄者,何其能多⓬而不能少也;人或将数万之师得其死力而失恩于弟者,何其能疏⓭而不能亲⓮也!

注释

❶ 殁(mò):死亡。

❷ 先人:祖先。在这里指死去的父母。

❸ 念:爱怜。

❹ 望深:要求过高。

❺ 弭(mǐ):消除隔阂。

❻ 雀鼠:这里把雀和鼠作为毁坏居室的代表动物。

❼ 楹:厅堂前的柱子。

❽ 子侄:指兄弟的儿子。

❾ 群从(zòng):族里的子侄辈分的人。

兄　弟

⑩ 行路：路上的行人。
⑪ 踖（jí）：践踏。
⑫ 能多：指能交"天下之士"为数很多。
⑬ 能疏：能与外人交好。
⑭ 不能亲：指"失恩于弟"，不能与亲人相友爱。

解读

　　父母去世以后，兄弟之间互相照顾，应该像形体和它的影子，声音和它的回响一样亲密。爱惜先人遗留下来的躯体，爱护自己从父母那里分得的血气，除了兄弟，还有谁会那么去珍惜它呢？兄弟之间的关系，有别于他人；期望太高，容易产生怨恨；彼此关系亲密，则容易消除怨恨。这好比居住的房子，破了一个洞就立刻堵上，出现了一条细缝就填补，那就不会有倒塌的危险。假如对雀鼠的侵袭毫不防范，对风雨的侵蚀不加防护，这样就会墙壁倒塌，柱子断折，再也无法补救了。奴仆、婢妾就像是雀鼠，妻儿就像是风雨，而威力比它们更加厉害啊！

　　如果兄弟之间不和睦，那子侄之间就不会互相敬爱；子侄之间不能相互敬爱，那么族中子弟就会疏远淡薄；族中的子弟疏远淡薄了，则奴仆就会互相为敌。这样的话，连路过的行人都可随意欺负他们，那又有谁会来救他们呢？有的人或许可以率领数万人的军队，能使属下拼死效力，而对自己的弟弟却缺乏恩爱，为什么对关系疏远的人能福泽恩厚，对血缘亲近的人却薄情寡义呢？

原文

　　娣姒者，多争之地也。使骨肉居之，亦不若各归四海❶，感霜露而相思，伫日月之相望也。况以行路之人，处多争之地，能无间❷者鲜矣。所以然者，以其当公务③而执私情，处重责而怀薄义也。若能恕己而行，换子而抚④，则此患不生矣。

人之事兄，不可同于事父，何怨爱弟不及爱子⑤乎？是反照⑥而不明也！沛国⑦刘琎⑧，尝与兄瓛⑨连栋隔壁，瓛呼之数声不应，良久方答；瓛怪问之，乃曰："向来⑩未着衣帽故也。"以此事兄，可以免矣。

江陵⑪王玄绍，弟孝英、子敏，兄弟三人，特相爱友，所得甘旨⑫新异，非共聚食，必不先尝，孜孜⑬色貌，相见如不足者。及西台⑭陷没，玄绍以形体魁梧，为兵所围，二弟争共抱持，各求代死，终不得解，遂并命⑮尔。

注释

❶ 各归四海：比喻离得远一些。

❷ 间（jiàn）：本义指空隙，引申为嫌隙。

❸ 公务：这里指大家庭的集体事务。

❹ 换子而抚：用对待自己孩子的态度去对待自己的子侄。

❺ 怨爱弟不及爱子：这是指为弟的怨兄爱弟比不上爱子。

❻ 反照：对着镜子照看，是指把"事兄不同事父"和"爱弟不及爱子"对照着看。

❼ 沛国：地名，今安徽睢溪西北。

❽ 刘琎（jīn）：刘瓛之弟，字子璇。

❾ 瓛（huán）：南齐学者，字子圭。

❿ 向来：意为"刚才""刚刚"。

⓫ 江陵：地名，今湖北省境内。

⓬ 甘旨：食物美味。

⑬ 孜孜：勤勉真诚的样子。
⑭ 西台：即江陵。
⑮ 并命：相从而死。

解读

妯娌之间，是非常容易发生纠纷的，让兄弟居住在一起，还不如让他们各奔东西。那样，在降霜下露的时候，他们就会互相思念，期望着日日夜夜相见的日子的到来。何况妯娌之间本就像是陌路之人，处在容易发生纠纷的环境，能不产生间隙的人实在是太少了。之所以如此，是因为处理大家庭的事务时带有私情；肩负着重大的责任时，心底里却怀着蝇头小利。假如能以宽恕自己的态度去对待别人，能用对待自己儿子的态度去对待自己的子侄，那么这种弊病就不会产生了。

有些人不肯以侍奉父亲的态度来对待兄长，那又何必埋怨兄长爱弟弟不如怜爱自己的儿子呢？这反而证明了这些人缺乏自知之明。沛国的刘琎，曾经与他的兄长刘瓛住在一起，两个人的房子只隔着一堵墙壁。有一次，刘瓛隔着墙壁叫他，一连叫了好几声没有回音。过了好长时间，刘琎才答应。刘瓛很奇怪，问他为什么那么久才回答。刘琎回答说："刚才我还没有穿好衣服。"用这样的礼节来敬事兄长，那就可以不用担心兄长不疼爱弟弟了。

江陵的王玄绍与他的两个弟弟孝英、子敏一共兄弟三人，非常友爱。他们所得的美味食物或新鲜的东西，如果不是大家相聚共食，绝不会有人先尝一口，那真诚的态度在外表上也能看得出来。他们每次相见时总感到在一起的时间还不够。到了江陵陷没的时候，王玄绍因为形体魁梧，被敌兵围困，两个弟弟争着去抱住他，都要求替他去死，最终拉扯不开，三个人死在了一块。

颜氏家训

后　娶

原文

吉甫①，贤父也。伯奇②，孝子也。以贤父御③孝子，合得终于天性，而后妻之，伯奇遂放。曾参④妇死，谓其子曰："吾不及吉甫，汝不及伯奇。"王骏⑤丧妻，亦谓人曰："我不及曾参，子不如华、元⑥。"并终身不娶。此等足以为诫。其后假继⑦惨虐孤遗⑧，离间骨肉，伤心断肠者何可胜数。慎之哉！慎之哉！

江左⑨不讳庶孽，丧室之后，多以妾媵⑩终家事。疥癣蚊虫⑪，或未能免；限以大分⑫，故稀斗阋⑬之耻。河北⑭鄙于侧出⑮，不预人流⑯，是以必须重娶，至于三四，母年有少于子者。后母之弟与前妇之兄，衣服饮食受及婚宦⑰，至于士庶⑱贵贱之隔，俗以为常。

注释

❶吉甫：指西周宣王时大臣尹吉甫。

❷伯奇：尹吉甫的长子。伯奇遭到后母的诬陷，被尹吉甫赶出家门。后来伯奇将自己的冤屈写入琴曲《履霜操》中，尹吉甫得知真相后，杀死后妻并召回了伯奇。

❸御：约束，管教。

❹曾参：字子舆，孔子学生，以孝著称。

后　娶

⑤ 王骏：西汉成帝时大臣，妻子死后没有再娶。

⑥ 华、元：曾参的儿子，曾华和曾元。

⑦ 假继：指继母。

⑧ 孤遗：前妻留下的孩子。

⑨ 江左：长江中下游以东地区。

⑩ 媵妾（yìng）：古时诸侯女儿出嫁，从嫁的同宗室的妹妹及侄女，称之为媵妾。

⑪ 疥癣蚊虫：代指家庭内部的小纠纷。

⑫ 大分（fèn）：这里指名分。

⑬ 斗阋：兄弟之间互相争吵。

⑭ 河北：黄河以北的地区。

⑮ 侧出：妾所生的子女谓之侧出。

⑯ 人流：意指人的社会地位。

⑰ 婚宦：婚姻和做官。

⑱ 士庶：士族和庶族。当时士族和庶族不能通婚。

解读

吉甫是一位比较贤明的父亲，伯奇是一位比较孝顺的儿子。由贤明的父亲来约束管教孝顺的儿子，应该是比较幸福、能尽天伦之乐的了。但由于吉甫后妻的挑拨离间，伯奇竟遭到父亲的流放。曾参在妻子死了以后，对他的儿子说："我不及吉甫那样贤明，你们也没有伯奇那样孝顺（所以我不敢再娶）。"王骏在妻子死了以后，也对别人说："我比不上曾参，我的儿子也不及曾华、曾元（所以我更不敢再娶）。"曾参、王骏两个人都终身没有再娶，这事例足以让人引以为戒。事实上，由此以后，继母残酷地虐待前妻的孩子，离间父子之间的骨肉关系，让人心伤肠断的例子多的是，让人数都数不过来。对再娶这件事，要慎重啊！要慎重啊！

长江南岸的人不忌讳妾媵所生的子女，妻子死了以后，大多数让妾媵主持家庭的事务，这种做法，家里鸡毛蒜皮这些小事的纠葛也许避免不了，但由于名分的限制，所以兄弟之间争斗这种有辱家门的事很少发生。黄河以北地区的人鄙视妾侍所生的子女，不给他们平等的社会地位，因此妻子亡故后必须重娶。有的人娶了三四次，后母的年纪甚至比前妻的儿子的年纪还要小。后母所生的儿子与前妻所生的儿子有很大的差别，从衣着到饮食，从婚娶到做官，两者的地位甚至到了士庶那样贵贱相离的地步，而世俗也对此习以为常。

原文

身没①之后，辞讼②盈公门，谤辱彰道路，子讪母为妾，弟黜③兄为佣，播扬先人之辞迹④，暴露祖考⑤之长短，以求直己⑥者，往往而有，悲夫！自古奸臣佞妾，以一言陷人者众矣，况夫妇之义，晓夕移之，婢仆求容⑦，助相说引⑧，积年累月，安有孝子乎？此不可不畏。

凡庸之性，后夫⑨多宠前夫之孤，后妻必虐前妻之子。非唯妇人怀嫉妒之情，丈夫有沉惑⑩之僻⑪，亦事势使之然也。前夫之孤，不敢与我子争家，提携鞠养⑫，积习⑬生爱，故宠之；前妻之子，每居己生之上，宦学⑭婚嫁，莫不为防焉，故虐之。异姓⑮宠则父母被怨，继亲⑯虐则兄弟为仇，家有此者，皆门户之祸也。

注释

① 没：通"殁"，死亡。
② 辞讼：也作"词讼"，诉讼。

③ 黜（chù）：贬斥。

④ 辞迹：言语。代指传扬先辈的隐私。

⑤ 祖考：考，已去世的父亲。祖考指祖先。

⑥ 直己：使自己有理。

⑦ 容：欢悦。

⑧ 说（shuì）引：引诱说服。

⑨ 后夫：妇女再婚的新夫叫后夫。

⑩ 沉惑：沉迷，此指丈夫沉迷于妻子的美色。

⑪ 僻：邪僻，不正的行为。

⑫ 鞠养：抚养。

⑬ 积习：天长日久相承的习惯。

⑭ 宦学：指做官与学业。

⑮ 异姓：子女跟从父姓，故与继父异姓。

⑯ 继亲：指继母，即后母。

解读

在父亲死了以后，家庭内部的诉讼就吵闹到公堂上，彼此公开对骂，连路上的行人都可以听到。前妻的儿子诬蔑后母是小妾，后母的儿子把前妻的儿子贬斥为奴仆。他们大肆宣扬亡父的遗言，暴露先人的短处，用这种方法来证明自己占理。这样的事情到处都有，可悲啊！自古以来，奸臣和媚妾，用一句话就置人于死地的事情实在太多了，何况假借夫妻的名义，日夜在丈夫面前说他人的坏话，而婢女奴仆为了博取主人的欢心，也在一边添油加醋，长年累月地下去，哪里还会有孝子呢？这不能不令人感到可怕啊。

按照一般人的性情，后夫大多数都爱前夫留下来的孩子，而后母必

颜氏家训

定虐待前妻遗留下来的孩子。这并不是因为妇人天生妒忌心强而男人天生本性易受迷惑,而是事情发展的必然结果。前夫留下来的孩子,不敢与自己的孩子争夺家业,后夫提携眷顾,尽心尽力地抚养他,长时间下去就会宠爱他。前妻的儿子,地位往往在后母的儿子的地位之上,求学当官,婚姻嫁娶,没有一样不提防着他的,所以这样就要虐待前妻的儿子。如果异姓的孩子得到父母的宠爱,那么父母就会遭到亲生儿子的怨恨;如果前妻的孩子遭到后母的虐待,那么兄弟之间就会变成仇敌。家里存在着这种问题,都是家庭的祸害啊。

原文

思鲁[1]等从舅[2]殷外臣,博达之士也。有子基、谌,皆已成立[3],而再娶王氏。基每拜见后母,感慕[4]呜咽,不能自持,家人莫忍仰视。王亦凄怆,不知所容,旬月求退,便以礼遣,此亦悔事也。

《后汉书》曰:"安帝时,汝南薛包孟尝,好学笃行,丧母,以致孝

后 娶

闻。及父娶后妻而憎包，分出之。包日夜号泣，不能去，至被殴杖。不得已，庐于舍外，旦入而洒扫[5]。父怒，又逐之，乃庐于里门，昏晨不废[6]。积岁余，父母惭而还之。

后行六年服，丧过乎哀[7]。既而弟子[8]求分财异居，包不能止，乃中分其财：奴婢引其老者，曰：'与我共事久，若不能使也。'田庐取其荒顿者，曰：'吾少时所理，意所恋也。'器物取其朽败者，曰：'我素所服食，身口所安也。'弟子数破其产，还复赈给。建光中，公车特征，至拜侍中。包性恬虚，称疾不起，以死自乞。有诏赐告[9]归也。"

注释

[1] 思鲁：字孔归，颜之推的长子。
[2] 从舅：母亲的叔伯兄弟称为从舅，亦称堂舅。
[3] 成立：成年，长大成人能自立。
[4] 感慕：思念，有感慨。
[5] 洒扫：洒水扫除。
[6] 昏晨不废：子女早晚向长辈请安，从不废止。
[7] 丧过乎哀：守丧超过哀礼的要求。古代丧礼，父母死，子女应服丧三年。薛包行六年服，所以说"丧过乎哀"。
[8] 弟子：这里指弟弟。
[9] 赐告：汉制。汉代官吏告病在家休养三个月便要免职。若皇帝恩赐、允其带职和部属归家养病，则称"赐告"。

解读

思鲁他们的堂舅殷外臣是一位博学多才、知礼通达的学士。他有两个儿子，一个叫殷基，一个叫殷谌，都已经长大成人。而殷外臣又再娶王氏为妻。殷基每次看见后母的时候，都会思念他的生母而感慨至哭泣，不能控制他自己的情绪，家里的人都不忍心抬头去看他。王氏也很悲伤，不知怎样做才好。不到一个月，王氏请求退亲。殷外臣也只好按照礼节把她送回了娘家。这也是一件令人十分悔恨的事啊。

《后汉书》上说："安帝的时候，汝南有个叫薛包的人，字孟尝。他勤奋好学，行为正直。他的母亲死了以后，他因为孝而闻名。等到他的父亲娶了后妻的时候，他的父亲就开始厌恶他，并把他驱逐出家门。薛包日夜号啕大哭，舍不得离去，直至被用棍棒殴打。薛包不得已，只好在屋外搭了个草棚，一大早就回屋里打扫庭院。他父亲又大发怒火，再次驱赶他出家门。他只能在里弄随便搭个草屋安身。即使是这样，他早晚还是给父母请安。过了一年多，他的父母惭愧得很，从而让他搬了回来。

"后来，他的父母去世了，他行了六年的丧礼，实在是超过了丧礼的要求。不久，他的弟弟又要求分割家产，另外居住。薛包阻止不了，于是只能将家产平均分配：奴婢，他要的是年老的，原因是：'这些奴婢与我相处的时间长，你使唤不了他们。'田地，他要求的是荒废的，原因是：'我小时候经营管理过的，我对它们很依恋。'器物，他取的是快要朽坏的，原因是：'我一向都是用这些吃饭的，已经习惯了。'他的弟弟几次破产，薛包仍然回来救济他弟弟。建光年间，公车署特别征召薛包，并且授予他侍中这个官职。可是薛包生性喜欢恬静的生活，借口说有病起不了床，以死来推辞不就。朝廷唯有下诏令，允许他告病带职在家休养。"

治 家

原文

夫风化①者,自上而行于下者也,自先而施于后者也。是以父不慈则子不孝,兄不友则弟不恭,夫不义则妇不顺矣。父慈而子逆,兄友而弟傲,夫义而妇陵②,则天之凶民,乃刑戮③之所摄④,非训导之所移也。

笞怒废于家,则竖子⑤之过立见⑥;刑罚不中⑦,则民无所措⑧手足。治家之宽猛,亦犹国焉。

孔子曰:"奢则不孙⑨,俭则固⑩;与其不孙也,宁固。"又云:"如有周公⑪之才之美,使骄且吝,其余不足观⑫也已。"然则可俭而不可吝也。俭者,省约为礼之谓也;吝者,穷急不恤之谓也。今有施则奢,俭则吝;如能施而不奢,俭而不吝,可矣。

注释

① 风化:风尚的教化。
② 陵:欺侮、侮辱。
③ 刑戮:刑罚。
④ 摄:同"慑",使……畏惧。
⑤ 竖子:未成年的孩童。
⑥ 见(xiàn):同"现"。

❼ 中（zhòng）：恰当、合适。

❽ 措：安放。

❾ 孙：同"逊"，逊让、恭顺。

❿ 固：固陋，见识短浅。

⓫ 周公：周武王之弟周公旦，辅佐周成王灭掉殷商残余势力，相传是位多才多艺的贤人。

⓬ 不足观：不值得称道。

解读

风尚的教育感化，是从上面推行到下面的，是由前人延续到后人的。因此，如果做父亲的不慈爱，则儿子就不会孝顺；如果兄长不友爱，那弟弟就不会恭敬；如果丈夫不仁义，那妻子就不会贤惠。如果父亲仁慈而儿子叛逆，兄长友爱而弟弟倨傲，丈夫仁义而妻子霸道欺凌，那么这些就是天生的恶人，只有用刑罚、杀头来使他们畏惧，而不是仅靠教导、训斥就能使他们改变的了。

如果一个家庭废置了鞭笞的体罚，那么孩子的过失就会出现；如果刑罚不适当，那么老百姓就会手足无措。治理家庭跟治理国家一样，也要宽严有度。

孔子说："奢侈就会显得不谦逊，俭朴就会显得鄙陋。与其不谦逊，宁可鄙陋。"孔子又说："一个人即使有周公那样杰出的才华，但如果他既骄傲又吝啬的话，那么，他其他的一切也就不值一看了。"如此说来，俭朴是可取的，而吝啬则是不可取的。

原文

生民❶之本，要当稼穑❷而食，桑麻以衣。蔬果之畜，园场之所产；

鸡豚[8]之善[4]，埘[5]圈之所生。爰及栋宇器械，樵苏[6]脂烛[7]，莫非种殖[8]之物也。至能守其业者，闭门而为生之具以足，但家无盐井[9]耳。今北土风俗，率能躬俭节用，以赡衣食。江南奢侈，多不逮[10]焉。

梁孝元[11]世，有中书舍人[12]，治家失度，而过严刻，妻妾遂共货[13]刺客，伺醉而杀之。

世间名士[14]，但务宽仁，至于饮食馈饷[15]，僮仆减损，施惠然诺，妻子节量，狎侮宾客，侵耗[16]乡党[17]，此亦为家之巨蠹[18]矣。

注释

① 生民：人民。

② 稼穑（sè）：泛指农业生产。

③ 豚（tún）：小猪。

④ 善：通"膳"，饮食、伙食。

⑤ 埘（shí）：墙壁上挖洞做成的鸡窠。

⑥ 樵苏：做燃料用的柴草。

⑦ 脂烛：用大麻的籽实灌油脂照明。

⑧ 殖：通"植"。

⑨ 盐井：用以煮盐而挖的地下井。

⑩ 不逮：不及。

⑪ 梁孝元：梁元帝萧绎。

⑫ 中书舍人：官名。原称中书省通事舍人，为中书省属官，掌管传宣诏命。

⑬ 货：收买，贿赂。

⑭ 名士：指以学术文章诗词出名的人士。

颜氏家训

⑮ 馈馈：馈通"饷"。指馈赠的食物。
⑯ 侵耗：侵蚀损耗。
⑰ 乡党：周制以一万二千五百户为乡，以五百户为党。
⑱ 蠹（dù）：本指蛀虫，引申为侵蚀国与家的人和事。

解读

　　人民生存的根本，最重要的就是种植谷物解决吃饭的问题，种桑麻解决穿衣的问题。蔬菜、水果的积蓄，要依靠果园菜地的生产；鸡肉、猪肉这些菜肴，来自于鸡窝猪圈的饲养。至于房屋、器皿、柴草蜡烛等，没有一样不是种植生产出来的。那些能经营家业的人，无须出门，他的生活用品也已经足够了，所缺的只是盐井罢了。如今北方的风俗，大部分的家庭都能勤俭节约，承担起家里的衣食所用。江南地区的风俗比较奢侈，比不

上北方的人节俭。

梁元帝年间，有一位中书舍人，治理家庭没有把握好尺度，十分严厉苛刻，结果他的妻妾收买刺客，趁他酒醉的时候把他给杀了。

如今世上的名士，只是追求用宽厚仁爱来治理家庭，以致宴请客人和馈赠的食物，僮仆竟然敢克扣；施舍给别人的东西，答应接济亲友的物品，也要受到妻子的束缚；甚至家庭中还会发生轻视侮辱宾客，侵损为难乡里邻居的事。这也是家庭中的一大祸害啊。

原文

齐吏部侍郎房文烈❶，未尝嗔怒，经霖雨❷绝粮，遣婢籴米❸，因尔逃窜，三四许日，方复擒之。房徐曰："举家无食，汝何处来？"竟无捶挞❹。尝寄人宅❺，奴婢彻❻屋为薪略尽，闻之颦蹙❼，卒无一言。

裴子野❽有疏亲故属饥寒不能自济者，皆收养之；家素清贫，时逢水旱，二石❾米为薄粥，仅得遍焉，躬自❿同之，常无厌色。邺下⓫有一领军，贪积已甚，家童八百，誓满一千；朝夕每人肴膳，以十五钱为率⓬，遇有客旅，更无以兼。后坐事⓭伏法，籍其家产，麻鞋一屋，弊衣数库，其余财宝，不可胜言。南阳⓮有人，为生奥博⓯，性殊俭吝，冬至后女婿谒之，乃设一铜瓯⓰酒，数脔⓱獐肉；婿恨其单率⓲，一举尽之。主人愕然，俛仰⓳命益，如此者再；退而责其女曰："某郎⓴好酒，故汝常贫。"及其死后，诸子争财，兄遂杀弟。

注释

❶ 房文烈：北齐大臣。
❷ 霖雨：连绵大雨。

❸ 籴米：买米。

❹ 捶挞：鞭打。

❺ 寄人宅：把房子借给别人居住。

❻ 彻（chè）：拆毁。

❼ 颦蹙（pín cù）：紧皱眉头。

❽ 裴子野：南朝著名文学家，字几原，河东闻喜人，以孝行著称。

❾ 石（dàn）：容量单位，十斗为一石。

❿ 躬自：亲自、亲身。

⓫ 邺下：指邺，在今河南临漳，北齐的都城。

⓬ 率：标准，规格。

⓭ 坐事：因事，指被判罪的事。

⓮ 南阳：当时郡名，治所宛县，即今河南南阳。

⓯ 奥博：深奥，广博。这里指积蓄丰厚。

⓰ 瓯（ōu）：瓦器，此指酒器。

⓱ 脔（luán）：切成块的肉。

⓲ 单率：待客的礼仪比较简单粗率。

⓳ 俛（fǔ）仰："俛"通"俯"。周旋。

⓴ 郎：旧时称富家男青年，相当后来的"少爷"。

解读

　　北齐吏部侍郎房文烈，从不生气发怒。有一次，天下连绵大雨，家里断了粮。他派一名婢女去籴米，不料这个婢女竟乘机逃走。过了三四天，才把她抓获。房文烈见了她，语气和缓地说："全家都没有粮食了，你跑到哪里去了？"竟然没有鞭打这个婢女。房文烈曾经把房子借给别人居住，那人的奴婢把房子拆了当柴烧，差不多都要拆光了。房文烈听到了这些事，只是眉头紧皱，终于没说一句什么别的话语。

南朝的裴子野，在他的远亲旧属中有挨饿受冻而没有能力自保的人，他都收养在他的门下。他的家中一向清贫，当时又遇上了水灾和旱灾，用二石米煮成稀粥，也只能每人喝上一点而已。裴子野同大家一起喝稀粥，从没有显出什么厌烦的神色来。邺城有一位领军，贪得无厌，积蓄甚多，家僮已经有八百多人，他还发誓要达到一千。每个人一天的膳费，以十五钱为标准，即使来了客人，也不加多。后来因为犯罪被处死，朝廷抄没他的家产，发现光是麻鞋就有一屋子，朽坏腐烂的衣服堆满了数个仓库。其余的珠宝财产，更是不可胜数。南阳有个人，他生平积蓄甚为丰厚，但为人十分吝啬。冬至后一天，他的女婿去拜见他，他也只设了一铜瓯酒和几小块的獐子肉。女婿埋怨他待客吝啬草率，把酒肉一下子就吃光了。这个南阳人感到惊愕，只得应付着叫人添酒加菜。这样先后添了两次。酒席过后，他斥责女儿说："你的丈夫好酒成性，所以你总是要受穷的苦。"等他死了以后，他的儿子争夺财产，当哥哥的竟然把弟弟给杀了。

原文

妇主中馈❶，惟事酒食衣服之礼耳，国不可使预政，家不可使干蛊❷；如有聪明才智，识达古今，正当辅佐君子❸，助其不足，必无牝鸡晨鸣❹，以致祸也。

江东妇女，略无交游，其婚姻之家❺，或十数年间，未相识者，惟以信命赠遗❻，致殷勤焉。邺下风俗，专以妇持门户，争讼曲直，造请逢迎，车乘填街衢，绮罗盈府寺，代子求官，为夫诉屈。此乃恒、代之遗风乎？南间❼贫素，皆事外饰，车乘❽衣服，必贵齐整；家人妻子，不免饥寒。河北人事⁹，多由内政¹⁰，绮罗金翠¹¹，不可废阙，羸¹²马悴奴，仅充而已；倡和之礼，或尔汝¹³之。

注释

❶ 中馈：家中饮食之事。

❷ 干蛊（gǔ）：这里主持家政大事。

❸ 君子：此指妇女的丈夫。

❹ 牝（pìn）鸡晨鸣：牝鸡指母鸡。牝鸡晨鸣，指牝鸡司晨，古时用来贬喻女性掌权。

❺ 婚姻之家：联姻亲家，儿女亲家。

❻ 信命赠遗：派使者传送命令和书信，赠送礼物。

❼ 南间：南方的地区。

❽ 车乘（shèng）：古时一辆车配上四匹马叫一乘。车乘，即马拉的车，此指北齐贵族妇女所坐的车。

❾ 人事：应酬、交际。

❿ 内政：指家政。这里指代主持内政的妻子。

⓫ 金翠：指用黄金和绿宝石这类贵重物品制成的妇女饰物。

⓬ 羸（léi）：瘦弱。

⓭ 尔汝：夫妇之间的轻贱称谓。

解读

妇人主持家务，只负责膳食、衣服等方面的礼数就足够了。一个国家，不能让妇人参与政事；一个家庭，也不能让妇人掌握家里政事。如果她们有聪明才智，又能识古达今，那么她们就应该辅助她们的丈夫，弥补其不足，绝不能像母鸡在清晨司鸣报晓，以致招来灾祸。

治　家

江东的妇女，很少对外交往，在结成婚姻的亲家中，有十几年还不相识的，只派人传达音信或送礼品，来表示殷勤。邺城的风俗，专门让妇女当家，争讼曲直，谒见迎候，驾车乘的填塞道路，穿绮罗的挤满官署，替儿子乞求官职，给丈夫诉说冤屈，这应是恒代的遗风吧？南方的贫素人家，都注意修饰外表，车马、衣服，一定讲究整齐，而家人妻子，反不免饥寒。河北交际应酬，多凭妇女，绮罗金翠，不能短少，而马匹瘦弱奴仆憔悴，勉强充数而已，夫妇之间交谈，有时"尔""汝"相称，用词并不拘泥于此。

原文

河北妇人，织纴组紃❶之事，黼黻❷锦绣罗绮之工，大优于江东也。

太公❸曰："养女太多，一费也。"陈蕃❹曰："盗不过五女之门❺。"女之为累，亦以深矣。然天生蒸民❻，先人传体，其如之何？世人多不举❼女，贼行骨肉，岂当如此而望福于天乎？吾有疏亲，家饶妓媵，诞育将及，便遣阍竖❽守之。体有不安，窥窗倚户，若生女者，辄持将去；母随号泣，莫敢救之，使人不忍闻也。

妇人之性，率宠子婿而虐儿妇。宠婿，则兄弟❾之怨生焉；虐妇，则姊妹❿之谗行焉。然则女之行留，皆得罪于其家者，母实为之。至有谚云："落索⓫阿姑餐。"此其相报也。家之常弊，可不诫哉！

注释

❶织纴（rèn）组紃（xún）：指编制丝织品。这里指妇女从事织作的事务。

❷黼黻（fǔ fú）：衣服上所绣的华美花纹。

颜氏家训

③ 太公：指姜太公，字子牙。

④ 陈蕃：东汉末年大臣，字仲举。

⑤ 盗不过五女之门：意思是为五个女儿操办嫁妆必被弄穷，连盗贼都不来光顾。

⑥ 蒸民：众民。

⑦ 举：生育，抚养。

⑧ 阍（hūn）竖：守门人。

⑨ 兄弟：指女儿的兄弟。

⑩ 姊妹：指儿子的姊妹。

⑪ 落索：冷落，萧索。

解读

河北地区的妇女，若论编织纺绩的本事，织绣花锦的手艺，比起江东妇女，那可就强多了。

姜太公说："女儿养得太多，那也实在是太浪费了。"陈蕃说："盗

贼也不愿意去光顾有五个女儿的人家。"由此可见，女儿带来的负累，也实在太重了。然而天下的平民百姓，都是父母留下来的骨肉，你又能把他怎么样呢？世上的人大都不愿意生养女儿，生了女儿也会随意杀害。难道这样还能祈求上天赐福吗？我有一个远亲，家中的姬妾甚多。她们的产期近了，他就派人去监守。等到临近分娩的时候，僮仆就在窗户边窥视。假如生下来的是女孩，那么就立即抱走。母亲跟在后面追赶，边走边号啕大哭，没有一个人敢救那个孩子的，真让人不忍心听下去。

妇女的习性，大多宠爱女婿而虐待儿媳妇，宠爱女婿那女儿的兄弟就会产生怨恨，虐待儿媳妇那儿子的姐妹就易进逸言。这样看来女的不论出嫁还是娶进都会得罪于家，都是为母的所造成。以致俗话谚语有道："落索阿姑餐。"说做儿媳妇的以此冷落来变相报复婆婆。这是家庭里常见的弊端，能不警惕吗？

原文

婚姻素对①，靖侯②成规。近世嫁娶，遂有卖女纳财，买妇输绢③，比量父祖，计较锱铢④，责多还少，市井⑤无异。或猥婿在门，或傲妇擅室，贪荣求利，反招羞耻，可不慎欤！

借人典籍，皆须爱护，先有缺坏，就为补治，此亦士大夫百行⑥之一也。济阳⑦江禄⑧，读书未竟，虽有急速，必待卷束⑨整齐，然后得起，故无损败。人不厌其求假焉。或有狼藉几案，分散部帙⑩，多为童幼婢妾之所点污⑪，风雨虫鼠之所毁伤，实为累德。吾每读圣人之书，未尝不肃敬对之；其故纸有《五经》⑫词义，及贤达姓名，不敢秽用⑬也。

吾家巫觋⑭祷请，绝于言议；符书⑮章醮⑯，亦无祈焉，并汝曹所见也。勿为妖妄之费。

颜氏家训

注释

① 素对：对，配偶。素对，指清白的配偶。
② 靖侯：指颜之推的九世祖颜含。
③ 买妇输绢：指娶儿媳妇要给对方彩礼，等于买进。
④ 锱铢（zī zhū）：锱、铢是古代极小的重量计量单位。
⑤ 市井：古代用来做买卖的地方，这里指商贩。
⑥ 百行：泛指行善。
⑦ 济阳：县名，在今河南省兰考县东北。
⑧ 江禄：南朝萧梁的文人。
⑨ 卷束：当时的书本都作卷轴形式，读过收拾必须卷好并束起来。
⑩ 部帙（zhì）：书籍的篇次、卷页。
⑪ 点污：同"玷污"。
⑫ 《五经》：南北朝时通常以《周易》《尚书》《毛诗》《礼记》《春秋左传》为《五经》。
⑬ 秽用：用在不干净的地方。
⑭ 巫觋（xí）：古代称女巫为巫、男巫为觋，合称巫觋。
⑮ 符书：道士用以驱鬼或替人守护而画的神秘文书。
⑯ 章醮（jiào）：拜表设祭。这是道教的一种祈祷形式。

解读

男女婚嫁必须要选择清白的配偶，这是先祖靖侯所定下的规矩。近年来，竟然有人利用婚姻嫁娶卖女儿捞钱财，用彩礼买媳妇，算计对方祖辈父辈的权势地位，斤斤计较对方彩礼的多少，总想索取的多而支出的少，与做买卖的没什么分别。有的人因为这样招进了猥琐的女婿，有的人因为

治　家

这样娶回了凶蛮的老婆。由于他们贪求一些虚名和利益，结果反而招来了羞耻。对于这个，我们不能不小心啊！

　　借别人的词典书籍，都应该爱护有加，如果有的已经损坏，就应该把它修补好，这也是士大夫应该做的善举之一。济阳的江禄，书没有读完，即使有很急的事，也要等到把书合上，摆放齐整，然后再起身去忙，所以他的书都没有损缺。别人也不讨厌他来借书。有的人把书放得乱七八糟，堆放在案桌上，没有收拾好，书的部帙被弄散和遗失，往往也会被小孩、侍妾和婢女弄脏。或者遭到风雨的侵蚀，被虫鼠所毁坏。这样做，实在是对道德的损伤。我每次读圣人书的时候，从没有不严肃对待的。如果书上有《五经》的词句和圣贤的名字，绝不敢拿来用在污秽和不干净的地方。

　　我们家对于巫师等请神驱鬼之事，那是从不考虑的；对道士的画符驱鬼，也是从不祈求的，这些你们都能看到。千万不要在这些妖妄的事件上浪费钱财。

风 操

原文

吾观《礼经》，圣人之教：箕帚①匕箸②，咳唾③唯诺，执烛沃盥④，皆有节文⑤，亦为至矣。但既残缺，非复全书，其有所不载，及世事变改者，学达君子，自为节度⑥，相承行之，故世号士大夫风操。而家门颇有不同，所见互称长短；然其阡陌⑦，亦自可知。昔在江南，目能视而见之，耳能听而闻之；蓬生麻中⑧，不劳翰墨⑨。汝曹生于戎马之间，视听之所不晓，故聊记录以传示子孙。

注释

① 箕帚：畚箕和扫帚。
② 匕箸：羹匙和筷子。
③ 咳唾：代指人的言论。
④ 沃盥（guàn）：浇水洗手。在这里指为长辈洗手应遵循的礼仪。
⑤ 节文：制定礼仪，节制修饰。
⑥ 节度：规则，法则。
⑦ 阡陌：比喻途径、门路。
⑧ 蓬生麻中：语出《荀子·劝学》："蓬生麻中，不扶自直。"
⑨ 翰墨：笔墨。

风 操

解读

我在看《礼经》时发现,在那上面写的都是圣人的教诲:在长辈面前怎样用簸箕、笤帚打扫,吃饭时怎样用匕匙、筷子,怎样咳嗽、唾痰,怎样使应答得体,怎样持烛照明、以礼待客,还有怎样端盆送水侍奉长辈盥洗等,《礼经》里都有专门的规定和礼节,且讲得很详细。但是,此书已经残缺不全,而且有一些礼仪规范书上并未记载,有些则随着世事的变化也有了改变。于是,博学通达之士就自己斟酌制定了一些规范,代代相传。世人就把这些称为士大夫的风范和节操。然而各个家庭情况都不一样,其看法也各有长短。不过基本脉络还是可以知道的。过去我在江南的时候,亲眼所见,亲耳所闻,早已耳濡目染,就像蓬草生长在麻秆地里,不用扶持也能长直。你们生于兵荒马乱的年代,对这些礼仪规范自然是看不见也听不到的。所以我姑且将它们记录下来,用以传示子孙后代。

原文

《礼》云:"见似目瞿❶,闻名心瞿。"有所感触,恻怆心眼;若在从容平常之地,幸须申其情耳。必不可避,亦当忍之;犹如伯叔兄弟,酷类先人,可得终身肠断与之绝耶?又:"临文不讳❷,庙中不讳,君所无私讳。"益知闻名,须有消息❸,不必期于颠沛而走也。梁世谢举❹,甚有声誉,闻讳必哭,为世所讥。又有臧逢世,臧严❺之子也,笃学修行,不坠门风,孝元❻经牧江州,遣往建昌❼督事,郡县民庶,竞修笺书,朝夕辐辏❽,几案盈积,书有称"严寒"者,必对之流涕,不省❾取记,多废公事,物情❿怨骇,竟以不办⓫而退。此并过事也。

颜氏家训

注释

① 瞿（jù）：恭谨的样子。
② 讳：古人对君主及父祖尊长之名不能说，不能写，这叫避讳。
③ 消息：斟酌，看情况办。
④ 谢举：南朝萧梁文士。
⑤ 臧严：萧梁文士。
⑥ 孝元：即梁元帝萧绎。
⑦ 建昌：江州的属县，在今九江、南昌之间。
⑧ 辐辏（còu）：本指车辐辏集于毂上，用来比喻人或物集聚。
⑨ 不省（xǐng）：不察看，不检查。
⑩ 物情：人情，人心。
⑪ 不办：无能，不称职。

解读

《礼记》上说："见似目瞿，闻名心瞿。"意思是：见到容貌与自己已故父母相似的人，听到与自己已故父母相同的名字，都会惊惧不安。这是触景生情，从而心中不由得难过伤心。如果是在悠闲的平常地方碰到这种情况，或许应把感情渲泄出来。若实在难以回避的，也应当忍一忍。就像自己的叔伯兄弟，其相貌酷似已故的父亲，难道就因为一见面就伤心悲痛，而一辈子断绝往来吗？《礼记》又说："临文不讳，庙中不讳，君所无私讳。"这就使我们更加明白：提及名讳时，需要仔细斟酌一番，不要一听名讳就痛苦难耐，奔走回避，这实在大可不必。梁朝的谢举，颇具声望，但他一听到别人称呼自己父母的名字必定要哭，因此令世人讥笑。还有一个臧逢世，是臧严的儿子，他学习专心，行为规矩，从不败坏自

风 操

家门风。梁元帝担任江州刺史时，派他到建昌督理政务。当地的民众竞相给他写信，从早到晚聚集到官署，案桌上公牍信札堆积如山。可是臧逢世看信时，只要一看到"严寒"二字，就会伤感流泪，无心审阅文章，因此常常耽误公务。人们对此颇多抱怨，他也因此难以务政，只好返回江州。这两人都做错了。

原文

近在扬都❶，有一士人讳审，而与沈氏交结周厚❷，沈与其书，名而不姓，此非人情也。

凡避讳者，皆须得其同训❸以代换之：桓公❹名白，博❺有五皓之称；厉王❻名长，琴有修短之目。不闻谓布帛为布皓，呼肾肠为肾修也。梁武❼小名阿练，子孙皆呼练为绢；乃谓销炼物为销绢物，恐乖❽其义。或有讳云者，呼纷纭为纷烟；有讳桐者，呼梧桐树为白铁树，便似戏笑耳。

周公名子曰禽，孔子名儿曰鲤，止在其身，自可无禁，至若卫侯、魏公子❾、楚太子，皆名虮虱；长卿❿名犬子，王修⓫名狗子，上有连及⓬，

45

颜氏家训

理未为通,古之所行,今之所笑也。北土多有名儿为驴驹、豚子者,使其自称及兄弟所名,亦何忍哉?前汉有尹翁归[13],后汉有郑翁归,梁家亦有孔翁归,又有顾翁宠;晋代有许思妣、孟少孤[14]:如此名字,幸当避之。

注释

① 扬都:南北朝时习称建康为扬都。
② 周厚:亲密深厚。
③ 同训:指同义词。
④ 桓公:齐桓公,名小白。
⑤ 博:即博戏,是古代的一种棋戏。
⑥ 厉王:西汉时期,淮南厉王刘长,为汉高祖刘邦的儿子。
⑦ 梁武:即南朝梁武帝萧衍,字叔达,小字练儿。
⑧ 乖:背离。
⑨ 魏公子:应为韩公子。
⑩ 长卿:西汉著名文学家司马相如。
⑪ 王修:东晋外戚。
⑫ 连及:牵连,涉及。
⑬ 尹翁归:西汉循吏,清正廉明。
⑭ 孟少孤:东晋名士孟陋。

解读

近来在扬都,有个士人避讳"审"字,同时又和姓沈的结交友情深厚,姓沈的给他写信,只署名而不写上"沈"姓,这因避讳也不近人情。

凡要避讳的字,都必须用它的同义词来替代:齐桓公名叫小白,所以博戏中的"五白"就有了"五皓"的称呼;淮南厉王名长,于是"胫有长短"就被说成"胫有修短"。但是,还没有听说过把"布帛"说成"布皓",把"肾肠"称作"肾修"的。梁武帝的小名叫阿练,他的子孙都把"练"说成"绢";可是,如果把"销炼"物品说成"销绢"物品,恐怕就有悖于事义了。至于那忌讳"云"字的人把"纷纭"说成"纷烟";忌讳"桐"字的人把"梧桐树"称作"白铁树",就更像是在开玩笑了。

周公的孩子名叫"伯禽",孔子的儿子名叫"鲤",这些名字只与被命名的人本身相关,自然无须禁止。可是像卫侯、魏公子、楚太子等人名字都叫"虮虱",司马相如又名"犬子",王修名"狗子",这就关系到他们父辈,情理上就说不通了。古人所做的一些事,现在我们看来会觉得可笑。北方人多给儿子起名为驴驹、猪崽之类的,假如让他们这样称呼自己,或者让他们兄弟这样称呼,又怎么受得了呢?前汉有人叫尹翁归,后汉有人叫郑翁归,梁朝也有人叫孔翁归,还有人叫顾翁宠;晋代又有人叫许思妣、孟少孤,像这一类名字,还是避开为好。

原文

今人避讳,更急于古。凡名子者,当为孙地❶。吾亲识中有讳襄、讳友、讳同、讳清、讳和、讳禹,交疏❷造次,一座百犯,闻者辛苦,无憀赖❸焉。

昔司马长卿慕蔺相如,故名相如,顾元叹❹慕蔡邕❺,故名雍,而后汉有朱伥字孙卿❻,许逞字颜回,梁世有庾晏婴、祖孙登,连古人姓为名字,亦鄙事❼也。

昔刘文饶❽不忍骂奴为畜产❾,今世愚人遂以相戏,或有指名为豚犊者:有识傍观,犹欲掩耳,况当之者乎?

颜氏家训

注释

① 为孙地：为孙辈留有余地。
② 交疏：即交往不深，交情疏浅。此处指交情疏浅的人。
③ 无憀（liáo）赖：无所依从。
④ 顾元叹：三国时期吴国人。
⑤ 蔡邕：东汉文学家、书法家。
⑥ 孙卿：即荀卿。汉朝人为了避讳汉宣帝（刘询）的名讳，便用"孙"代替"荀"。
⑦ 鄙事：指鄙俗琐碎之事。
⑧ 刘文饶：即东汉人刘宽，字文饶。
⑨ 畜产：骂人语，犹畜生。

解读

现在人的避讳，比古人更严格。给孩子取名的父母，都应当为孙子们着想。我的亲友中有讳"襄"字的、讳"友"字的、讳"同"字的、讳"清"字的、讳"和"字的、讳"禹"字的，交情疏浅的人不了解情况，很容易触犯在座众人的忌讳，听到的人感到难受，弄得无所适从。

以前司马长卿仰慕蔺相如，就把名字改为相如；顾元叹仰慕蔡邕，因此就改名为雍。而后汉的朱伥字卿，许暹字颜回；梁朝有庾晏婴、祖孙登，这些人竟然把古人的姓和名都用来作自己的名字，这是一件庸俗浅薄的事。

从前，刘文饶不忍心骂奴仆为畜生，而当今愚蠢的人们却竞相用这种话来开玩笑，有的人还称呼别人为猪崽、牛犊。有见识的旁观者尚且听不下去想把耳朵捂住，何况那被叫的人呢？

风 操

原文

近在议曹①，共平章②百官秩禄，有一显贵，当世名臣，意嫌所议过厚。齐朝有一两士族文学③之人，谓此贵曰："今日天下大同④，须为百代典式，岂得尚作关中旧意？明公定是陶朱公⑤大儿耳！"彼比欢笑，不以为嫌。

昔侯霸⑥之子孙，称其祖父曰家公；陈思王⑦称其父为家父，母为家母，潘尼⑧称其祖曰家祖：古人之所行，今人之所笑也。今南北风俗，言其祖及二亲，无云家者；田里猥人，方有此言耳。凡与人言，言己世父⑨，以次第称之，不云家者，以尊于父，不敢家也。凡言姑姊妹女子子⑩：已嫁，则以夫氏称之；在室⑪，则以次第称之。言礼成他族，不得云家也。子孙不得称家者，轻略之也。蔡邕书集，呼其姑姊为家姑家姊；班固⑫书集，亦云家孙：今并不行也。

注释

① 议曹：官署名，掌言职。
② 平章：评处、商酌。
③ 文学：汉代官名。
④ 大同：指国家统一。
⑤ 陶朱公：即春秋时越国大夫范蠡。
⑥ 侯霸：东汉时人，官至大司徒。
⑦ 陈思王：三国时曹魏大文学家曹植，封为陈王，死后谥为思，人称陈思王。
⑧ 潘尼：西晋时文学家，字正叔。
⑨ 世父：伯父。

颜氏家训

⑩ 女子子：指女孩子，女儿。

⑪ 在室：女子未出嫁叫在室。

⑫ 班固：东汉初年文学家、史学家，《汉书》的撰写者。

解读

近来我在议曹与从人一起商讨关于百官的俸禄问题，有一位显贵，是当今名臣，他嫌有人提出的俸禄太高。于是，原来齐朝留下来的士族文学侍从对这位显贵说："现在天下统一了，我们应该为后世树立一个典范，怎么能仍然沿袭以前的关中旧规呢？明公如此吝啬，一定是陶朱公的大儿子吧！"说罢彼此哄笑，并不在乎这种戏谑。

从前侯霸的子孙，称他们的祖父叫家公；陈思王曹植称他的父亲叫家父，母亲叫家母；潘尼称他的祖父叫家祖：这都是古人所做的，而为今人所笑的。如今南北风俗，讲到他的祖上和父母二亲，没有说"家"的，农村里卑贱的人，才有这种叫法。凡和人谈话，讲到自己的伯父，用排行来称呼，不说"家"，是因为伯父比父亲还尊，不敢称"家"。凡讲到姑、姊妹、女儿，已经出嫁的就用丈夫的姓来称呼，没有出嫁的就用排行来称呼，意思是行婚礼就成为别的家族的人，不好称"家"。子孙不好称"家"，是对他们的轻视忽略。蔡邕文集里称呼他的姑、姊为家姑、家姊，班固文集里也说家孙，如今都不通行。

原文

凡与人言，称彼祖父母、世父母❶、父母及长姑❷，皆加尊字，自叔父母以下，则加贤字，尊卑之差也。王羲之❸书，称彼之母与自称己母同，不云尊字，今所非也。

南人冬至岁首，不诣丧家；若不修书，则过节束带❹以申慰。北人至

风　操

岁[5]之日，重行吊礼；礼无明文，则吾不取。南人宾至不迎，相见捧手而不揖，送客下席[6]而已；北人迎送并至门，相见则揖，皆古之道也，吾善其迎揖。

昔者，王侯自称孤、寡、不穀，自兹以降，虽孔子圣师，与门人言皆称名也。后虽有臣仆之称，行者盖亦寡焉。江南轻重[7]，各有谓号[8]，具诸《书仪》[9]；北人多称名者，乃古之遗风，吾善其称名焉。

注释

① 世父母：伯父和伯母。
② 长（zhǎng）姑：父亲的姐姐。
③ 王羲之：东晋时大书法家，有传见《晋书》。
④ 束带：整理衣服，表示端庄、恭敬。
⑤ 至岁：即冬至、岁首二节的缩略语。
⑥ 下席：离开席位，表示恭敬。
⑦ 轻重：指尊卑贵贱。
⑧ 谓号：称谓。
⑨ 《书仪》：记述礼节的书，在当时称为《书仪》。

解读

一般和人谈话，称人家的祖父母、伯父母、父母和长姑，都加个"尊"字，从叔父母以下，就加个"贤"字，以表示尊卑有别。王羲之写信，称人家的母亲和称自己的母亲相同，都不说"尊"，这是如今所不取的。

南方人从冬至到元旦，都不去有丧事的人家吊唁；如果不写信，就

颜氏家训

等过了冬至、岁首,再整饰衣冠前去吊唁,以表示慰问。北方人在冬至、岁首这两个节日里,特别重视行吊唁之礼。这种做法在礼仪上没有明文规定,因而我觉得不可取。南方人在有客到来时不去门外迎接,宾主相见时只是拱手而不欠身,送客时也只把客人送到起身离座为止。北方人送迎客人都要走到门口,相见后还连连打拱。他们的这些做法都是从古代沿袭下来的,我喜欢起身迎客和连连打拱的做法。

从前王侯自己称自己孤、寡、不穀。从此以后,尽管孔子这样的圣师,和弟子谈话都自己称名。后来虽有自称臣、仆的,但也很少有人这么做。江南地方礼仪轻重各有称谓,都记载在专讲礼节的《书仪》上。北方人多自己称名,这是古代的遗风。我个人认为自己称名的好。

原文

言及先人,理当感慕,古者之所易,今人之所难。江南人事不获已[1],须言阀阅[2],必以文翰[3],罕有面论者。北人无何[4]便尔话说,及相访问。如此之事,不可加于人也。人加诸己,则当避之。名位未高,如为

风 操

勋贵所逼，隐忍方便，速报取了；勿使烦重，感辱祖父。若没，言须及者，则敛容肃坐，称大门中，世父、叔父则称从兄弟门中，兄弟则称亡者子某门中，各以其尊卑轻重为容色之节，皆变于常。若与君言，虽变于色，犹云亡祖、亡伯、亡叔也。吾见名士，亦有呼其亡兄弟为兄子弟子门中[5]者，亦未为安贴也。北土风俗，都不行此。太山[6]羊侃，梁初入南；吾近至邺，其兄子肃[7]访侃委曲，吾答之云："卿从门中在梁，如此如此。"肃曰："是我亲第七亡叔，非从也。"祖孝徵[8]在坐，先知江南风俗，乃谓之云："贤从弟门中，何故不解？"

注释

① 不获已：不得已、无奈。
② 阀阅：泛指门第、家世。
③ 文翰：公文信札。
④ 无何：没有缘故。
⑤ 门中：称族中死者。
⑥ 太山：即泰山。
⑦ 肃：羊侃的侄子。
⑧ 祖孝徵（zhǐ）：北齐名臣，字孝徵。

解读

当提到亡父时，按理应有所感触，这对古人来说是很容易的事，而现在的人却觉得很难。江南人除非万不得已，必须谈论家世，也一定是用书信的形式，很少面谈。北方人则没有什么事都会随便找人聊天，互相访问。这种事情各有各的习惯，不能强加于人。如果别人把这样的事强加于你，就应当尽力设法予以回避。地位不高的人，如果被功高位尊的人逼着去讲，也还是默默忍着为好，要随机应变，简单说说算了，切勿讲得太多太详细而辱没了祖辈。如果祖父、父亲已经去世，在必须提及他们的时候，就要表情严肃，坐得端正，口称"大门中"；提及去世的伯父、叔父，就称"从兄弟门中"；提到已过世的兄弟，则称死者儿子"某某门中"，并且要根据他们身份的高低、地位的贵贱，来确定自己在表情流露上应该掌握的分寸，与平时的神情都要有所不同。如果与君王谈起自己已故的长辈，虽然也要表露出神色的变化，但还是称他们为亡祖、亡伯、亡叔。我看见一些名士，也有将已故的兄、弟称作兄子"某某门中"或弟子"某某门中"，这也是未必妥贴的。北方地区的风俗，都不这样称呼。泰山郡有羊侃，在梁朝初年到了南方。最近我到过邺城，羊侃哥哥的儿子羊肃特地向我询问羊侃的具体情况，我回答他说："您的从门中在梁朝的情况如何如何。"羊肃说："他是我的亲第七亡叔，不是堂叔。"当时祖孝徵也在座，他早就知道江南的风俗，就对羊肃说："就是指从弟门中，您怎么不理解呢？"

原文

古人皆呼伯父叔父，而今世多单呼伯叔。从父❶兄弟姊妹已孤，而对其前，呼其母为伯叔母，此不可避者也。兄弟之子已孤，与他人言，对孤者前，呼为兄子弟子，颇为不忍；北土人多呼为侄。案：《尔雅》《丧服经》《左传》，侄虽名通男女，并是对姑之称。晋世已来，始呼叔侄；今呼为侄，于理为胜也。

别易会难，古人所重；江南饯送，下泣言离。有王子侯❷，梁武帝弟，出为东郡，与武帝别，帝曰："我年已老，与汝分张❸，甚以恻

风　操

怆。"数行泪下。侯遂密云^❹，赧然^❺而出。坐此被责，飘飘舟渚，一百许日，卒不得去。北间风俗，不屑此事，歧路言离，欢笑分首^❻。然人性自有少涕泪者，肠虽欲绝，目犹烂然^❼；如此之人，不可强责。

注释

❶ 从父：伯父、叔父的通称。
❷ 王子侯：皇室分封的诸侯。
❸ 分张：分别。
❹ 密云：指强作悲凄之态而无泪。
❺ 赧（nǎn）然：惭愧脸红的样子。
❻ 分首：即分手。
❼ 烂然：目光炯炯的样子。

解读

　　古人都喊伯父、叔父，而今世多单喊伯、叔。从父兄弟姐妹已孤，而当他面喊他母亲为伯母、叔母，这是无从回避的。兄弟之子已孤，和别人讲话，对着已孤者叫他兄之子、弟之子，就颇为不忍，北方人多叫他侄。按之《尔雅》《丧服经》《左传》，侄虽通用于男女，都是对姑而言的，晋代以来，才叫叔侄。如今叫他侄，从道理上讲是对的。

　　分别容易相见难，古人是很看重离情的。江南人为亲友送别时，谈到分离就掉眼泪。梁朝有位王子侯，是梁武帝的弟弟，他在前往东边的州郡任职前，去向梁武帝作别。梁武帝说："我已年迈，与你一别，无比感伤。"说完，不禁泪流满脸。王子侯也显出悲凄的样子，却挤不出眼泪，只得面有愧色地离去。他因为这件事而受到指责，船在停泊处漂荡了一百多天，最终还是不能离开。北方的风俗，就不屑于离别的凄切，在岔道口

颜氏家训

说起别离,欢笑着分手。当然,有的人天生就很少流泪,即使悲痛得肠断欲绝,双眼依然炯炯有神。对这样的人,就不能为难和指责他。

原文

凡亲属名称,皆须粉墨❶,不可滥也。无风教者,其父已孤,呼外祖父母与祖父母同,使人为其不喜闻也。虽质于面,皆当加外以别之;父母之世叔父,皆当加其次第以别之;父母之世叔母,皆当加其姓以别之;父母之群从世叔父母及从祖父母,皆当加其爵位若姓以别之。河北士人,皆呼外祖父母为家公家母;江南田里间亦言之。以家代外,非吾所识。

凡宗亲世数,有从父,有从祖❷,有族祖❸。江南风俗,自兹已往,高秩❹者,通呼为尊,同昭穆者,虽百世犹称兄弟;若对他人称之,皆云族人。河北士人,虽三二十世,犹呼为从伯从叔。梁武帝尝问一中土❺人曰:"卿北人,何故不知有族?"答云:"骨肉易疏,不忍言族耳。"当时虽为敏对,于礼未通。

注释

① 粉墨:本指白和黑。此处指如黑白一样分辨明确。
② 从祖:父亲的堂伯、堂叔。
③ 族祖:祖父的堂伯、堂叔。
④ 秩:官吏的俸禄,引申为官吏的职位或品级。
⑤ 中土:即中原。

解读

凡是亲属的名称,都必须分辨清楚,不可随意乱用。没有教养的人,在祖父母去世以后,称呼外祖父、外祖母与称呼祖父、祖母相同,让人听了不开心。就算是当着外祖父、外祖母的面,也应当在称呼上加个"外"字以示区别;称呼父母亲的伯父、叔父,都应加上他们的长幼顺序来予以区别;称呼父母亲的伯母、叔母,都应当加上她们的姓氏来予以区别;称呼父母亲的堂伯父、堂伯母、堂叔父、堂叔母以及堂祖父、堂祖母,都应该加上他们的爵位或者姓氏来予以区别。河北的士人,都称呼外祖父、外祖母为家公、家母;江南乡间偶尔也有这种叫法。用"家"字代替了"外"字,这其中的缘故我就不清楚了。

同宗亲属的世系辈分,有从父,有从祖,有族祖。江南的风俗,是由此引申的,对官职高的,通称为尊;同一个祖宗辈分相同的人,即使相隔百代也还是称作兄弟;如果是对外人称呼自己宗族的人,则均称作族人。河北的士人,虽然隔了二三十代,仍然称作从伯、从叔。梁武帝曾经问一个中原人:"你是北方人,为什么不知道有族人的称呼?"中原士人回答说："同宗骨肉之间的关系容易疏远，所以我不忍心用'族'这个称呼。"这在当时虽然算得上是一种聪敏的回答，但从礼仪上却是讲不通的。

原文

吾尝问周弘让❶曰："父母中外姊妹，何以称之？"周曰："亦呼为丈人。"自古未见丈人之称施于妇人也。吾亲表所行，若父属者，为某姓姑；母属者，为某姓姨。中外❷丈人❸之妇，猥俗呼为丈母❹，士大夫谓之王母、谢母❺云。而《陆机❻集》有《与长沙顾母书》，乃其从叔母也，今所不行。

齐朝士子，皆呼祖仆射❼为祖公，全不嫌有所涉也，乃有对面以相戏者。

古者，名以正体❽，字以表德，名终则讳之，字乃可以为孙氏❾。孔子弟子记事者，皆称仲尼。吕后❿微时⓫，尝字高祖为季；至汉爰种⓭，字其叔父曰丝；王丹⓮与侯霸子语，字霸为君房⓯；江南至今不讳字也。河北士人全不辨之，名亦呼为字，字固呼为字。尚书王元景⓰兄弟，皆号名人，其父名云，字罗汉，一皆讳之，其余不足怪也。

注释

❶ 周弘让：陈朝官吏，性情闲素。

❷ 中外：即内外之意。姑姑的儿子为外兄弟，舅舅的儿子为内兄弟。

❸ 丈人：对亲戚长辈的通称。

❹ 丈母：称父辈的妻子。

❺ 王母、谢母：王、谢乃虚指，即泛指王姓母、谢姓母之意。王、谢为六朝大姓，影响颇大。

⑥ 陆机：西晋文学家。

⑦ 祖仆射：即北齐大臣祖珽。仆射（yè），职官名，起于秦朝。

⑧ 正体：体，通"礼"。正礼，即端正礼仪。

⑨ 氏：上古贵族表明宗族的称号，为姓的分支，用以区别子孙之所出。汉魏以后，姓与氏合。

⑩ 吕后：西汉高祖的皇后吕雉。

⑪ 微时：微贱而未富贵的时候。

⑫ 爰种：西汉爰盎的儿子。

⑬ 王丹：东汉官吏，字仲回，历任太子少傅、太子太傅。

⑭ 君房：侯霸的字。

⑮ 王元景：北齐王昕，字元景，与其弟王晞均好学，有知名度。

解读

我曾经问周弘让："儿女们对于父母的姐妹应如何称呼？"周说："也称为丈人。"自古以来没有见过把丈人的称呼用于妇人的。在我的从亲、表亲当中，如果是父亲的姐妹，就称她为某姑；如果是母亲的姐妹，就称她为某姨。中表长辈的妻子，俚俗称为丈母，而士大夫则称她们为王母、谢母等。《陆机集》中有《与长沙顾母书》，其中的顾母就是陆机的从叔母。这种称呼现在已不通行了。

齐朝的士大夫们，都称仆射祖珽为"祖公"，一点都不忌讳这样称呼与称自己的祖父混为一谈，于是有人当面取笑他们。

在古时候，名用来端正礼仪，字则用来表明品德。人去世后，后人对他的名是应避讳的，但对他的字却可以当作子孙的姓氏流传下去。孔子的弟子在记叙孔子的言行时，都称呼孔子的字仲尼。吕后在微贱时，曾称呼汉高祖的字叫他季；至汉人爰种，称他叔父的字叫丝；王丹和侯霸的儿子谈话，

颜氏家训

称呼侯霸的字叫君房。江南地方至今对称字不避讳。这时候在河北地区人士对名和字完全不加区别，名也叫作字，字自然叫作字。尚书王元景兄弟，都号称名人，父名云，字罗汉，一概避讳，其余的人就不足怪了。

原文

《礼·间传》云："斩缞❶之哭，若往而不反；齐缞❷之哭，若往而反；大功❸之哭，三曲而哀；小功缌麻，哀容可也，此哀之发于声音也。"《孝经》云："哭不偯❹。"皆论哭有轻重质文❺之声也。礼以哭有言者为号；然则哭亦有辞也。江南丧哭，时有哀诉之言耳；山东重丧，则唯呼苍天，期功❻以下，则唯呼痛深，便是号而不哭。

江南凡遭重丧，若相知者，同在城邑，三日不吊则绝之；除丧❼，虽相遇则避之，怨其不已悯也。有故及道遥者，致书可也；无书亦如之。北俗则不尔。江南凡吊者，主人之外，不识者不执手；识轻服❽而不识主人，则不于会所❾而吊，他日修名❿诣其家。

注释

❶ 斩缞（cuī）：旧时的五种丧服之一，也是最为重要的一种，服制三年。

❷ 齐缞：丧服之一。服制有三年、一年、五月、三月等。

❸ 大功：五种丧服之一，服制为九个月。

❹ 偯（yǐ）：拖长哭的余声。

❺ 质文：质朴与华美。

❻ 期（jī）功：期即期服，即为期一年的丧服。功即大功、小功。

⑦ 除丧：脱去丧服，改换吉服。
⑧ 轻服：五种丧服中较轻的几种，如大功、小功、缌麻。
⑨ 会所：聚会场所。此处指奔丧之处。
⑩ 名：名刺，与现在的名片相似。

解读

《礼记·间传》上说："穿斩缞的丧服居丧时，一声痛哭便至气竭，好像再也不醒来；穿齐缞的丧服居丧时，要哭得死去活来；穿大功丧服居丧时，要哭得一声三折，余音犹存；穿小功、缌麻丧服居丧时，只要表现出悲哀的表情就行了。这些就是悲痛通过声音所要体现的。"《孝经》说："孝子痛失双亲，哭声不拖余音。"这些都是在论说哭泣的轻重、直婉的。丧礼中把边哭边哀诉者称作号，这样的话，哀哭也可以带有言辞了。江南人在居丧哀哭时，经常夹杂有哀诉的言语；北方人在服重丧时，只知呼天抢地，而在服期功以下丧服时，则只是叫呼悲痛深重，这便是号而哭。

在江南凡遇到重大丧事，如果是知心朋友住在同一个城邑，三日之内不来吊唁，丧家就会与他绝交；即使在丧服之后，丧家与他在路上遇见，也会避开不打招呼，因心中怨恨他不怜悯自己。如果另有原因或路途遥远而不能前来吊唁，写封信表示安慰也可以；假如不写信，丧家也会与他绝交。北方的风俗则不同。江南地区凡来吊唁的人，除了丧主之外，与不认识的人不握手；如果只认识披戴轻服的人而不认识丧主，就不必到治丧现场吊唁，改日书写好名刺再到丧家表示慰问就可以了。

原文

阴阳说云："辰为水墓，又为土墓，故不得哭。"王充①《论衡》云："辰日不哭，哭必重丧。"今无教者，辰日有丧，不问轻重，举家清

颜氏家训

谧，不敢发声，以辞吊客。道书又曰："晦[2]歌朔[3]哭，皆当有罪，天夺其算[4]。"丧家朔望[5]，哀感弥深，宁当惜寿，又不哭也？亦不谕。

偏傍之书[6]，死有归杀[7]。子孙逃窜，莫肯在家；画瓦[8]书符，作诸厌胜[9]；丧出之日，门前然火，户外列灰[10]，祓[11]送家鬼，章断注连：凡如此比，不近有情，乃儒雅之罪人，弹议所当加也。

已孤，而履岁[12]及长至之节，无父，拜母、祖父母、世叔父母、姑、兄、姊，则皆泣；无母，拜父、外祖父母、舅、姨、兄、姊，亦如之：此人情也。

注释

① 王充：东汉时期的哲学家。
② 晦：阴历每月的最后一日。
③ 朔：阴历每月初一。
④ 算：寿命。
⑤ 望：阴历每月十五日。
⑥ 偏傍之书：旁门左道之书。
⑦ 归杀：亦作归煞、回煞。旧时迷信，认为人死后若干日灵魂回家一次叫"归杀"。
⑧ 画瓦：旧时迷信，在瓦片上画图像以镇邪。
⑨ 厌胜：古代的一种巫术，称可以用诅咒的方式压服人或事物。
⑩ 户外列灰：旧时迷信，古人认为在门外铺上一层灰，能够观察到鬼魂的活动轨迹。
⑪ 祓（fú）：古代习俗，为除灾去邪而举行的一种仪式。
⑫ 履岁：一年之始，指元旦。

风 操

解读

阴阳家说："辰日是水墓，又是土墓，因此不能哭丧。"王充在《论衡》说："辰日不能哭丧，要是哭丧一定会再死人。"现在有些缺乏教养的人，辰日遇到丧事，不论轻丧还是重丧，全家都静悄悄的，不敢发出哭声，并且谢绝前来吊丧的宾客。道家的书上说："晦日唱歌，朔日哭泣，都是有罪的，上天会减损他的寿命。"丧家在朔日和望日，哀痛的感情特别深切，难道只为了珍惜自己的寿命，就不哭泣了吗？这真叫人莫名其妙。

旁门左道的书里讲，人死后有"回煞"，子孙要逃避在外，没有人肯留在家里；要画瓦书符，做种种巫术法术；出丧那天，要门前生火，户外铺灰，除灾去邪，送走家鬼，上章以求断绝死者所患疾病之传染连续。所有这类迷信恶俗做法，都不近情，是儒学雅道的罪人，应该加以弹劾检举。

父亲或母亲去世以后，在元旦和冬至这两个节日里，如果是父亲去世了，就要拜见母亲、祖父母、伯叔父母、姑母、兄长、姐姐，拜时都要哭泣；如果是母亲去世了，就要去拜见父亲、外祖父母、舅父、姨母、兄

长、姐姐,也一样要哭泣。这都是人之常情啊!

原文

江左朝臣,子孙初释服❶,朝见二宫❷,皆当泣涕;二宫为之改容。颇有肤色充泽,无哀感者,梁武薄其为人,多被抑退。裴政❸出服,问讯❹武帝,贬瘦枯槁,涕泗滂沱,武帝目送之曰:"裴之礼❺不死也。"

二亲既没,所居斋寝❻,子与妇弗忍入焉。北朝顿丘李构,母刘氏夫人亡后,所住之堂,终身锁闭,弗忍开入也。夫人,宋广州刺史纂之孙女,故构犹染江南风教。其父奖❼,为扬州刺史,镇寿春,遇害。构尝与王松年❽、祖孝徵数人同集谈宴。孝徵善画,遇有纸笔,图写为人。顷之,因割鹿尾,戏截画人以示构,而无他意。构怆然动色,便起就马而去。举坐惊骇,莫测其情。祖君寻悟,方深反侧❾,当时罕有能感此者。

注释

❶ 释服:指丧期已满,除去丧服。
❷ 二宫:指皇帝和太子。
❸ 裴政:河东闻喜人,字德表。
❹ 问讯:僧尼等向人曲躬合掌致敬,谓之问讯。因梁武帝信佛,故裴政以僧礼相见。
❺ 裴之礼:裴政的父亲,字子义。
❻ 斋寝:斋戒时居住的旁屋。
❼ 奖:李奖,字遵穆。
❽ 王松年:北齐官吏。
❾ 反侧:形容不安。

风 操

解读

江南朝廷大臣亡故以后，他们子孙服丧届满，除去丧服之初，如果去朝见天子和太子，都应该哭泣流泪；天子和太子也会为之动容。但是，也有人在朝拜时却容光焕发，全然没有悲痛之色，梁武帝鄙薄他们的为人，往往将他们贬退降谪。裴政除去丧服后，按照僧侣礼节朝见梁武帝，他面容消瘦憔悴，涕泪横流。梁武帝目送他说道："裴之礼没有死（虽死犹生）啊！"

在父母亡故以后，他们生前斋戒时所住的屋子，儿女们都不忍心再进去。北朝时顿丘有个人名叫李构，他的母亲刘氏夫人亡故以后，她生前的住房就此紧锁不开了，李构一辈子都不忍心再打开门进去。李构的夫人是南朝宋广州刺史刘纂的孙女，所以李构在礼仪上仍受南方风俗的影响。李构的父亲李奖，曾任扬州刺史，在镇守寿春时被人杀害。有一次李构和王松年、祖孝徵等人在一起聚宴，祖孝徵擅长绘画，只要看到笔纸，总要画人物。宴会开始不久，他画了个人物，有人割下一条鹿尾准备做菜，祖孝徵就开玩笑地截断人像，并拿给李构看。当时他这样做是无心的，但李构看后，马上伤心不已，并立刻起身骑马而去，当时在坐的人都大为惊讶，不明原委。祖孝徵经过反复思考，才明白是怎么回事，他深深不安，当时已很少有人能感悟到这一点了。

原文

吴郡陆襄，父闲被刑，襄终身布衣蔬饭，虽姜菜有切割，皆不忍食；居家惟以掐摘供厨。

江宁姚子笃，母以烧死，终身不忍啖❶炙。豫章熊康父以醉而为奴所杀，终身不复尝酒。

颜氏家训

然礼缘人情,恩由义断,亲以噎死,亦当不可绝食也。

《礼经》:父之遗书,母之杯圈[2],感其手口之泽[3],不忍读用。政[4]为常所讲习,雠校[5]缮写,及偏加服用,有迹可思者耳。若寻常坟典[6],为生什物,安可悉废之乎?既不读用,无容散逸,惟当缄保[7],以留后世耳。

注释

[1] 啖(dàn):吃。
[2] 圈(juàn):通"棬"(juān),曲木制成的盂。
[3] 手口之泽:指手汗和口气的滋润。
[4] 政:通"正"。
[5] 雠(chóu)校:校对。
[6] 坟典:三坟、五典的并称,后转为古代典籍的通称。
[7] 缄(jiān)保:封存。

解读

吴郡有个人名叫陆襄,其父陆闲被处死刑,陆襄终身只穿布做的衣服,吃蔬菜做的素食,即便是生姜之类,只要是用刀切过的,他都不忍去吃,他家里只用掐摘的菜下锅。

江宁人姚子笃,他的母亲是被大火烧过的,他就一生不再吃烧肉。豫章人熊康的父亲是酒醉后被奴仆杀死的,熊康一辈子都不再饮酒。

然而,礼仪是按照人情而制定的,报德也要用是否合理来判断,亲人如果是因为吃饭而噎死,那就不应当因此而绝食了。

《礼经》上说:父亲留下的书籍,母亲用过的杯圈,觉得上面有汗水

颜氏家训

时，凡遇到与正名相同的字，自然应该避讳，但要是碰到的是与正名同音的异体字，那就不要避讳了。"刘"字的下半部分，就有"昭"的发音。吕尚的儿子如果不能写"上"字，赵壹的儿子如果不能写"一"字，那便会一下笔就有妨碍，凡是书札全都触犯忌讳了。

曾有某人甲摆设宴席，拟请某人乙作客。当他早上在朝堂见到乙的儿子时就问道："令尊何时能光顾寒舍？"乙的儿子说他父亲已去了，这被传为笑话。遇上这类事情，一定要慎重对待，千万不可过于轻佻草率。

注释

江南风俗，儿生一期①，为制新衣，盥浴装饰，男则用弓矢纸笔，女则刀尺针缕，并加饮食之物，及珍宝服玩，置之儿前，观其发意所取，以验贪廉愚智，名之为试儿②。亲表聚集，致宴享焉。

自兹已后，二亲若在，每至此日，尝有酒食之事。无教之徒，虽已孤露③，其日皆为供顿④，酣畅声乐，不知有所感伤。梁孝元年少之时，每八月六日载诞之辰⑤，常设斋讲⑥；自阮修容薨殁之后⑦，此事亦绝。

人有忧疾，则呼天地父母，自古而然。今世讳避，触途⑧急切。而江东士庶，痛则称祢⑨。祢是父之庙号，父在无容称庙，父殁何容辄呼？《苍颉篇》有倄字，《训诂》云："痛而谇⑩也，音羽罪反⑪。"今北人痛则呼之。《声类》音于耒反，今南人痛或呼之。此二音随其乡俗，并可行也。

注释

① 期（jī）：一周年。
② 试儿：抓周。旧时风俗，孩童周岁时进行，根据孩童所抓的东西，便可以预测他将来的性情和志趣。

风 操

碰到小月晦后的那一天，人们除了应遵守一般忌讳的规矩外，还应因感念父母，而与其他日子有所区别，不能去参加宴会、听音乐和外出游玩。

原文

刘绾、缓、绥，兄弟并为名器[1]，其父名昭[2]，一生不为照字，惟依《尔雅》火旁作召耳。然凡文与正讳相犯，当自可避；其有同音异字，不可悉然。刘字之下，即有昭音。吕尚之儿，如不为上；赵壹[3]之子，傥不作一：便是下笔即妨，是书皆触也。

尝有甲设宴席，请乙为宾；而旦于公庭[4]见乙之子，问之曰："尊侯[5]早晚顾宅？"乙子称其父已往。时以为笑。如此比例[6]，触类慎之，不可陷于轻脱[7]。

注释

[1] 名器：知名人士。古人称人才为器，故以喻栋梁之才。
[2] 昭：刘昭，平原告唐人。
[3] 赵壹：东汉辞赋家。
[4] 公庭：朝廷，公室。
[5] 尊侯：对他人父亲的尊称。
[6] 比例：相似的事例。
[7] 轻脱：不稳重，轻佻。

解读

刘绾、刘缓、刘绥三兄弟都是名人，他们的父亲名昭，所以他们一辈子不写照字，只是依照《尔雅》，用火旁加召来替代。当然，在写文章

❻ 斋食：古人斋戒时所用的饭食。
❼ 魏世：指三国时期的曹魏。
❽ 社日：祭祀社神的日子。
❾ 伏腊：古代两种祭祀的名称。
❿ 月小晦后：六朝时除忌日外，还有忌月之说。

解读

思鲁兄弟几个的四舅母，是吴郡张建的女儿，她的五妹刚满三岁时就死了母亲。灵座上摆着的屏风，是她母亲生前使用的旧物。有一次，房屋漏雨，沾湿了屏风，被人拿出去曝晒。那女孩一见屏风，就伏到床上痛哭不已。家人见她一直不起来，觉得奇怪，就过去抱她起来，只见垫席已被泪水浸湿。

她伤心欲绝，茶饭不思。家人带她去看医生，医生诊脉后说道："她已伤心断肠了！"女孩子后来吐血，没几天就死了。家人和外人都很怜惜她，没有不悲伤感叹的。

《礼记》上说："忌日不宴饮作乐。"正是因为有说不尽的感伤和思慕，悲痛哀伤，所以忌日不接待宾客，也不处理日常事务。但是，如果人们真的能够自觉地做到悲痛和哀伤，那又何必一定要把自己深藏不露呢？如今有人在忌日那天虽然端坐在深室，但仍不防碍他们谈笑风生，他们依旧置办丰盛的美味佳肴，对亡者也供奉着丰厚的斋食。可是，当遇到紧急要办的事情，或者附近有亲友来访，他们却认为没有理由出去接见，这都是因为他们并不懂得礼仪啊。

魏朝王修的母亲是在社日去世的，第二年社日那天，王修非常哀凄，他的邻居们听说后，就为此取消了欢庆社日的活动。现在，父母丧亡的日子，如果偶尔碰到了寒暑交替的春分、秋分、夏至、冬至这些节气，或者和唾水，就不忍再阅读使用。这正因为是父亲所常讲习，经校勘抄写，以及母亲个人使用，有遗迹可供思念。如果是一般的书籍，公用的器物，怎能统统废弃不用呢？既已不读不用，那也不该分散丢失，而应封存保留传给后代。

原文

思鲁等第四舅母，亲吴郡张建女也，有第五妹，三岁丧母。灵床①上屏风，平生旧物，屋漏沾湿，出曝晒之，女子一见，伏床流涕。家人怪其不起，乃往抱持；荐席②淹渍，精神伤怛③，不能饮食。将以问医，医诊脉云："肠断矣！"因尔便吐血，数日而亡。中外怜之，莫不悲叹。

《礼》云："忌日④不乐。"正以感慕罔极，恻怆无聊，故不接外宾，不理众务耳。必能悲惨自居，何限于深藏也？世人或端坐奥室⑤，不妨言笑，盛营甘美，厚供斋食⑥；迫有急卒，密戚至交，尽无相见之理：盖不知礼意乎！

魏世⑦王修母以社日亡；来岁社日⑧，修感念哀甚，邻里闻之，为之罢社。今二亲丧亡，偶值伏腊⑨分至之节，及月小晦后⑩，忌之外，所经此日，犹应感慕，异于余辰，不预饮宴、闻声乐及行游也。

注释

① 灵床：即灵座，供奉亡者灵位的几筵。
② 荐席：铺在地上坐的垫席。
③ 伤怛（dá）：悲伤痛苦。
④ 忌日：旧指父母去世的日子。
⑤ 奥室：内室，深宅。

风　操

③ 孤露：孤单无所荫庇。指父亲去世。
④ 供顿：设宴待客。
⑤ 载诞之辰：即生日。
⑥ 斋讲：宣讲佛法的集会。
⑦ 阮修容：梁武帝的妃子。
⑧ 触途：到处，处处。
⑨ 祢（nǐ）：已死之父在宗庙中立主之称。
⑩ 謼（hū）：同"呼"，呼叫。
⑪ 反：指反切，是我国古代一种注音的方法。

解读

　　江南的风俗，在孩子出生一周年，要给缝制新衣，洗浴打扮，男孩就用弓箭纸笔，女孩就用刀尺针线，再加上饮食，还有珍宝和衣服玩具，放在孩子面前，看他动念头拿什么，用来测试他是贪还是廉，是愚还是智，这叫作试儿，要聚集亲属姑舅姨等表亲，招待宴请。

　　之后，如果父母在世，每逢这天要设宴欢庆。但没有教养的人，即使自己的父母已经不在了，每当生日都要大吃一顿，而且尽情地在乐舞中欢乐一番，全不懂得应该为那辛勤了一生的父母而悲痛。梁元帝少年时，每逢八月六日生日这天，总是要摆下素食，讲习经文。自从文宣太后去世后，就不再这样做了。

　　人有忧患疾病时，就呼喊天地父母，自古都如此。现在的人讲究避讳，处处比古人更加迫切。江南地区无论是士大夫还是老百姓，悲伤时都呼喊："祢。""祢"字是指父亲的庙号。父亲在世时不存在立庙的可能，所以不该去喊；父亲去世后，虽然要立庙，但怎么能动不动就乱喊呢？《苍颉篇》中有个"倄"字，《训话》上说："痛而呼也，音羽罪反。"意思是说人在悲痛时发出的呼喊,其读音为羽罪切。现在北方人在悲痛时就这样呼喊。《声类》上又说它的发音为于未切,现在南方人在悲痛时这样呼喊。这两种发音随乡俗不同而不同,但都是可用的。

注释

梁世被系劾①者,子孙弟侄,皆诣阙②三日,露跣③陈谢;子孙有官,自陈解职。子则草屩④粗衣,蓬头垢面,周章⑤道路,要候⑥执事,叩头流血,申诉冤枉。若配徒隶,诸子并立草庵于所署门,不敢宁宅,动经旬日,官司驱遣,然后始退。

江南诸宪司⑦弹人事,事虽不重,而以教义见辱者,或被轻系而身死狱户者,皆为怨仇,子孙三世不交通矣。到洽⑧为御史中丞,初欲弹刘孝绰⑨,其兄溉先与刘善,苦谏不得,乃诣刘涕泣告别而去。

兵凶战危,非安全之道。古者,天子丧服以临师,将军凿凶门⑩而出。父祖伯叔,若在军阵,贬损自居,不宜奏乐宴会及婚冠⑪吉庆事也。若居围城之中,憔悴容色,除去饰玩,常为临深履薄之状焉。父母疾笃,医虽贱虽少,则涕泣而拜之,以求哀也。梁孝元在江州,尝有不豫⑫;世子方等亲拜中兵参军李猷焉。

注释

① 系劾(hé):囚禁论罪。
② 诣阙:前往朝堂。
③ 跣(xiǎn):光脚没有穿鞋。
④ 草屩(juē):草鞋。
⑤ 周章:惊恐不安。

❻ 要（yāo）候：中途等候、迎候。要，亦作"邀"。

❼ 宪司：御史的别称。

❽ 到洽：南朝梁官吏。

❾ 刘孝绰：南朝梁官吏。

❿ 凶门：古代将军出征时，凿一扇向北的门，由此出发，如办丧事一样，以示必死的决心。

⓫ 冠：冠礼。古代男子二十岁成年时举行结发加冠仪式的礼节。

⓬ 不豫：天子有病的讳称。

解读

梁朝被拘禁的官吏，他们的子孙弟侄都要持续三天前往朝廷谢罪，而且不能戴帽，不能穿鞋；如果子孙中有做官的，还得主动请求免官。他的儿子则穿上草鞋和粗布衣裳，蓬头垢面，惶恐不安地在路上迎候主事官员，叩头至流血，为父亲申诉冤枉。假如被拘囚的人被发配成为服苦役的犯人，他的儿子们就要在官署门前搭个小草棚栖身，而不敢安居家中，一住往往就是十几天，直到官府来驱逐才离开。

江南地区的诸位御史拥有弹劾纠察官吏的权力，有的官宦案情虽不严重，只是因为教义而受弹劾之辱，或者是微微受到牵连而被拘囚，身死狱中，这些人家便与御史结下了冤仇，双方子孙三代不相往来。到洽当御史中丞的时候，便要弹劾刘孝绰。他的哥哥到溉与刘孝绰关系友善，苦苦规劝到洽不要弹劾刘孝绰，却未能奏效，只得前往刘孝绰那里，与他挥泪而别了。

操起武器打仗，总是会有凶险，这本来就是件危险的事。古代打仗之前，国君总要身穿丧服去看望军队，将军则更是开北向凶门而率队出发。如果自己的父亲、伯父、叔父在阵中参战，那么就要压抑自己的欲望，不再讲究日常起居，更不应演奏音乐和参加宴会、婚礼等娱乐喜庆活动。

颜氏家训

如果他们身陷被围的城中,自己则更是面容憔悴,除去身上佩带的饰物,经常表现出如临深渊如履薄冰,担忧城池被敌攻陷的样子。父母患病,而且病情危急时,尽管医生的身份比自己低下,或者比自己年轻,都应该哭着向他求救,以求得他的怜悯。梁元帝在江州时,曾生过一场大病,他的长子方等就亲自去拜求过他的下属中兵参军李猷。

原文

四海之人,结为兄弟,亦何容易。必有志均义敌,令终如始❶者,方可议之。一尔❷之后,命子拜伏,呼为丈人,申父友之敬;身事彼亲,亦宜加礼。

比见北人,甚轻此节,行路相逢,便定昆季❸,望年观貌,不择是非,至有结父为兄,托子为弟者。

昔者,周公一沐三握发,一饭三吐餐,以接白屋之士❹,一日所见者七十余人。晋文公以沐辞竖头须,致有图反之诮。门不停宾,古所贵也。

失教之家,阍寺❺无礼,或以主君寝食嗔怒,拒客未通,江南深以为耻。黄门侍郎裴之礼,号善为士大夫,有如此辈,对宾杖之;其门生僮仆,接于他人,折旋❻俯仰,辞色应对,莫不肃敬,与主无别也。

风　操

注释

① 令终如始：善始善终，始终如一。
② 一尔：一旦如此。
③ 昆季：兄弟。长为昆，幼为弟。
④ 白屋之士：指平民。
⑤ 阍（hūn）寺：本指职掌宫禁门户的阉人。此文用为一般守门人之称。
⑥ 折旋：曲行。古代行礼时的动作。

解读

四海异姓之人结拜为兄弟，这并不容易。必须是志同道合而又始终如一的人，才能谈及此事。一旦结为兄弟，就应让自己的儿子向他们下拜，称他们为"丈人"，以表示对父亲朋友尊重，对于他们亲戚，也应以礼相待。

近来见到北方人对这一点很轻率，路上相遇，就可结成兄弟，只需看年纪老少，不讲是非，甚至有结父辈为兄，结子辈为弟的。

昔日，周公洗头发时三次挽发停下，吃一次饭要三次吐出口中的食物，就是为了接待来访的贫寒贤士，一天能够接见七十多个人。晋文公曾以洗头为由拒绝头须的拜见，以致于惹来思维颠倒的讥笑。不让宾客滞留在门口，是古人所注重的礼节。

那些没有教养的人家，就连看门人也会没有礼貌，他们会以主人正在睡觉、吃饭或发脾气为借口，将来访的客人拒之门外，不为客人通报，江南人以这种做法为耻。黄门侍郎裴之礼，被看作善待士人的楷模，有将宾客阻挡在外的僮仆，他就会当着宾客的面杖打这个人；他门下的奴仆，在接待宾客的时候，一定要进退有礼，言行举止，都要肃然恭敬，和对待主人一般。

慕 贤

原文

　　古人云："千载一圣，犹旦暮也；五百年一贤，犹比髆①也。"言圣贤之难得，疏阔②如此。傥遭不世③明达君子，安可不攀附景仰之乎？吾生于乱世，长于戎马，流离播越④，闻见已多；所值名贤，未尝不心醉魂迷⑤向慕之也。人在少年，神情未定，所与款狎⑥，熏渍陶染，言笑举动，无心于学，潜移暗化，自然似之；何况操履⑦艺能，较明易习者也？是以与善人居，如入芝兰之室，久而自芳也；与恶人居，如入鲍鱼之肆⑧，久而自臭⑨也。墨翟悲于染丝，是之谓矣，君子必慎交游焉。孔子曰："无友不如己者。"颜、闵⑩之徒，何可世得，但优于我，便足贵之。

注释

① 髆（bǒ）：肩胛。
② 疏阔：分隔久远。
③ 不世：不是一世所能做到，意指罕见。
④ 播越：流离失所。
⑤ 心醉魂迷：形容仰慕之深。
⑥ 款狎：亲昵，关系密切。
⑦ 操履：操守德行。

⑧ 鲍鱼之肆：贩卖盐渍鱼的店铺。
⑨ 臭（chòu）：秽恶的气味。
⑩ 颜、闵：指颜回和闵损。两人皆为孔子弟子，很有名，都是春秋鲁国人。

解读

古人说："千载一圣，犹旦暮也；五百年一贤，犹比髆也。"意思是说圣贤十分难得，要经过很长时间才能出现一个。假如碰上了世上罕有的明达君子，怎么不会攀附景仰他呢？我出生于乱世之中，在兵荒马乱中长大，流离失所，所听到的和所看到的够多了，但遇到名人贤士，未尝不心醉神迷地崇拜他。人在年轻的时候，精神性情尚未成型，与圣贤之士亲近还可以受到其熏陶。他的言行举止，音容笑貌，即使无心去模仿，但在潜移默化中，自然跟他相似。何况操守和技能，是比较容易学习的东西呢？因此，与善人相处，就像与芷兰香草共处一室，时间久了，自己也会变得芳香；与恶人相处，就像是进入了满是鲍鱼的房间，时间长了，人也变得跟鲍鱼一样臭。墨子有感于染丝而悲叹，他说的也是一样的道理。君子结交朋友一定要慎重啊。孔子说："不要跟不如自己的人做朋友。"像颜回、闵损那样的贤人，我们一辈子都难遇上。但只要比我强的，那也就值得我敬重他了。

原文

世人多蔽，贵耳贱目，重遥轻近。少长①周旋，如有贤哲②，每相狎侮，不加礼敬；他乡异县，微借风声③，延颈企踵④，甚于饥渴。校其长短，核其精粗，或彼不能如此矣。所以鲁人谓孔子为东家丘⑤。昔虞国宫之奇⑥少长於君，君狎之，不纳其谏，以致亡国，不可不留心也！

颜氏家训

用其言,弃其身,古人所耻。凡有一言一行,取于人者,皆显称之,不可窃人之美,以为己力;虽轻虽贱者,必归功⁷焉。窃人之财,刑辟之所处;窃人之美,鬼神之所责。

注释

① 少(shào)长(zhǎng):指从少年到长大成人。
② 哲:哲人,才能见识超越寻常的人。
③ 风声:此指名声。
④ 延颈企踵:伸着脖子踮着脚尖,指殷切期盼的样子。
⑤ 东家丘:丘是孔子的名,孔子是鲁国人而住在东边,所以当地人随便地叫他"东家丘",为毫无敬意的称呼。
⑥ 宫之奇:春秋时期虞国大夫。
⑦ 归功:把功劳还给别人。

解读

世上的人多数没有见识,对传闻的人和事十分看重,对自己亲眼所见的却不相信;对远方的人十分重视,对自己身边的人却满不在乎。跟自己一起长大的人,如果当中有人成了贤达之士,往往就对他轻狎怠慢,缺少敬意。如果是异乡别县的人,只凭听到了他们一点点的名声,就争着去见识一下,以致伸长了脖子,踮起了脚跟,如饥似渴地去仰慕。比较两个人的长短,核对两者的优劣,或许远方的圣人还不如自己身边的贤士。因此鲁国的人不把孔子视为圣人,而称之为"东家丘"。从前虞国的宫之奇,年龄比国君大了几岁,国君与他较为亲近,因而不肯受他的劝告,以致亡了国。这个教训我们不可不多加注意啊!

采用一个人的言论,却又嫌弃这个人本身,古人认为这是非常可耻的。凡是一言一行，从旁人那里取得的，都应该公开称颂别人，不可以私下窃取他人的硕果，而当成自己的功劳；即便面对一个低贱卑微的人，也应该肯定他的功劳。盗窃他人的财物，会受到刑律的处罚；盗窃别人的功绩，会遭到鬼神的谴责。

原文

梁孝元前在荆州①，有丁觇②者，洪亭民耳，颇善属文，殊工草隶；孝元书记，一皆使之。军府③轻贱，多未之重，耻令子弟以为楷法④。时云："丁君十纸，不敌王褒⑤数字。"吾雅爱其手迹，常所宝持。孝元尝遣典签⑥惠编送文章示萧祭酒⑦，祭酒问云："君王比赐书翰，及写诗笔，殊为佳手，姓名为谁？那得都无声问？"编以实答。子云叹曰："此人后生无比，遂不为世所称，亦是奇事。"于是闻者少复刮目。稍仕至尚书仪曹郎⑧，末为晋安王⑨侍读，随王东下。及西台陷殁，简牍湮散，丁亦寻卒于扬州；前所轻者，后思一纸，不可得矣。

注释

① 荆州：治所在江陵，即今湖北江陵。
② 丁觇（chān）：梁朝著名书法家。
③ 军府：将帅的府第。
④ 楷法：以其为样本。
⑤ 王褒：萧梁的书法家，后入仕在北周。
⑥ 典签：处理文书的小吏。
⑦ 萧祭酒：萧子云，王褒的姑父，仕梁为国子祭酒，书法家。祭酒，官名。

⑧ 仪曹郎：古时官名。
⑨ 晋安王：即梁简文帝萧纲，当时封晋安王。

解读

梁孝元帝在荆州时，那里有一位叫丁觇的人，是洪亭这个地方的人。他很会写文章，尤其擅长草书和隶书。孝元帝的文书抄写，全都是由他负责。军府中的人看不起他，耻于让自己的子弟去临习他的书法。当时有这样的说法："丁觇的十张纸，抵不上王褒的几个字。"我非常喜欢丁觇的书法墨宝，常常把它们珍藏起来。孝元帝曾经派典签惠编把文章送给祭酒萧子云看。萧子云问："君王近来常有书信赐给我，里面的诗歌文章、书法都非常漂亮，实在是一位非常出色的人才，那人姓甚名谁？"惠编据实回答。子云十分感慨地说："这个人在年轻人中无与伦比，竟然不被世人所称道，实在是一件怪事。"别的人听了子云这样的评价以后，才改变对丁觇的看法。后来，丁觇也渐渐官至尚书仪曹郎，后来担任晋安王的伴读，追随着晋安王顺江东下。等到后来江陵陷落的时候，那些文书竹简礼札都散失了，丁觇不久也死于扬州。以前那些看不起他的人，想再得到他的只字片纸，也是得不到了。

原文

侯景❶初入建业❷，台门❸虽闭，公私草扰❹，各不自全。太子左卫率❺羊侃坐东掖门，部分❻经略，一宿皆办，遂得百余日抗拒凶逆。于时，城内四万许人，王公朝士，不下一百，便是恃侃一人安之，其相去如此。古人云："巢父❼、许由，让于天下；市道小人，争一钱之利。"亦已悬❽矣。

慕 贤

齐文宣帝⑨即位数年，便沉湎纵恣，略无纲纪；尚能委政尚书令⑩杨遵彦⑪，内外清谧，朝野晏如，各得其所，物无异议，终天保之朝。遵彦后为孝昭⑫所戮，刑政于是衰矣。斛律明月⑬，齐朝折冲⑭之臣，无罪被诛，将士解体⑮，周人始有吞齐之志，关中至今誉之。此人用兵，岂止万夫之望⑯而已也！国之存亡，系其生死。

张延隽之为晋州行台左丞，匡维主将，镇抚疆埸，储积器用，爱活黎民，隐若敌国矣。群小不得行志，同力迁之；既代之后，公私扰乱，周师一举，此镇先平。齐亡之迹，启于是矣。

注释

① 侯景：南朝梁叛将。
② 建业：建康的旧名，即今江苏南京。
③ 台门：晋宋时期，人们将朝廷禁近之地称之为台，台城就是禁城。台门指禁城的城门。
④ 草扰：纷乱惊扰。
⑤ 太子左卫率（lǜ）：萧梁有太子左右卫率，是太子手下的最高级武官，统带领东宫警卫部队。
⑥ 部分：部署安排。
⑦ 巢父：人名，尧时隐士，以树为巢居。
⑧ 悬：悬殊，相去甚远。
⑨ 齐文宣帝：北齐文宣帝高洋。
⑩ 尚书令：尚书省的长官，中央政府机构的首脑。
⑪ 杨遵彦：杨愔（yīn），字遵彦，北齐大臣。
⑫ 孝昭：北齐孝昭帝高演。

颜氏家训

⑬ 斛（hú）律明月：斛律先，字明月，北齐大将。
⑭ 折冲：御侮，抵御敌人。
⑮ 解体：比喻人心叛离。
⑯ 万夫之望：众望所归。

解读

侯景刚进入建业城的时候，城门紧紧地关着，即使这样，城内的官吏和百姓一片混乱，人人都在担心自己的安全。这时，太子左卫率羊侃坐镇东掖门，他在那里部署策划防守事务，一夜之间就办完了应办的事。因此，才得到一百多天的时间来抵御凶恶的侯景之乱。当时，城里面有四万多人，王公大臣、朝中命官不下一百人，但就凭着羊侃一个人安定了局势，其间的相差竟到了那么大的地步。古人说："巢父、许由，把天下让给别人；而市道小人，却为一钱之利争执不休。"这其中，人与人之间的悬殊就更大了。

齐文宣帝登上皇位没几年，就沉浸于酒色，放纵恣肆，目无纲纪。但他总算还能把政事授权尚书令杨遵彦处理，所以朝廷内外倒也平静，朝野上下安然，人人各得其所，没有引起什么非议，最终维持了天保朝。后来杨遵彦被孝昭帝所杀，国家的刑政法律也因此废弛了。斛律明月是齐朝安邦制敌的将帅，可他却无罪被杀，军队将士因而人心涣散，这使北周萌发了吞并北齐的念头。而关中的人民，至今仍对斛律明月赞扬有加。这个人用兵打仗，又岂止是千军万马众望所归！他的生死存亡可关系到国家的生死存亡。

张延隽在任晋州行台左丞时，严格管理扶持主将，镇守边疆国界，储积物资，爱惜黎民百姓，使晋州坚稳威重可与一国相匹敌。而一些卑鄙小人因为不能随心所欲便大力排挤他；后来，张延隽被取代了，晋州上下一片混乱，北周一举兵，晋州就被扫平了。齐朝败亡就是从这里开始的。

勉 学

原文

　　自古明王圣帝，犹须勤学，况凡庶乎！此事遍于经史，吾亦不能郑重①，聊举近世切要，以启寤②汝耳。士大夫子弟，数岁已上，莫不被教，多者或至《礼》《传》，少者不失《诗》《论》。及至冠婚，体性稍定；因此天机，倍须训诱。有志尚者，遂能磨砺，以就素业③；无履立④者，自兹堕⑤慢，便为凡人。人生在世，会当有业：农民则计量耕稼，商贾则讨论货贿，工巧则致精器用，伎艺则沈思法术，武夫则惯习弓马，文士则讲议经书。多见士大夫耻涉农商，羞务工伎，射则不能穿札⑥，笔则才记姓名，饱食醉酒，忽忽⑦无事，以此销日，以此终年。或因家世余绪⑧，得一阶半级，便自为足，全忘修学；及有吉凶大事，议论得失，蒙然⑨张口，如坐云雾；公私宴集，谈古赋诗，塞默低头，欠伸⑩而已。有识旁观，代其入地⑪。何惜数年勤学，长受一生愧辱哉！

注释

① 郑重：频繁、反复多次。
② 寤："寤"同"悟"，觉悟。
③ 素业：清修有为之业，即儒业。
④ 履立：操行。

❺ 堕：同"惰"，散漫。

❻ 札：古代铠甲上的铁片。

❼ 忽忽：迷糊，恍惚。

❽ 家世余绪（xù）：家世余荫，指世家大族子弟仕进的特权。

❾ 蒙然：迷糊不清醒的样子。

❿ 欠伸：打哈欠，伸懒腰。

⓫ 入地：羞惭得无脸见人，真想钻到地下去。

解读

自古以来，那些贤明的帝王都必须勤奋学习，何况我们这些平常的老百姓呢！这种事例，在经书典籍中随处可见，但我也不能重复一一列举，姑且举出近世中重要的事例来启发你们。士大夫的子弟，几岁以后，没有不接受教育的。学得多的，会学完《礼经》《春秋三传》；即使读书读得少的，也学完了《诗经》和《论语》。等到冠礼和成婚的年纪，体质和性情已稍稍定型，便要趁此机会，利用他们的灵性，加倍地对他们进行教诲。倘若有志向的人，就得再经受磨砺，成就大业，那些没有操守品行的人，则从此散漫懈怠起来，成了平庸之辈。人生在世，应当有所专业，农民则商议耕稼，商人则讨论货财，工匠则精造器用，技艺则考虑方法，武夫则练习弓马，文士则讲究经书。然而常看到士大夫耻于涉足农商，羞于从事工技，射箭则不能穿铠甲，握笔则才记起姓名，饱食醉酒，恍惚空虚，以此来消磨日子，以此来终尽天年。有的凭家世余荫，弄到一官半职，自感满足，全忘学习，遇到婚丧大事，议论得失，就昏昏然张口结舌，像坐在云雾之中。公家或私人集会宴饮，谈古赋诗，又是沉默低头，只会打呵欠伸懒腰。有见识的人在旁看到，真替他羞得无处容身。为什么不愿用几年时间勤学，以致一辈子长时间受愧辱呢？

勉 学

原文

梁朝全盛之时，贵游①子弟，多无学术，至于谚云："上车不落则著作，体中何如则秘书。"无不熏衣剃面，傅粉施朱，驾长檐车②，跟高齿屐③，坐棋子方褥④，凭斑丝隐囊，列器玩于左右，从容出入，望若神仙。明经求第，则顾人答策⑤；三九⑥公宴，则假手⑦赋诗。当尔之时，亦快士也。及离乱之后，朝市迁革，铨衡⑧选举，非复曩⑨者之亲；当路⑩秉权，不见昔时之党。求诸身而无所得，施之世而无所用。被褐而丧珠，失皮而露质⑪，兀⑫若枯木，泊若穷流，鹿独⑬戎马之间，转死沟壑之际。当尔之时，诚驽材也。有学艺者，触地⑭而安。自荒乱已来，诸见俘虏。虽百世小人，知读《论语》《孝经》者，尚为人师，虽千载冠冕⑮，不晓书记者，莫不耕田养马。以此观之，安可不自勉耶？若能常保数百卷书，千载终不为小人也。

注释

① 贵游：没有官职的贵族。

② 长檐车：一种车幔盖过整个车身的马车。

③ 高齿屐（jī）：木底鞋的一种，下面有齿，高齿的屐是当时士族所常着。

④ 棋子方褥：方格图案的绮罗制成的方形坐褥。

⑤ 答策：回答策试秀才、孝廉的问题。

⑥ 三九：三公九卿。

⑦ 假手：本指利用他人为自己办事，这里指请人代笔。

⑧ 铨衡：考核选拔人才。

❾ 曩（nǎng）：从前。

❿ 当路：执政，掌权。

⓫ 失皮而露质：古人有"羊质虎皮"的说法，指其人外表像样内里不行，这里是说连外表的虎皮也丢了，只剩下内里的羊质。

⓬ 兀：同"杌"，没有枝叶的树木。

⓭ 鹿独：落拓，流离颠沛。

⓮ 触地：随地，到处。

⓯ 冠冕：指仕宦之家。

解读

梁朝在全盛的时候，贵族子弟大多不学无术，以致当时有谚语说："上车不掉下来的，就可以成为著作郎了；提笔能写形体如何的，就可以当秘书郎了。"他们没有一个不是用香草熏衣，修鬓剃面，涂脂抹粉的。

勉 学

他们进出都是乘坐一种长檐车,穿的是高跟齿屐,坐着的是织成方格图案的方形坐褥,靠的是杂色背靠垫。他们的左右手都拿着玩赏的器物,进进出出,从容自如,远远看上去,好像神仙。到了明经考取功名的时候,他们就雇人去考;参加三公九卿的宴会,他们又假借他人的诗词。在那个时候,他们也挺像名士的样子。等到动乱发生以后,改换了朝代,掌管考核的人,已经不是从前的亲戚;掌大权执政的,也不是旧时的朋友。到了这时,这些贵族子弟想自力更生,却一无所长;想出头扬名,却没有什么本领。他们只能披着粗布麻衣,丧失了怀中的珠宝,没有华丽的外表,露出了本来的真面目,就好像没有树叶的枯木,有气没力像一条没水的河流。在乱军之中颠沛流离,辗转丧命于沟壑之间。在这时,他们成了绝对的蠢材,而那些有本领的,就能随遇而安。自从马乱兵荒以来,我看过几多俘虏,即使他们世代是平民百姓,但是知读《论语》和《孝经》的人,还能成为别人的老师;即使是当官当了一辈子的,不懂得读书写字的,最终没有一个不沦为耕田养马的平民。由此看来,怎么可以不勉励自己奋发图强,刻苦读书呢?假若能经常保有几百卷书,那么再过一千年也不会成为低下的小人。

原文

夫明《六经》❶之指,涉百家之书,纵不能增益德行,敦厉❷风俗,犹为一艺,得以自资❸。父兄不可常依,乡国不可常保,一旦流离,无人庇荫,当自求诸身耳。谚曰:"积财千万,不如薄伎❹在身。"伎之易习而可贵者,无过读书也。世人不问愚智,皆欲识人之多,见事之广,而不肯读书,是犹求饱而懒营馔❺,欲暖而惰裁衣也。夫读书之人,自羲、农❻已来,宇宙之下,凡识几人,凡见几事,生民之成败好恶,固不足论,天地所不能藏,鬼神所不能隐也。

颜氏家训

注释

① 六经：指《诗》《书》《礼》《乐》《易》《春秋》六部儒家经典。
② 敦厉：敦促劝励。
③ 自资：自谋生计。
④ 伎：同"技"，技艺。
⑤ 馔（zhuàn）：食物。
⑥ 羲、农：即伏羲、神农，古代传说中的帝王。

解读

领悟《六经》的要旨，熟读百家的著作，即使不能增广个人的道德行为，劝励社会风俗，但总算是一门技艺，可以用来自谋生计。父兄长辈是不能长期依赖的，家乡地方也是不能长期保佑你安全无事的。一旦被迫颠沛流离，没有人能庇护你的时候，你只有依靠你自身了。俗谚说："积财千万，不如薄技在身。"技艺之容易学习而且可贵的，没有比得上读书了。世上的人不论是愚是智，都要求人认识得多，事情经历得广，却不肯读书，这就好比要求吃饱而懒于做饭，要求穿暖和而惰于裁衣。读书的人，从伏羲、神农以来，在宇宙之下，认识了多少人，经历了多少事，人间的成败好坏，自不必说，即使天地的神秘也不能藏，鬼神的原形也不能隐啊！

原文

有客难主人①曰："吾见强弩②长戟③，诛罪安民，以取公侯者有矣；文义习吏，匡时富国，以取卿相者有矣；学备古今，才兼文武，身无禄位，妻子饥寒者，不可胜数，安足贵学乎？"主人对曰："夫命之穷达，犹金玉木石也；修以学艺，犹磨莹❹雕刻也。金玉之磨莹，自美其矿璞，木石之段块，自丑其雕刻；安可言木石之雕刻，乃胜金玉之矿璞哉？不得以有学之贫贱，比于无学之富贵也。且负甲为兵，咋笔❺为吏，身死名灭者如牛毛，角立杰出者如芝草；握素披黄❻，吟道咏德，苦辛无益者如日蚀，逸乐名利者如秋荼❼，岂得同年而语❽矣。且又闻之：生而知之者上，学而知之者次。所以学者，欲其多知明达耳。必有天才，拔群出类，为将则暗与孙武、吴起❾同术，执政则悬得管仲、子产❿之教，虽未读书，吾亦谓之学矣。今子即不能然，不师古之踪迹，犹蒙被而卧耳。"

注释

❶ 主人：作者的自称。

❷ 弩：用扳机发射的强弓。

❸ 戟：先秦时就出现的兵器。

❹ 莹（yíng）：磨之使光亮。

❺ 咋（zé）笔：指操笔。古人构思为文时常以口咬笔杆。

❻ 握素披黄：意指专心攻读诗书。素，绢素，古代的书籍多用绢素书写；黄，黄卷，古代的书籍为了防蛀虫而用黄蘖染之，故称黄卷。

❼ 秋荼（tú）：比喻繁多。荼，茅、芦之类的白花，到秋天繁茂盛多。

❽ 同年而语：意同"相提并论"。

❾ 孙武、吴起：春秋时期著名的军事家。

❿ 管仲、子产：春秋时期著名的军事家、政治家。

解读

有位客人为难主人（作者自称）说："我看到有人手持强弩长戟去讨

| 颜氏家训 ▪▪▪▪▪

伐叛逆，安抚百姓，以此博取公侯之爵位；有人阐释法度，扶邦强国，以此博取卿相职位；但有些人学通古今，文武全才，却没有什么职位俸禄，妻子儿女饥寒交迫，这样的人不可胜数。如此看来，学习又怎么值得可贵呢？"我回答说："一个人的命运好坏就好像是金玉与木石。钻研学问，掌握技艺，就好像琢磨金玉和雕刻木石。金玉经过琢磨，就比未经冶炼的金属更加美丽；一段木头，一块石头，比经过雕刻的木石就显得丑陋。然而，怎能说雕刻的木石比矿、璞更加美丽呢？所以，我们不能把有学问的低下人与有学问的富贵人相比。况且披上铠甲去当兵的人，操笔作小吏的人，身死名灭的人多如牛毛，出名的人少如芝草；苦学攻读的人，颂扬传播道德的人，辛苦而又没有好处的人就像日蚀那样少见；而追名逐利的人却多如秋天的荼花。二者怎能相提并论呢？况且我又听说，一生下来就先知先觉的人是个天才，通过学习才知觉的人就差了一等。人之所以要不断学习，就是要多懂得一些道理，明白通达而已。如果说一定有天才的话，那也是出类拔萃的人。当将领的就像孙武、吴起那样，天生具备了过人的兵法；当宰相的天生就具备管仲、子产那样的质素，即使他们没有读过书，我也说他们是有学问之人。现在您没有他们那种本事，如果再不学习古人，那就好像蒙着被子睡觉，什么都不知晓了。"

原文 ●●●●

　　人见邻里亲戚有佳快❶者，使子弟慕而学之，不知使学古人，何其蔽也哉？世人但知跨马被甲，长矟❷强弓，便云我能为将；不知明乎天道，辩乎地利，比量逆顺，鉴达兴亡之妙也。但知承上接下，积财聚谷，便云我能为相；不知敬鬼事神，移风易俗，调节阴阳，荐举贤圣之至❸也。但知私财不入，公事夙办，便云我能治民；不知诚己刑物❹，执辔如组❺，反风灭火，化鸱为凤❻之术也。但知抱令守律，早刑晚舍❼，便云我能平狱；不知同辕观罪[8]，分剑追财，假言而奸露，不问而情得[9]之察也。爰及农商工贾，厮役奴隶，钓鱼屠肉，饭牛牧羊，皆有先达，可为师表，博学求之，无不利于事也。

注释

① 佳快：极好，优秀之意。

② 矟（shuò）：古时兵器。

③ 至：周密。

④ 刑物：给人做榜样。

⑤ 执辔（pèi）如组：比喻治教有方。辔，马缰绳。组，丝织成的宽带。

⑥ 化鸱（chī）为凤：比喻感化恶人，使其转变。鸱，猫头鹰，古人视之为恶鸟。

⑦ 早刑晚舍：早上判刑，晚上就赦免了。舍，通"赦"。

⑧ 同辕观罪：把罪犯系在同一个车辕上，以让他们明白自己所犯的罪行。

⑨ 不问而情得：这是用陆云办案的故事，见《晋书·陆云传》。陆云任浚仪令，有人被杀，陆云叫把此人的妻子关起来，又不讯问，过了十多天放掉，而叫人偷偷地跟着，说："不出十里，当有男子候之与语，便缚束。"果然捉到这样的男子，原来是他和这女子私通，把其丈夫杀死，这时听到女子放出，急于等着问个究竟，结果落网抵罪。

解读

人们看到乡邻亲戚中有称心的好榜样，叫子弟去仰慕学习，而不知道

颜氏家训

叫去学习古人，为什么这样糊涂？世人只知道骑马披甲，长矛强弓，就说我能为将，却不知道要有明察天道，辨识地利，比较衡量是否顺乎时势人心、明察通晓兴亡的能耐。只知道承上接下，积财聚谷，就说我能为相，却不知道要有敬神事鬼，移风易俗，调节阴阳，推荐选举贤圣之人的水平。只知道不谋私财，办理公事，就说我能治理百姓，却不知道要有诚己正人，治理有条理，救灾灭祸，教化百姓的本领。只知道执行律令，早判晚赦，就说我能平狱，却不知道侦察、取证、审讯、推断等种种技巧。在古代，不管是务农的、做工的、经商的、当仆人的、做奴隶的，还是钓鱼的、杀猪的、喂牛牧羊的人们中，都有显达贤明的先辈，可以作为学习的榜样，博学寻求，没有不利于成就事业啊！

原文

夫所以读书学问，本欲开心明目，利于行耳。未知养亲者，欲其观古人之先意承颜❶，怡声下气❷，不惮劬劳❸，以致甘腝❹，惕然惭惧，起而行之也；未知事君者，欲其观古人之守职无侵，见危授命，不忘诚谏，以利社稷，恻然自念，思欲效之也；素骄奢者，欲其观古人之恭俭节用，卑以自牧，礼为教本，敬者身基，瞿然❺自失，敛容抑志也。素鄙吝者，欲其观古人之贵义轻财，少私寡欲，忌盈恶满，赒❻穷恤匮，赧然悔耻，积而能散也；素暴悍者，欲其观古人之小心黜己，齿弊舌存，含垢藏疾，尊贤容众，苶然❼沮丧，若不胜衣❽也；素怯懦者，欲者观古人之达生委命❾，强毅正直，立言必信，求福不回，勃然奋厉，不可恐慑也。历兹以往，百行皆然，纵不能淳，去泰去甚。学之所知，施无不达。世人读书者，但能言之，不能行之，忠孝无闻，仁义不足；加以断一条讼，不必得其理；宰千户县，不必理其民；问其造屋，不必知楣横而棁竖也；问其为田，不必知稷早而黍迟也；吟啸谈谑，讽咏辞赋，事既优闲，材增迂诞[10]，军国经纶[11]，略无施用，故为武人俗吏所共蚩诋[12]，良由是乎！

注释

① 先意承颜：不用父母说出来便能领会父母的心意。
② 怡声下气：恭敬有礼，声气和平。
③ 劬（qù）劳：劳累。
④ 胹（ér）：煮烂的肉。
⑤ 瞿（jù）然：十分恐慌的样子。
⑥ 赒（zhōu）：救济。
⑦ 苶（nié）然：十分疲惫的样子。
⑧ 不胜衣：谦恭有礼、退让的样子。
⑨ 达生委命：指参透人生、听凭命运的支配。
⑩ 迂诞：迂阔荒诞，不合情理。
⑪ 经纶："纶"指国家大事，"经"可作动词。经纶，治理国家，筹划大事。
⑫ 蚩诋（chī dǐ）：讥笑辱骂。

解读

读书和做学问，都是为了明白事理，增长见识，有利于改进自己的举止。那些不知奉养双亲的人，要让他们学会古人那样先意承颜，轻声细气，不辞劳苦地侍奉，让父母吃甘美的食物。这样一来，那些不懂孝道的人就感到惭愧，每日都要自觉地那样做；那些不懂侍奉君主的人，要让他们看到古人如何尽忠职守，怎样见危舍身，不顾一切尽忠进谏，以有利于国家和平民百姓，要使他们反思并仿效学习；那些向来奢侈骄横的人，要让他们看到古人的节俭，谦卑自洁，以礼为教，以敬为基，使他们惊觉自己的行为有失，从而要他们收敛并抑制骄奢的心态。那些一向吝啬自私的人，要让他们看到古人重情义轻钱财，没有私心和贪念，自谦，周济穷困，使他们悔改，从而能广积钱财和周济他人；那些向来暴戾骄傲的人，要让他们看到古人小心谨慎、说话有度、宽仁大方，敬重下士并广纳贤人，这样使他们受到打击，从而气焰低落，学会谦恭礼让；那些胆小懦弱的人，要让他们看到古人任天由命，刚毅正直、言行有信，祈求福分而不违背祖训，从而让他们发奋图强，不再胆怯。以此类推，所有的一切都是这样的道理。即使不能使风气完全淳正，也能去掉那些极端不良的行为。学到的学问，在哪里都可以使用。然而现在也有一些读书人，只能空头说说，不能亲身来做，既不忠孝，又欠缺仁义；再加上审断一个诉讼，不一定明白其中的原理；作为一个县官，不一定能亲自过问百姓之事；问他们怎样造一栋屋子，不一定知道楣是横的而棁是竖的；问他们怎样种田，他们不一定知道稷先种而黍后种。他们只懂得吟啸咏唱，谈欢作乐，写诗作赋，所做的事都是悠闲自在的，除了增添荒诞的事情外，对治理国家大事是没有用的。因而这些人被一些将军武士、小官微吏所嗤笑，也是事出有因啊。

原文

夫学者所以求益耳。见人读数十卷书，便自高大，凌忽❶长者，轻慢同列❷；人疾之如仇敌，恶之如鸱枭❸。如此以学自损，不如无学也。古之学者为己，以补不足也；今之学者为人，但能说之也。古之学者为人，行道以利世也；今之学者为己，修身以求进也。夫学者是犹种树也，春玩其华，秋登❹其实；讲论文章，春华也，修身利行，秋实也。

人生小幼，精神专利❺，长成已后，思虑散逸，固须早教，勿失机也。吾七岁时，诵《灵光殿赋》❻，至于今日，十年一理，犹不遗忘；二十之外，所诵经书，一月废置，便至荒芜矣。然人有坎壈❼，失于盛年，犹当晚学，不可自弃。孔子云："五十以学《易》，可以无大过矣。"魏武、袁遗，老而弥笃，此皆少学而至老不倦也。曾子七十乃学，名闻天下；荀卿五十，始来游学，犹为硕儒；公孙弘❽四十余，方读《春秋》，以此遂登丞相；朱云❾亦四十，始学《易》《论语》；皇甫谧❿二十，始受《孝经》《论语》：皆终成大儒，此并早迷而晚寤也。世人婚冠未学，便称迟暮，因循⓫面墙⓬，亦为愚耳。幼而学者，如日出之光，老而学者，如秉烛夜行，犹贤乎瞑目而无见者也。

注释

❶ 凌忽：即凌辱、轻慢。
❷ 同列：指地位相同者。
❸ 鸱枭（chī xiāo）：像猫头鹰之类的恶鸟。
❹ 登：成熟收获。
❺ 专利：专一，集中注意力。
❻ 《灵光殿赋》：西汉宗室鲁恭王建有灵光殿，经战乱到东汉时巍然独存，东汉王延寿为此写了《鲁灵光殿赋》，今存《文选》里。
❼ 坎壈（lǎn）：困顿，不得志。
❽ 公孙弘：汉武帝时的丞相。
❾ 朱云：是西汉元帝、成帝时经学家。
❿ 皇甫谧（mì）：西晋时著名的学者。
⓫ 因循：沿袭保守，不知变通。
⓬ 面墙：比喻不学无术，一无所见。

颜氏家训

解读

学者是要求有所进益的。看到有的人读了几十卷书，就自高自大，欺凌长者，看不起同事，使人家把他痛恨得像仇敌，厌恶得像鸱枭。像这样以学而使自己受损，还不如不学习。古时候的学者为自己，用学来补自己的不足；如今的学者为别人，只能口头空说。古时候的求学者为别人，是行道以利当世；如今的求学者为自己，是修身以求做官。学习好比种树，春天赏玩花朵，秋天收获果实，讲说讨论文章，是春天的花朵；修身以利言行，是秋天的果实。

人在年龄较小时，能够专注，精神集中；长大以后，心思散逸，学东西就不够专一。因而要重视早期的教育，不要错失机会。我七岁时会背诵《灵光殿赋》，到了今天，每隔十年温习一次，仍然没有遗忘。到了二十

岁以后,我所背诵的经书,要是一个月没有温习,便记不起来了。然而人有不得志,即使在青少年时失去学习的好时机,仍要学习,不能放弃。孔子说:"五十岁的时候学习《易经》,可以不犯较大的过错了。"魏武帝曹操、袁遗也曾经说过,到晚年更加认真学习,都是因为少年好学到老了仍然孜孜不倦。曾子十七岁才开始学习,但后来名闻于天下。荀子五十岁了,方始外出游学,最终成为一个大学问家;公孙弘四十多岁了,才开始读《春秋》,并从此登上了丞相之位;朱云也是四十岁时才开始学习《易经》和《论语》;皇甫谧二十岁了,才学习《孝经》和《论语》;这些人后来都成为大学者,他们都是年少时没有用功而晚年醒悟并立志成才的人。有些人到了结婚、加冠的年龄仍没开始学习,便认为是太晚了,于是一直拖延下去,成为不学无术、毫无见识的面墙者,那实在是太愚昧了。小时候好学,就好像是日出时光芒万丈;而老年才学习,如同拿着蜡烛在夜里走路;这总比那种闭着眼睛什么都看不见的人好多了。

原文

　　学之兴废,随世轻重。汉时贤俊,皆以一经弘圣人之道,上明天时❶,下该人事,用此致卿相者多矣。末俗❷已来不复尔,空守章句,但诵师言,施之世务,殆无一可。故士大夫子弟,皆以博涉为贵,不肯专儒。梁朝皇孙以下,总丱❸之年,必先入学,观其志尚,出身❹已后,便从文史,略无卒业者。冠冕为此者,则有何胤、刘瓛、明山宾、周舍、朱异、周弘正、贺琛、贺革、萧子政、刘绦等,兼通文史,不徒讲说也。洛阳亦闻崔浩、张伟、刘芳❺,邺下又见邢子才❻:此四儒者,虽好经术,亦以才博擅名。如此诸贤,故为上品,以外率多田野间人,音辞鄙陋,风操蚩拙❼,相与专固❽,无所堪能,问一言辄酬数百,责其指归⁹，或无要会ⁱ⁰。邺下谚云："博士买驴，书券三纸，未有驴字。"使汝以此为师，令人气塞。孔子曰："学也禄在其中矣。"今勤无益之事，恐非业也。夫圣人之书，所以设教，但明练经文，粗通注义，常使言行有得，亦足为人；何必"仲尼居"即须两纸疏义，燕寝ⁱ¹讲堂，亦复何在？以此得胜，宁有益乎？光阴可惜，譬诸逝水。当博览机要ⁱ²，以济功业；必能兼美，吾无间ⁱ³焉。

注释

❶ 上明天时：西汉今文经学提倡所谓"天人感应"之说，说天象变化和人间政事有密切关系，这当然是迷信。

❷ 末俗：乱世的习俗，指已经衰败的风俗。

❸ 丱（guàn）：古时儿童的发髻向上分开成两角的样子。总丱之年，指童年时代。

❹ 出身：指出仕，开始做官。

❺ 崔浩、张伟、刘芳：崔浩，北魏名臣，字伯渊，今山东武城人；张伟，北魏名臣，今山西榆次人；刘芳，北魏名儒，今江苏徐州人。

❻ 邢子才：北齐著名的文人邢邵，今河北任丘人。

❼ 蚩拙：愚昧，笨拙。

❽ 专固：专断，顽固。

❾ 指归：意旨。

❿ 要会：要旨。

⓫ 燕寝：闲居之处。

⓬ 机要：机微精要，精义，要旨。

⓭ 无间：无话可说，指没有非议。

勉 学

> **解读**

学习风气的兴盛与荒废，是随着世人的轻视重视而改变的。汉代的贤才俊士都是靠一部经书来弘扬圣人的道理，上可洞察天文，下可明了世事情理，凭此当上了卿相的人可多得很。习俗衰落以来，就不再是这样子了，读书的都空守章句，只会背诵老师所说的话，如果单凭这些来谋生处世，那是没有用的。因此后来的士大夫的子弟都崇尚广泛地涉足各种典籍，不肯再专攻一本经书了。梁朝贵族子弟，到童年时代，必须先让他们入国学，观察他们的志向与崇尚，走上仕途后，就做文吏的事情，很少有完成学业的。世代当官而从事经学的，则有何胤、刘瓛、明山宾、周舍、朱异、周弘正、贺琛、贺革、萧子政、刘绍等人，他们都兼通文史，不只是会讲解经术。我也听说在洛阳的有崔浩、张伟、刘芳，在邺下又见到邢子才，这四位儒者，不仅喜好经学，也以文才博学闻名，像这样的贤士，自然可称上品。此外，大多数是田野间人，言语鄙陋，举止粗俗，还都专断保守，什么能耐也没有，问一句就得回答几百句，辞不达意，不得要领。邺下有俗谚说："博士买驴，写了三张契约，没有一个'驴'字。"如果让你们拜这种人为师，会被他气死了。孔子说过："好好学习，俸禄就在其中。"现在有人只在无益的事上尽力，恐怕不算正业吧！圣人的典籍，是用来讲教化的，只要熟悉经文，粗通传注大义，常使自己的言行得当，也足以立身做人了。何必"仲尼居"三个字就得用上两张纸的注释，去弄清楚究竟"居"是在闲居的内室还是在讲习经术的厅堂，这样就算讲对了，这一类的争议有什么意义呢？争个谁高谁低，又有什么益处呢？光阴似箭，应该珍惜，它像流水一样，一去不复返。应当博览经典著作之精要，用来成就功名事业，如果能两全其美，那样我自然也就没必要再说什么了。

颜氏家训

原文

俗间儒士，不涉群书，经纬❶之外，义疏而已。吾初入邺，与博陵❷崔文彦交游，尝说《王粲❸集》中难郑玄《尚书》事。崔转为诸儒道之，始将发口，悬见排蹙❹，云："文集只有诗赋铭❺诔❻，岂当论经书事乎？且先儒之中，未闻有王粲也。"崔笑而退，竟不以《粲集》示之。魏收❼之在议曹，与诸博士议宗庙事，引据《汉书》，博士笑曰："未闻《汉书》得证经术。"收便忿怒，都不复言，取《韦玄成❽传》，掷之而起。博士一夜共披寻❾之，达明，乃来谢曰："不谓玄成如此学也。"

注释

❶ 经纬：经书和纬书，即儒家经典著作和除此之外的占筮之类的书。
❷ 博陵：郡名，治所博陵县在今河北蠡（lí）县。
❸ 王粲（càn）："建安七子"之一，东汉末年著名文学家，今山东微山县人。
❹ 排蹙（cù）：排挤、斥责。
❺ 铭：文体一种，多刻于碑石、器物上。
❻ 诔（lěi）：古代用来表彰死者德行并致哀悼的一种文体，仅能用于上对下。
❼ 魏收：北朝著名文人，今河北晋州人。
❽ 韦玄成：西汉丞相。
❾ 披寻：翻阅。

解读

世间的读书人，不博览群书，除了研读一些经书和纬书之外，也无非注释儒家经典的疏义而已。我初来邺城的时候,与博陵的崔文彦有交往,曾与他谈起《王粲集》中关于王粲诘问郑玄注解《尚书》的事。崔文彦转而又与几位儒士谈起这件事,刚一开口,就被他们训斥说:"文集中只有诗赋、铭、诔,难道还会论及有关经书的问题吗?况且在先前的儒士中,也没有听说王粲这个人。"崔文彦笑了笑,便告退了,没有把《王粲集》拿给他们看。魏收在议曹为官的时候,曾经和几位博士议论宗庙的事情,并引据《汉书》,众博士笑他说:"从未听说《汉书》可以用来论证儒家经术的。"魏收非常气愤,一句话也不说,拿出《汉书·韦玄成传》,把书掷给他们,转身走了。众人聚到一块,用了一夜的时间来研读这本书。天亮了,他们来道歉说:"没有想到韦玄成还有这般的学问。"

原文

夫老、庄之书,盖全❶真养性,不肯以物累已也。故藏名柱史❷,终蹈流沙;匿迹漆园❸,卒辞楚相,此任纵之徒耳。何晏、王弼❹,祖述玄宗,递相夸尚,景附草靡❺,皆以农、黄❻之化,在乎己身,周、孔之业,弃之度外。而平叔以党曹爽❼见诛,触死权之网也;辅嗣以多笑人被疾,陷好胜之穽也;山巨源❽以蓄积取讥,背多藏厚亡之文也;夏侯玄以才望被戮,无支离❾拥肿之鉴也;荀奉倩❿丧妻,神伤而卒,非鼓缶之情也;王夷甫⓫悼子,悲不自胜,异东门之达⓬也;嵇叔夜⓭排俗取祸,岂和光同尘⓮之流也;郭子玄⓯以倾动专势,宁后身外己之风也;阮嗣宗⓰沈酒荒迷,乖畏途相诫之譬也;谢幼舆⓱赃贿黜削,违弃其余鱼之旨也:彼诸人者,并其领袖,玄宗所归。其余桎梏尘滓之中,颠仆名利之下者,岂可备言乎!直取其清谈雅论,剖玄析微,宾主往复,娱心悦耳,非济世成俗之要也。洎于梁世,兹风复阐⓲,《庄》《老》《周易》,总

颜氏家训

谓《三玄》。武皇、简文，躬自讲论。周弘正奉赞大猷[19]，化行都邑，学徒千余，实为盛美。元帝在江、荆间，复所爱习，召置学生，亲为教授，废寝忘食，以夜继朝，至乃倦剧愁愤，辄以讲自释。吾时颇预末筵，亲承音旨，性既顽鲁，亦所不好云。

注释

① 全真：保全天性。

② 柱史：柱下史，周秦时期的官名，相当于御史。

③ 漆园：庄子之前做过漆园吏。

④ 何晏、王弼：何晏，曹魏名士，今河南南阳人；王弼，曹魏时期玄学家，今河南焦作人。

⑤ 草靡：赞同，臣服。

⑥ 农、黄：指神农氏、黄帝。

⑦ 曹爽：魏明时期大将军。

⑧ 山巨源：西晋大臣山涛，字巨源，曾是讲玄学的"竹林七贤"之一。

⑨ 支离：是《庄子·人世间》里所提到的畸形人，以畸形而能终其天年。

⑩ 荀奉倩：曹魏荀粲，字奉倩，妻死后虽不哭而神伤，不久自己也死亡。

⑪ 王夷甫：西晋王衍，字夷甫，他在幼子死去后十分悲伤。

⑫ 东门之达：《列子·力命》里说，魏国有个叫东门吴的，儿子死了不忧愁，理由是他当初没有儿子并不忧愁。

⑬ 嵇叔夜：曹魏玄学家嵇康，字叔夜，"竹林七贤"之一。

⑭ 和光同尘：不露锋芒，与世无争。

⑮ 郭子玄：西晋玄学家郭象，字子玄。倾动，指权势震动，专势即专权。

⑯ 阮嗣宗：曹魏玄学家阮籍，字嗣宗，"竹林七贤"之一，常以酣醉不问世事来保全自身。

⑰ 谢幼舆：西晋玄学家谢鲲（kūn），字幼舆，曾因家僮取用公家的麦草而被削除官职，因为这也是一种贪污行为。

⑱ 复阐：再次流行广大。

⑲ 大猷（yóu）：治国的大道。

解读

老子、庄子的著作，强调修身养性，保全本质，不肯让外物妨碍自身的天性。所以，老子隐姓埋名在周朝担任柱下史，最后进入了流沙；隐居起来。庄子在漆园隐身匿迹，终于辞却了楚相；他们都是无所拘束，自由自在的人。何晏、王弼师法前人，论述道教的玄理，竞相宣扬崇尚道教。当时的人如影随形，如草随风一样地追随他们，都以神农、黄帝的教化作为立身之本，将周公、孔子的儒家经术置之度外。何晏因与曹爽结党而被诛杀，陷入争权夺利的罗网；王弼因讥笑别人而遭人憎恨，掉进争强好胜的陷阱；山巨源因蓄积财物而遭人讥讽，重蹈积蓄越多、失去越多的覆辙；夏侯玄因炫耀才学名望而被害，没有借鉴"支离拥肿"的经验，荀奉倩丧妻后，因过度悲伤而死，没有像庄子那样，丧妻后鼓盆而歌的通达之情；王夷甫丧子后，悲伤不已，不像东门子丧子后无忧达观；嵇康因不随流入俗而遭祸害，并不是随流合众之人；郭子玄权势震动一时，没有达到甘于人后、忘掉自我的境界；阮嗣宗好酒贪杯、荒诞迷乱，背离了险途中应该小心谨慎的古训；谢幼舆因贪赃枉法而被罢官，违背了不应该贪得无厌的教义。以上这些人物，都是其中的领袖，都是皈依道教的。其余那

颜氏家训

些受到尘世污浊之风的熏染，为名利奔走的人，难道还值得细说吗！这些人只是会高谈阔论，剖析玄奥微妙的义理，宾主之间互相问答，娱心悦耳而已，并不把它当作救世匡俗的要道。到了梁代，这种清谈之风又盛行起来，《庄子》《老子》和《周易》，总称为《三玄》，梁武帝和简文帝都亲自讲解评论。还有周弘正奉命传播道教，在都邑教化推行，门徒有一千多人，真可谓盛况空前。梁元帝在江州、荆州期间，也很喜欢讲习《三玄》，召集门生，亲自传授，废寝忘食，夜以继日，甚至倦极愁愤的时候，就用讲授来排遣。我当时多次到现场末席，亲自听他讲授，只是自己生性愚钝，也不太爱好这一类的说教。

原文

齐孝昭帝[1]侍娄太后[2]疾，容色憔悴服膳减损。徐之才[3]为灸两穴，

勉 学

帝握拳代痛，爪入掌心，血流满手。后既痊愈，帝寻疾崩，遗诏恨不见太后山陵[4]之事。其天性至孝如彼，不识忌讳如此，良由无学所为。若见古人之讥欲母早死而悲哭之，则不发此言也。孝为百行之首，犹须学以修饰之，况余事乎！

梁元帝尝为吾说："昔在会稽[5]，年始十二，便已好学。时又患疥[6]，手不得拳，膝不得屈。闲斋张葛帏[7]避蝇独坐，银瓯贮山阴甜酒，时复进之，以自宽痛。率意自读史书，一日二十卷，既未师受，或不识一字，或不解一语，要自重之，不知厌倦。"帝子之尊，童稚之逸，尚能如此，况其庶士，冀以自达者哉？

注释

① 齐孝昭帝：北齐君主高欢的第六子高演。
② 娄太后：孝昭帝高演的母亲。
③ 徐之才：北齐的医学家。
④ 山陵：帝王或者皇后死后的坟墓。这里指孝昭帝母亲娄太后的丧事。
⑤ 会稽：郡名，今浙江绍兴。
⑥ 疥：疥疮，皮肤病的一种。
⑦ 葛帏：用葛布制成的帏帐。

解读

北齐孝昭帝在母亲娄太后病重期间，一直在她身边侍奉，因而脸色憔悴，茶饭不振。徐之才为太后针灸两穴位，孝昭帝则在一边紧握拳头，以致指甲嵌入掌心，血流得满手都是。娄太后的病终于痊愈，而孝昭帝不久

颜氏家训

却因病而逝,他在遗诏中说,最遗憾的是不能为娄太后送终安葬,以尽最后的孝心。他的天性是这样的孝顺,但都不懂忌讳到如此的地步。这全都是因为没有学习造成的。如果他能从书中看到古人那些讽刺盼望母亲早死以使痛哭尽孝的人的记载,就不会在遗诏中说出那样的话来了。行孝是所有德行中最重要的事情,尚且需要通过学习去培养完善,何况其他的事呢?

梁元帝曾经对我说:"以前我在会稽的时候,年龄只有十二岁,但已经很喜欢学习了。当时我患有疥疮,手不能握拳,膝不能够弯曲。我在闲斋中挂上葛布帏帐,用以遮挡苍蝇,一个人独坐,小银盆里装着山阴甜酒,时而喝上几口以此缓解疼痛。我独自随意地读一些史书,一天读了二十卷,当时没有老师传授,如果有一个字不懂的,或者有一句话不理解的,就要严格要求自己,不知厌倦。"梁元帝以帝王的尊重,孩童的闲逸,尚能对学习如此用功,何况那些希望通过学习来求权贵的普通读书人呢?

原文

古人勤学,有握锥❶投斧❷,照雪❸聚萤❹,锄则带经❺,牧则编简❻,亦为勤笃。梁世彭城刘绮,交州刺史勃之孙,早孤家贫,灯烛难办,常买荻尺寸折之,然明夜读。孝元初出会稽,精选寮寀❼,绮以才华,为国常侍兼记室,殊蒙礼遇,终于金紫光禄。义阳朱詹,世居江陵,后出扬都,好学,家贫无资,累日不爨❽,乃时吞纸以实腹。寒无毡被,抱犬而卧。犬亦饥虚,起行盗食,呼之不至,哀声动邻,犹不废业,卒成学士,官至镇南录事参军,为孝元所礼。此乃不可为之事,亦是勤学之一人。东莞臧逢世,年二十余,欲读班固《汉书》,苦假借不久,乃就姊夫刘缓乞丐客刺书翰纸末,手写一本,军府服其志尚,卒以《汉书》闻。

勉 学

注释

① 握锥：指战国苏秦以锥刺股促己求学。
② 投斧：指文党投斧求学。
③ 照雪：东晋孙康家贫，常映雪读书。
④ 聚萤：东晋车胤家贫，夏月萤火虫放在囊中取光读书。
⑤ 锄则带经：西汉儿宽带着经书锄地，休息时就诵读。
⑥ 牧则编简：西汉路温舒牧羊时取泽中蒲作简，编连起来书写。
⑦ 寮寀（liáo cǎi）：本意是官舍，此处指官吏。
⑧ 爨（cuàn）：烧火煮饭。

解读

　　古人勤学，有的握锥、投斧，有的照雪、聚萤，还有人锄地时带经书，在休息时就诵读，也有人在放牧时取泽中蒲作简，编连起来书写，这些都堪称勤奋读书、专心致学的范例。梁代有位彭城人刘绮，是交州刺史刘勃的孙儿，早年失去亲人，家境贫寒，没有能力置备灯烛，常买了荻一尺一寸地折断，点着照明夜读。梁元帝开始出任会稽的时候，精心选拔了一批同僚，刘绮凭自己的才华，被选任为湘东王府的常侍兼记室参军，很受梁元帝的器重，最终官至金紫光禄大夫。义阳的朱詹，祖居江陵，后来到了扬都。他刻苦好学，但因家中没钱，有时几天都没火做饭，因而时常靠吞纸来充饥。天气寒冷，没有被子，就抱着狗来一块儿取暖睡觉。狗也饿得受不了，跑到外面偷食，朱詹大声呼唤，它也不回来，那悲哀的叫声，震惊了周围的邻居，然而他没有放弃苦读，最终成为大学士，官至镇南录事参军，受到孝元帝的礼待。这是一般人做不到的，朱詹也是勤奋好学的人。东莞的臧逢世，二十多岁的时候，想读班固的《汉书》，但苦于屡借不到，就只好

颜氏家训

向姊夫刘缓乞求名片、信纸的边角，亲手抄录了一本。将军府中的人都佩服他的志气和毅力，最后，臧逢世终于因研究《汉书》而闻名于世。

原文

齐有宦者内参❶田鹏鸾，本蛮人也。年十四五，初为阉寺，便知好学，怀袖握书，晓夕讽诵。所居卑末，使役苦辛，时伺间隙，周章询请。每至文林馆❷，气喘汗流，问书之外，不暇他语。及睹古人节义之事，未尝不感激沈吟久之。吾甚怜爱，倍加开奖。后被赏遇，赐名敬宣，位至侍中开府。后主之奔青州，遣其西出，参伺❸动静，为周军所获。问齐主何在，绐❹云："已去，计当出境。"疑其不信，欧❺捶服之，每折一支❻，辞色愈厉，竟断四体而卒。蛮夷童丱，犹能以学成忠，齐之将相，比敬宣之奴不若也。

邺平之后，见徙入关。思鲁❼尝谓吾曰："朝无禄位，家无积财，当肆筋力，以申供养。每被课笃，勤劳经史，未知为子，可得安乎？"吾命之曰："子当以养为心，父当以学为教。使汝弃学徇财，丰吾衣食，食之安得甘？衣之安得暖？若务先王之道，绍家世之业，藜羹❽缊褐❾，我自欲之。"

注释

❶ 内参：即太监。
❷ 文林馆：官署名，主要管理著作典籍，训导生徒。
❸ 参伺：侦察，窥视。
❹ 绐（dài）：欺骗，说谎。
❺ 欧：同"殴"，打捶，攻击。

勉 学

❻ 支：通"肢"，肢体。
❼ 思鲁：颜之推的长子颜思鲁。
❽ 藜（lí）羹：比喻粗劣的饭菜。
❾ 缊（yùn）褐：粗麻制成的短衣。

解读

北齐有个太监叫田鹏鸾的，本来是一个蛮人。十四五岁时，被选入宫内做了宦官。那时，他便爱好读书，随身带着书本，早晚诵读。尽管当时所处的地位十分卑下，差役十分辛苦，但能够利用空隙时间浏览求人指点。每次到文林馆的时候，他都是气喘吁吁，汗流浃背，除了请教书上的知识外，其他的话语都没有空暇去说。每次看到古人重节操讲情义的事，他都会十分感动，感慨良多。我十分怜爱他，对他加倍教导勉励。后来他被皇上赏识，赐名敬宣，官至侍中开府。北齐后主逃往青州的时候，派他去西边侦察动静，结果被北周的军队掳获。周军问他齐后主在哪里，他欺骗周军说："已经离开了，估计出了边境。"周军怀疑他说的话，不相信，用刑具殴打，企图让他屈服。每折断一条他的四肢，他的声色言语就

109

更加严厉,最后因四肢断裂而死。一个蛮族的孩子,尚且能够通过学习成为忠心的侍臣,北齐许多将领,比起敬宣这种奴才来,还比不上。

邺下平定以后,我被迁送进关中。大儿思鲁曾对我说:"朝廷上没有禄位,家里面没有积财,应该多出气力,来表达供养之情。而每被课程督促,在经史上用苦功夫,不知做儿子的能安心吗?"我教训他说:"做儿子的应当以养为心,做父亲的应当以学为教。如果叫你放弃学业而一意求财,让我衣食丰足,我吃下去哪能觉得甘美,穿上身哪能感到暖和?如果从事于先王之道,继承了家世之业,即使吃粗劣饭菜、穿乱麻衣服,我自己也愿意。"

原文

《书》曰:"好问则裕❶。"《礼》云:"独学而无友,则孤陋而寡闻。"盖须切磋相起明❷也。见有闭门读书,师心自是❸,稠人广坐,谬误差失者多矣。《谷梁传》称公子友与莒挐相搏,左右呼曰"孟劳"。"孟劳"者,鲁之宝刀名,亦见《广雅》。近在齐时,有姜仲岳谓:"'孟劳'者,公子左右,姓孟名劳,多力之人,为国所宝。"与吾苦诤。时清河郡守邢峙❹,当世硕儒,助吾证之,赧然而伏。又《三辅决录》云:"灵帝殿柱题曰:'堂堂乎张,京兆田郎。'"盖引《论语》,偶以四言,目京兆人田凤也。有一才士,乃言:"时张京兆及田郎二人皆堂堂耳。"闻吾此说,初大惊骇,其后寻媿悔焉。江南有一权贵,读误本《蜀都赋》注,解"蹲鸱❺,芋也",乃为"羊"字;人馈羊肉,答书云:"损惠❻蹲鸱。"举朝惊骇,不解事义,久后寻迹,方知如此。元氏之世❼,在洛京时,有一才学重臣,新得《史记音》,而颇纰缪,误反"颛顼"字,顼当为许录反,错作许缘反,遂谓朝士言:"从

勉 学

来谬音'专旭'，当音'专翾'耳。"此人先有高名，翕然⁸信行；期年之后，更有硕儒，苦相究讨，方知误焉。《汉书·王莽赞》云："紫色蛙声，余分闰位。"谓以伪乱真耳。昔吾尝共人谈书，言及王莽形状，有一俊士，自许史学，名价甚高，乃云："王莽非直鸱目虎吻，亦紫色蛙声。"又《礼乐志》云："给太官挏马酒。"李奇注："以马乳为酒也，挏挏⁹乃成。"二字并从手。挏挏，此谓撞捣挺挏之，今为酪酒⑩亦然。向学士又以为种桐时，太官酿马酒乃熟。其孤陋遂至于此。太山羊肃，亦称学问，读《潘岳赋》："周文弱枝之枣"，为杖策之杖；《世本》："容成造历。"以历为碓磨之磨。

注释

① 好问则裕：好问之人，学识就会充足。
② 起明：启明，启发。
③ 师心自是：代指固执己见。
④ 邢峙：北齐著名的儒者。
⑤ 蹲鸱（chī）：大芋，像蹲伏着的鸱。
⑥ 损惠：致谢别人馈送礼物所做的敬辞。
⑦ 元氏之世：代指北魏。
⑧ 翕（xī）然：聚集。
⑨ 挏挏（chòng dòng）：上下撞击。
⑩ 酪酒：用马牛羊等乳汁制成的酒。

解读

《尚书》说："好问则裕。"《礼记》上说："独学而无友，则孤陋而寡闻。"由此看来，学习必须相互切磋，互相启发引导，才能更加明白。我看见有些人闭门读书，自以为是，大庭广众之中经常出错，谬语连篇。《谷梁传》中叙述公子友与莒挐搏斗，公子友的手下在一旁大声叫"孟劳"。所谓"孟劳"，是鲁国一宝刀的名称，《广雅》中也是这样认为的。最近在齐国的时候，我遇到了一位叫姜仲岳的人，他却认为："孟劳是公子友身边的人，姓孟名劳，是一位大力士，鲁国人将他当作宝贝。"为了这个他和我苦苦争辩。当时，清河郡守邢峙也在，他是当今的大学者，帮我证实了孟劳的准确含义，姜仲岳这才红着脸，低头认输。再比方说《三辅决录》上写："灵帝宫殿的门柱上题有：'堂堂乎张，京兆田郎。'"这是引用《论语》中的话，而以四言两句一韵的方式，用来品评京兆人田凤的。然而有一学士，把这句话解释为："当时的张京兆和田郎二人都是相貌堂堂的。"他听了我的解释后，先是十分惊讶，后来才明白，并为此感到羞愧。江南有一位权贵，读了有很多错误的《蜀都赋》的注本，书中将"蹲鸱，芋也"的"芋"字错译成"羊"字。因而当他收到别人馈赠的羊肉时，回信答谢说："感谢您赠我蹲鸱。"大家都感到惊骇，不明他是用了什么典故。很久以后，才弄清到底是怎样的一回事。元魏时，京都洛阳有一位颇有才学又身份显贵的大臣，新得到一本《史记音》，书中错漏百出，将"颛顼"的"顼"字读音注错了，"顼"字本作"许录反"，书中错为"许缘反"。这位重臣，对朝中官员说："人们历来将'颛顼'误读成'专旭'，其实应当读作'专翱'。"这位大臣名望很高，他的说法得到大家的信服。直至一年多之后，另一大学者经苦心研究，才知道那位大臣读错了。《汉书·王莽赞》说："紫色蛙声，余分闰位。"这句话意思说王莽以假乱真。以前我曾经在和人一起谈论书籍时，谈及王莽的相貌，有一俊秀之士，自诩精通史学，名声和身价都很高，他竟然说："王莽不但长得虎嘴鹰目，而且胸色青紫，声音如蛙鸣。"再如

勉 学

《汉书·礼乐志》说："给太官挏马酒。"李奇的注解的意思是说："以马乳为酒，撞挏乃成。"撞挏二字都是"手"偏旁。所谓撞挏，这里指上下捣击、搅拌的意思，现在做酪酒也是这样。然而刚才那位学士又认为李奇的注解的意思说要等种桐树的时候，太官酿造的马酒才熟。他竟孤陋寡闻到了这个地步。太山郡的羊肃，也算得上有学问的人了，他读《潘岳赋》中"周文弱枝之枣"一句，把"弱枝"的"枝"误作"杖策"的"杖"；《世本》中有"容成造历"这句话，他却把"历"字，当做碓磨的"磨"字。

原文

谈说制文，援引古昔，必须眼学，勿信耳受。江南闾里❶间，士大夫或不学问，羞为鄙朴，道听途说，强事饰辞：呼征质为周、郑，谓霍乱为博陆❷，上荆州必称陕西，下扬都言去海郡，言食则糊口❸，道钱则孔方，问移则楚丘，论婚则宴尔❹，及王则无不仲宣❺，语刘则无不公干❻。凡有一二百件，传相祖述❼，寻问莫知原由，施安时复失所❽。庄生有乘时鹊起之说，故谢朓❾诗曰："鹊起登吴台。"吾有一亲表，作《七夕》诗云："今夜吴台鹊，亦共往填河。"《罗浮山记》云："望平地树如荠。"故戴暠❿诗云："长安树如荠。"又邺下有一人《咏树诗》云："遥望长安荠。"又尝见谓矜诞为夸毗⓫，呼高年为富有春秋⓬，皆耳学之过也。

注释

❶ 闾里：里巷，百姓居住的地方。
❷ 博陆：汉代大臣霍光曾封博陆侯。

❸ 糊口：吃东西之意。
❹ 宴尔：欢乐的模样。
❺ 仲宣：王粲，字仲宣。
❻ 公干：刘桢，字公干。
❼ 祖述：效法、遵循前人的说法、做法。
❽ 失所：使用不当。
❾ 谢朓：南朝著名诗人，字玄晖。
❿ 戴暠：梁朝诗人。
⓫ 夸毗：阿谀奉承，取媚于人。
⓬ 富有春秋：年纪小。

解读

说话写文章，援引古代的例证，必须亲眼目睹，不要相信道听途说。江南民间里巷，有许多士大夫没有学问，又羞于鄙浅粗俗，道听途说，强事饰辞。比如：把徵质说成周、郑，把霍乱称作博陆，上荆州一定要说成去陕西，下扬都则要说成去海郡，说吃饭就说糊口，提起金钱就说孔方，问起迁徙就说楚丘，论嫁谈婚就说宴尔，提到姓王的就说仲宣，谈起刘姓的就提公干。像这样的说法不下一二百种，士大夫们相互传袭，互相影响，如果向他们说起这些说法的原因，没有一个能说出来。而在写文章的时候，又不知怎样运用。庄子有"乘时鹊起"的说法，因而谢朓做诗道"鹊起登吴台"。我有一位表亲，做了一首《七夕》诗，其中道："今夜吴台鹊，亦共往填河。"《罗浮山记》上说："望平地，树如荠。"于是戴暠的诗说："长安树如荠。"邺城也有个人在《咏树》中说："遥望长安荠。"我还曾经见过有人把矜诞说成夸毗，把高年称为富有春秋，诸如此类都是过分相信耳朵，只凭听闻而造成的过失。

勉 学

原文

　　夫文字者，坟籍①根本。世之学徒，多不晓字：读《五经》者，是徐邈②而非许慎③；习赋诵者，信褚诠④而忽吕忱⑤；明《史记》者，专徐、邹⑥而废篆籀⑦；学《汉书》者，悦应、苏⑧而略《苍》《雅》⑨。不知书音是其枝叶，小学⑩乃其宗系。至见服虔、张揖⑪音义则贵之，得《通俗》《广雅》而不屑。一手之中，向背如此，况异代各人乎？

　　夫学者贵能博闻也。郡国山川，官位姓族，衣服饮食，器皿制度，皆欲根寻，得其原本；至于文字，忽⑫不经怀，己身姓名，或多乖舛⑬，纵得不误，亦未知所由。近世有人为子制名：兄弟皆山傍立字，而有名峙者；兄弟皆手傍立字，而有名机者；兄弟皆水傍立字，而有名凝者。名儒硕学，此例甚多。若有知吾钟之不调⑭，一何可笑。

注释

① 坟籍：指古时典籍。
② 徐邈：晋代学者，今山东诸城人。
③ 许慎：东汉文学家，今河南郾城人。
④ 褚诠：南朝官吏。
⑤ 吕忱：西晋文学家，今山东济宁人。
⑥ 徐、邹：徐，南朝宋学者徐野民；邹，梁朝学者邹诞生。
⑦ 篆籀：篆，小篆；籀，大篆。
⑧ 应、苏：应，汉代学者应劭；苏，魏朝学者苏林。
⑨ 《苍》《雅》：《苍》，《苍颉篇》；《雅》，《尔雅》。
⑩ 小学：汉代将文字训诂学称为小学。

> 颜氏家训

⑪ 服虔、张揖：服虔，东汉经学家，今河南荥阳人；张揖，曹魏的博士，今山东临清人。

⑫ 忽：轻视。

⑬ 乖舛：违背。

⑭ 钟之不调：师旷和晋平公讨论钟音是否协调的事情。

解读

文字是典籍的根本，世上从事学业的人，大多不精通文字：读《五经》的人，赞扬徐邈，而非议许慎；学习辞赋的人，信服褚诠而忽略吕忱；通读《史记》的人，注重徐广、邹诞生对音义的研究，却废弃了对小篆籀文的研究；学习《汉书》的人，欣赏应邵、苏林的注释，忽略了《苍颉篇》《尔雅》。他们不知语音只是字的枝叶，字义才是文字的根本。甚至有人见到服虔、张揖有关音义的书就十分看重，而对同样由他们所写的《通俗》《广雅》却不屑一顾。对同出一人之手的著作尚且如此厚此薄彼，何况对不同时代不同人的著作呢？

求学之人都以广学博闻为贵。郡国、山川，官位、姓族，衣服、饮食，器皿、制度，都想要寻得根本，找到其缘由；可对于文字，却轻视不关切，即便是自己的名字姓氏，竟然还有谬误的地方，即使是不出错误，却也不知道它的缘由。现在有些人给儿子取名字：兄弟几个都会用"山"字旁的名，其中有取名峙的；兄弟几个以"手"字旁的字取名，却有取名为"機"的；兄弟几个都以"水"字旁的字取名，却有取名"凝"的。名家大儒中，这一类的事例有很多。如若他们知道钟音不协调这个典故，就会觉得这是多么可笑了。

勉 学

> 原文

　　吾尝从齐主❶幸❷并州，自井陉❸关入上艾县，东数十里，有猎间村。后百官受马粮在晋阳❹东百余里亢仇城侧。并不识二所本是何地，博求古今，皆未能晓。及检《字林》《韵集》，乃知猎澗是旧䝙余聚❺，亢仇旧是䬫䭱亭❻，悉属上艾。时太原王劭欲撰乡邑记注，因此二名闻之，大喜。

　　吾初读《庄子》"螝❼二首"，《韩非子》曰"虫有螝者，一身两口，争食相齕❽，遂相杀也"，茫然不识此字何音❾，逢人辄问，了无解者。案《尔雅》诸书，蚕蛹名螝，又非二首两口贪害之物。后见《古今字诂》❿，此亦古之虺⓫字，积年凝滞，豁然雾解⓬。

> 注释

❶ 齐主：北齐文宣皇帝高洋。

❷ 幸：皇帝前往某处。

❸ 井陉：井陉口，要隘口，著名的军事要地。

❹ 晋阳：县名，今山西太原。

❺ 䝙余聚：村落名。

❻ 䬫䭱亭：古亭名。

❼ 螝（guì）：虫蛹。

❽ 齕（hé）：咬。

❾ 音（yì）：同"意"。

❿ 《古今字诂》：魏朝博士张揖所编撰。

⓫ 虺（huǐ）：毒蛇。

⓬ 雾解：雾气消散。

颜氏家训

解读

我曾经追随齐主到并州去,从井陉关进入上艾县。县东几十里外,有一个猎闾村。后来,文武百官又曾在晋阳东距百余里的亢仇城旁接受马匹粮草。大家都不知道这两个地方是哪里,查阅了大量的古今书籍,都没能弄明白。直到我翻阅了《字林》《韵集》,才知道猎闾村就是以前的䜢余聚,亢仇城原先也是称作馒欱亭的,两者都是隶属于上艾县。当时太原的王劭打算撰写乡邑记注,我把这两个地方的名称告诉了他,他非常高兴。

我刚读《庄子》时,看到"螝二首"一句,《韩非子》中也记载"有一种名为螝的虫,一个身体两个口,为了争抢食物会相互撕咬,互相残杀",我当时并不知道这个字的音义,逢人就问,没有一个人了解。根据《尔雅》等书记载,蚕蛹就称为螝,但并不是有两个头两个口、相互残害

的生物。后来又看到《古今字诂》的记载，才明白"𣲗"字就是古时候的"魄"字，几年的疑虑不解，一下子便云开雾散了。

原文

尝游赵州，见柏人①城北有一小水，土人亦不知名。后读城西门徐整②碑云："洦③流东指。"众皆不识。吾案《说文》，此字古魄字也，洦，浅水貌。此水汉来本无名矣，直以浅貌目之，或当即以洦为名乎？

世中书翰，多称忽忽，相承如此，不知所由，或有妄言此忽忽之残缺耳。案《说文》："勿者，州里所建之旗也，象其柄及三游④之形，所以趣⑤民事。故匆遽⑥者称为勿勿。"

吾在益州，与数人同坐，初晴日晃，见地上小光，问左右："此是何物？"有一蜀竖⑦就视，答云："是豆逼耳。"相顾愕然，不知所谓。命取将来，乃小豆也。穷访蜀土，呼粒为逼，时莫之解。吾云："《三苍》⑧《说文》，此字白下为匕，皆训粒，《通俗文》音方力反。"众皆欢悟。

注释

① 柏人：县名，在今河北隆尧西。

② 徐整：字文操。

③ 洦："魄"的古字，意为水浅。

④ 斿（liú）：同"旒"，古时旌旗下垂着的飘带或其他饰物。

⑤ 趣（cù）：同"促"，催促。

⑥ 匆遽：匆促。

⑦ 竖：僮仆。

⑧ 《三苍》：三部古书的合集，指李斯《苍颉篇》、赵高《爱

颜氏家训

历篇》、胡毋敬《博学篇》。

解读

我曾经游览赵州，看见柏人城北面有一条小河，连土生土长的当地人也不知它的名字。后来我读了西门徐整碑的碑文，上面说："洦流东指。"大家都不明白这句话是什么意思。我查阅《说文解字》，这个"洦"字就是古代的"魄"字，洦，就是浅水的样子。这条河从汉代以来就没有名字，只是把它当做一条浅浅的小河来看待，或许应当就用这个"洦"字来给它命名吧？

世人在书信中常写有"匆匆"这个词，历来相传都是这样写的，但不知它的来源。有人妄下断语说"匆匆"是"忽忽"的残缺字。后经查证《说文解字》上说："匆，是分邑树立的旗，其字形像旗杆和三条下垂的飘带的形状。这种旗是用来催促农民抓紧农事的，因而将紧迫匆忙称作'匆匆'。"

我在益州的时候，曾经和几个人坐在一起闲聊，天刚放晴、阳光明媚，我看到地上的一些小光点，便问左右的人说："这是什么东西？"有一个蜀地的僮仆上前查看，回答说："是豆逼。"在座的人相互愕然，不知道什么意思。我让他拿过来，发现是小豆。随后我访问过蜀地的人们，他们将粒称之为逼，不过当时的人们却无法解释这里面的意思。我说："《三苍》《说文解字》里面，这个字是'白'下加个'匕'，都解释为'粒'，《通俗文》中的注音是方力反。"所有人这才顿悟而喜。

原文

愍楚[1]友婿[2]窦如同从河州来，得一青鸟，驯养爱玩，举俗呼之为鹞。吾曰："鹞[3]出上党，数曾见之，色并黄黑，无驳杂也。故陈思王[4]

《鹖赋》云：'扬玄黄之劲羽。'"试检《说文》："鹖雀似鹖而青，出羌中。"《韵集》音介。此疑顿释。

梁世有蔡朗者讳纯，既不涉学，遂呼莼⑤为露葵⑥。面墙⑦之徒，递相仿效。承圣中，遣一士大夫聘齐，齐主客郎⑧李恕问梁使曰："江南有露葵否？"答曰："露葵是莼，水乡所出。卿今食者绿葵菜耳。"

李亦学问，但不测彼之深浅，乍闻无以核究。

注释

① 愍（mǐn）楚：颜之推的次子。
② 友婿：同门女婿们的互称，今言连襟。
③ 鹖（hé）：鸟名。
④ 陈思王：曹植。
⑤ 莼（chún）：莼菜，又称凫葵。
⑥ 露葵：即冬葵。两者不同。
⑦ 面墙：不学无术者，没有见识谓似"面墙"。
⑧ 主客郎：官名，主要是接待宾客。

解读

愍楚的连襟窦如同从河州回来，他在那里得到一只青色的鸟，驯养赏玩甚是得意，所有的族人都把它称为"鹖"。我说："鹖在上党，我曾多次见，它的羽毛全是黄黑色的，没有斑驳杂色。所以曹植的《鹖赋》说：'鹖扬起那黑黄色的劲翅。'"我试着翻检《说文解字》，书上说："鹖雀与鹖相似，但毛色是青的，出产于羌中。"《韵集》认为读音为"介"，这个疑问顿时就消除了。

颜氏家训

梁朝有位学者蔡朗忌讳"纯"字,他本来不爱学习,就把莼菜叫做露葵。那些不学无术之徒,也跟在后面盲目仿效。承圣年间,梁朝派出一位士大夫出使北齐,北齐的主客郎李恕问这位梁朝的使臣说:"江南有露葵吗?"使臣回答说:"露葵就是莼菜,那是水乡中出产的。您今天吃的是绿葵菜。"

李恕也是有学问的人,只是吃不透对方学问的深浅,乍一听说也无法加以查究。

原文

思鲁等姨夫彭城刘灵,尝与吾坐,诸子侍焉。吾问儒行、敏行曰:"凡字与谘议❶名同音者,其数多少,能尽识乎?"答曰:"未之究也,请导示之。"

吾曰:"凡如此例,不预研检,忽见不识,误以问人,反为无赖所欺,不容易❷也。"因为说之,得五十许字。诸刘❸叹曰:"不意乃尔❹!"若遂不知,亦为异事。

校定书籍,亦何容易,自扬雄❺、刘向❻,方称此职耳。观天下书未遍,不得妄下雌黄❼。或彼以为非,此以为是;或本同末异;或两文皆欠,不可偏信一隅也。

注释

❶ 谘议:刘灵的官号。
❷ 容易:轻率,草率。
❸ 诸刘:刘灵的儿子们。
❹ 不意乃尔:没想到是这样。

⑤ 扬雄：西汉大文学家、哲学家，曾在皇室的天禄阁校书。

⑥ 刘向：西汉经学家、文学家，今江苏沛县人，在校订古书上有极大贡献。

⑦ 雌黄：本是一种矿物，可制作黄色的颜料，古书用黄纸卷子书写，所以写错了字要用雌黄涂去，从而也称校改书籍为"雌黄"。

解读

思鲁他们的姨父彭城的刘灵，曾与我坐在一块儿闲聊，他的几个儿子在旁边陪着。我问儒行、敏行说："凡与你们父亲名字同音的字，一共有多少？你们都能认识吗？"他们回答说："没有探究过这个问题，请您开导指示。"

我说："凡是这一类的字，如果不提前翻检研究，临时看到又不认识，错拿去问人，反而会被无赖欺侮，不能轻率对待啊。"于是我就给他们解答这个疑问，一共五十字左右。刘灵的儿子们感叹地说道："真没有想到会有那么多。"如果他们一点都不了解，那也确实是怪事。

校订书籍，并不是一件容易的事，只有扬雄和刘向才算得上是胜任这一项工作的。如果没有读遍天下的书籍，就不能妄加修改校订。或者是那个版本认为是错的，这个版本又认为是对的，有的两个版本大同小异，有的两个版本的观点都有所欠缺，不可以偏信一种啊。

颜氏家训

文　章

原文

夫文章者，原出《五经》：诏、命、策❶、檄❷，生于《书》者也；序、述、论、议，生于《易》也；歌、咏、赋、颂，生于《诗》者也；祭、祀、哀、诔❸，生于《礼》者也；书、奏、箴、铭，生于《春秋》者也。朝廷宪章，军旅誓、诰，敷显仁义，发明功德，牧民建国，施用多途。至于陶冶性灵，从容讽谏，入其滋味，亦乐事也。行有余力，则可习之。然而自古文人，多陷轻薄：屈原露才扬己，显暴君过；宋玉体貌容冶，见遇俳优；东方曼倩，滑稽不雅；司马长卿，窃赀无操；王褒❹过章《僮约》；扬雄德败《美新》；李陵❺降辱夷虏；刘歆❻反覆莽世；傅毅❼党附权门；班固❽盗窃父史；赵元叔❾抗竦过度；冯敬通❿浮华摈压；马季长⓫佞媚获诮；蔡伯喈⓬同恶受诛；吴质⓭诋忤乡里；曹植悖慢犯法；杜笃⓯乞假无厌；路粹⓰隘狭已甚；陈琳实号粗疏；繁钦⓱性无检格；刘桢屈强输作；王粲率躁见嫌；孔融⓲、祢衡⓳，诞傲致殒；杨修⓴、丁廙㉑，扇动取毙；阮籍无礼败俗；嵇康凌物凶终；傅玄㉒忿斗免官；孙楚㉓矜夸凌上；陆机犯顺履险；潘岳㉔乾没取危；颜延年㉕负气摧黜；谢灵运空疏乱纪；王元长㉗凶贼自诒；谢玄晖㉘悔慢见及。凡此诸人，皆其翘秀者，不能悉纪，大较如此。至于帝王，亦或未免。自昔天子而有才华者，唯汉武、魏太祖、文帝、明帝、宋孝武帝，皆负世议，非懿德之君也。自子游、子夏、荀况、孟轲、枚乘、贾谊、苏武、张衡、左思之俦，有盛名而免过患者，时复闻之，但其损败居多耳。每尝思之，原其所积，文章之体，标举兴会，发引性灵，使人矜伐，故忽于持操，果于进取。今世文士，此患弥切，一事惬当，一句清巧，神厉九霄，志凌千载，自吟自赏，不觉更有傍人。加以砂砾所伤，惨于矛戟，讽刺之祸，速乎风尘，深宜防虑，以保元吉。

注释

① 诏、命、策：三种文体，都是皇帝颁发的命令文告。
② 檄（xí）：一种文体，用于声讨或征伐。
③ 祭、祀、哀、诔（lěi）：古代哀祭类文体名。祭，祭文；祀，郊庙祭祀乐歌；哀，哀辞，用以哀悼死者，追述其生平；诔，亦为哀悼死者的文章。
④ 王褒：西汉文学家，今四川人。
⑤ 李陵：西汉时大将，字少卿，今甘肃秦安人。
⑥ 刘歆：刘向之子，东汉末年著名经学家，今江苏沛县人。
⑦ 傅毅：东汉文学家，曾任外戚大将军窦宪的司马，今陕西兴平人。
⑧ 班固：东汉文学家。
⑨ 赵元叔：东汉文人，即赵壹。
⑩ 冯敬通：冯衍，东汉文学家，今陕西西安人。
⑪ 马季长：马融，东汉经学家、文学家，今陕西兴平人。
⑫ 佞媚：以花言巧语去谄媚。
⑬ 蔡伯喈（jiē）：蔡邕。
⑭ 吴质：三国魏文学家，今山东定陶人。

⑮ 杜笃：东汉文学家，陕西西安人。
⑯ 路粹：三国魏文学家，今河南开封人。
⑰ 繁钦：东汉末期的文学家，今河南禹县人。
⑱ 孔融：东汉末文学家，今山东曲阜人。
⑲ 祢（mí）衡：东汉末文学家，今山东临邑人。
⑳ 杨修：东汉末文学家，今陕西人。
㉑ 丁廙（yì）：三国魏文学家，今江苏沛县人。
㉒ 傅玄：西晋文学家，陕西耀州人。
㉓ 孙楚：西晋文学家，今山西人。
㉔ 潘岳：西晋文学家。
㉕ 颜延年：南朝宋文学家，山东人。
㉖ 谢灵运：南朝宋文学家，河南太康人。
㉗ 王元长：南朝齐文学家，山东临沂人。
㉘ 谢玄晖：南朝齐文学家。

解读

文章，出自于《五经》：诏、命、策、檄，是从《书经》中产生的；序、述、论、议，是从《易经》中产生出来的；歌、咏、赋、颂，是从《诗经》中产生出来的；祭、祀、哀、诔，是从《礼记》中产生出来的；书、奏、箴、铭，则是从《春秋》中产生出来的。朝廷的宪章，军中的誓、诰，扬显仁义，彰明功德，治理民众，建设国家，文章的用途是多种多样的。至于用文章来陶冶性情，或者对别人婉言相劝，或者深入体会其中的趣味，也是一件快乐的事情。假如还有能力，就可以学习多一点这方面的东西。然而自古以来，文人大多陷于轻薄；屈原过于显露才华，表现自己，公开暴露君主的过失；宋玉体态容貌冶艳，被人视作俳优；东方朔言行过于滑稽，少有雅致；司马相如盗窃钱财，没有操守；王褒的过失见于《僮约》；扬雄的品德坏于《美新》；李陵辱没身份，投降匈奴；刘歆在王莽执政时立场不坚定；傅毅依附党派权贵；班固剽窃父亲写的史书；赵壹过分恃才倨傲；冯衍华而不实，遭到排抑；马融谄媚权贵遭到讽讥；蔡邕党同恶人遭到惩罚；吴质仗势肆行无忌而触怒乡里；曹植傲慢无理触犯国法；杜笃向人借贷而不知分寸；路粹心胸过分狭隘；陈琳确实粗率疏忽；繁钦生性不知检点；刘桢性格过分倔强，被罚作苦役；王粲轻率急躁，遭人厌恶；孔融、祢衡狂放傲慢，因此被杀；杨修、丁廙煽动生事，自取灭亡；阮籍不守礼节，伤风败俗；嵇康盛气凌人，不得善终；傅玄负气争吵，被免官职；孙楚傲慢自负，触怒上司；陆机违背正道，自走险路；潘岳侥幸取利，自取危机；颜延年意气用事，因而被贬；谢灵运空放粗疏，违背法纪；王融凶逆作乱，自己害了自己；谢朓侮慢别人，终于被杀。上述的这些人，都是文人中的佼佼者，都是出类拔萃的人物；不能统统计算，大略都是这些。至于帝王，有的也未能避免这类毛病。从古到今，作天子而又有才华的，只有汉武帝、魏太祖、魏文帝、魏明帝、宋孝武帝等数人，但他们都遭到世人的议论，不是完美的君主。至于像子游、子夏、荀况、孟轲、枚乘、贾谊、苏武、张衡、左思之类，享有盛名而免取过患的人，有时也能听到，但他们之间经历损败的还是占多数。我常思考这个问题，推究当中的道理，文章的本质在于揭示兴趣感受、抒发人的灵性，容易使人恃才自负，故而疏忽操守，却也敢于进取。现在的文人，更容易犯这个毛病，一个典故用得快意淋漓，一个句子说得清新奇巧，这就会心神上至九霄云外，意气风发千年，自我咏吟欣赏，不觉世上另有旁人。加上沙砾伤人甚于矛戟，讽刺别人招来的祸患比风尘来得更快，应该特别加以防范以保全大吉。

颜氏家训

原文

学问有利钝，文章有巧拙。钝学累功，不妨精熟；拙文研思，终归蚩鄙。但成学士，自足为人。必乏天才，勿强操笔。吾见世人，至无才思，自谓清华，流布丑拙，亦以众矣，江南号为"伶痴符❶"。近在并州，有一士族，好为可笑诗赋，诋擎❷邢❸、魏❸诸公，众共嘲弄，虚相赞说，便击牛酾❹酒，招延声誉。其妻，明鉴妇人也，泣而谏之。此人叹曰："才华不为妻子所容，何况行路！"至死不觉。自见之谓明，此诚难也。

学为文章，先谋亲友，得其评裁，知可施行，然后出手；慎勿师心自任❺，取笑旁人也。自古执笔为文者，何可胜言。然至于宏丽精华，不过数十篇耳。但使不失体裁，辞意可观，便称才士；要须动俗盖世，亦俟河之清❻乎！

不屈二姓❼，夷、齐❽之节也；何事非君，伊、箕❾之义也。自春秋以来，家有奔亡，国有吞灭，君臣固无常分矣。然而君子之交绝无恶声，一旦屈膝而事人，岂以存亡而改虑❿？陈孔璋⓫居袁裁书，则呼操为豺狼；在魏制檄，则目绍为蛇虺⓬。在时君所命，不得自专，然亦文之巨患也，当务从容消息⓭之。

注释

❶ 伶（líng）痴符：古代方言，指没有才学又喜欢夸耀的人。伶，叫卖。

❷ 诋擎（diào piē）：嘲弄。

❸ 邢、魏：邢邵和魏收，都是北齐文学家、大名人。

④ 釃（shī）：斟酒。

⑤ 师心自任：指固执己见自以为是。师心，指以己心为师。

⑥ 河之清：河指黄河，黄河因上游河床受冲刷而杂有大量泥沙，呈黄色，不得澄清，所以古人把河清看作稀罕难有、一辈子也等不到的事情。

⑦ 二姓：代指改朝换代。

⑧ 夷、齐：伯夷和叔齐。

⑨ 伊、箕：伊尹和箕子。

⑩ 改虑：改变立场和想法。

⑪ 陈孔璋：陈琳，建安七子之一，先是跟随袁绍，后来投奔曹操。

⑫ 蛇虺：指凶狠残毒之人。

⑬ 消息：意为斟酌。

解读

做学问有聪明和迟钝之分，写文章有灵巧与笨拙之分。做学问迟钝的人只要肯刻苦用功，就可以达到精炼熟悉；写文章拙笨的人，即使钻研深究，也难免终归丑陋。只要能成为有学之士，就足以立世为人了。如果天生缺乏才情，请不要乱操笔写文章。我见到世人中间，有极其缺乏才思，却还自命清新华丽，让丑拙的文章流传在外的，也很众多了，这在江南被称为"呤痴符"。近来在并州地方，有个士族出身的，喜欢写引人发笑的诗赋，还和邢邵、魏收诸公开玩笑，人家嘲弄他，假意称赞他，他就杀牛斟酒，请人家帮他扩大影响。他的妻子是个心里清楚的女人，哭着劝他，他却叹着气说："我的才华不被妻子所承认，何况不相干的人！"到死也没有醒悟。自己能看清自己才叫明，这确实是不容易做到的。

学做文章，先和亲友商量，得到他们的评判，知道拿得出去，然后出

颜氏家训

手,千万不能自我感觉良好,为旁人所取笑。从古以来执笔写文章的,多得数也数不清,但真能做到宏丽精华的,不过几十篇而已。只要体裁没有问题,辞意也还可观,就可称为才士。但要当真惊世骇俗压倒当世,那也就像黄河澄清那样不容易等到了。

不屈身于另一个朝代,这是伯夷、叔齐的节操;对任何君王皆可侍奉,这是伊尹、箕子所持的道义。自从春秋以来,卿大夫的家族奔窜流亡,邦国被吞灭,国君与臣子之间也没有固定的名分了;然而君子之间绝交,不会相互辱骂,但屈膝侍奉另主,又怎么能因故主的存亡而改变自己的立场呢?陈琳在袁绍手下时,就把曹操称之为豺狼;而在曹操麾下时,却把袁绍称为蛇虺。当然这是当时君主的命令,自己不能做主,但这也是文人的毛病,应该坦白地斟酌一下。

文 章

原文

或问扬雄曰："吾子①少而好赋？"雄曰："然。童子雕虫篆刻②，壮夫不为也。"余窃非之曰：虞舜歌《南风》之诗，周公作《鸱鸮》③之咏，吉甫④、史克《雅》《颂》之美者，未闻皆在幼年累德也。孔子曰："不学《诗》，无以言。""自卫返鲁，乐正，《雅》《颂》各得其所。"大明孝道，引《诗》证之。扬雄安敢忽之也？若论"诗人之赋丽以则，辞人之赋丽以淫"，但知变之而已，又未知雄自为壮夫何如也？著《剧秦美新》⑤，妄投于阁，周章⑥怖慴，不达天命，童子之为耳。桓谭以胜老子，葛洪⑦以方仲尼，使人叹息。此人直以晓算术，解阴阳，故著《太玄经》，数子为所惑耳；其遗言余行，孙卿、屈原之不及，安敢望大圣⑧之清尘？且《太玄》今竟何用乎？不啻⑨覆酱瓿而已。

齐世有席毗⑩者，清干⑪之士，官至行台尚书，嗤鄙文学，嘲刘逖⑫云："君辈辞藻，譬若荣华，须臾之玩，非宏才也；岂比吾徒千丈松树，常有风霜，不可凋悴矣！"刘应之曰："既有寒木，又发春华，何如也？"席笑曰："可哉！"

凡为文章，犹人乘骐骥⑬，虽有逸气，当以衔⑭勒⑮制之，勿使流乱轨躅⑯，放意填坑岸⑰也。

注释

① 吾子：对人的尊称，相当于"您"。
② 雕虫篆刻：秦书八体中的两种，因其多费力而实用者少，扬雄便将其看作不足一提的小技。

颜氏家训

❸《鸱（chī）鸮（xiāo）》：传为周公所作。

❹ 吉甫：尹吉甫，周宣王时期的大臣。

❺《剧秦美新》：扬雄歌颂王莽所做的文章。

❻ 周章：惊惧的样子。

❼ 葛洪：东晋炼丹家、道教理论家。

❽ 大圣：德行高、品行好的人。

❾ 不啻（chì）：不过。啻，仅、只。

❿ 席毗（pí）：人名，北朝北齐大将。

⓫ 清干：英明能干。

⓬ 刘逖（tì）：北齐文人，今江苏徐州人。

⓭ 骐骥：日行千里的良马。

⓮ 衔：横在马口中以备抽勒的铁。

⓯ 勒：套在马头上带嚼口的笼头。

⓰ 轨躅：轨迹。

⓱ 填坑岸：跌进坑岸下。

解读

有人问扬雄说："你小时候喜欢做诗吗？"扬雄回答说："是的。诗赋如同学童所练的虫书、刻符，成年人是不屑一顾的。"我私下认为这种说法不正确：虞舜歌吟的《南风》、周公所作的《鸱鸮》，尹吉甫、史克各有《雅》《颂》中的那些美好文章，但没听说这些是他们小时候写的而损害了他们的德行。孔子说："不学《诗》，就不能擅长辞令。"又说："我从卫国回到鲁国，对《诗》的乐章进行整理，使《雅》乐、《颂》乐各得其所。"孔子彰明孝道，就引用《诗》来验证。扬雄怎么能忽视这些呢？如果就他说的"诗人的赋华丽而合乎规则，辞人的赋华丽而过分淫滥"，这只不过表明两者的差别而已，却不说明作为一个成年人该去做什么。写了《剧秦美新》，却糊里糊涂地从天禄阁上往下跳，惊慌失措，恐惧不安，不能通达天命，那才是小孩子的行为。桓谭认为扬雄胜过老子，葛洪将扬雄与孔子相提并论，实在是让人叹息。扬雄只不过是通晓术数，懂得阴阳之学，因而撰写了《太玄经》，那几个人就被他迷惑了；他所说的话，所做的事，连荀子、屈原都赶不上，又怎敢望大圣人的项背呢？况且《太玄经》在今天又能有什么用呢？无异于盖酱瓿而已。

北齐有个叫席毗的大将，英明能干，官至行台尚书。他嗤鄙文学，嘲笑刘逖说："你们这些人的藻辞，就好比花草一般，只能供人赏玩片刻，不是栋梁之材；怎能比得上像我这般的千丈松树，遇到风霜而不凋零呢！"刘逖回答说："既是耐寒之树，又能开放着花，那又怎么样呢？"席毗笑着说："那当然好！"

凡是写文章的，就好像是骑千里马，即使千里马有俊逸之气，还应当用衔勒来控制它，不能放任自流，乱了轨迹，纵意而行，以致要以身体填塞沟壑。

原文

文章当以理致①为心肾，气调②为筋骨，事义③为皮肤，华丽为冠冕。今世相承，趋末弃本，率多浮艳。辞与理竞，辞胜而理伏；事与才争，事繁而才损。放逸者流宕④而忘归，穿凿⑤者补缀而不足。时俗如此，安能独违？但务去泰去甚耳。必有盛才重誉，改革体裁者，实吾所希。

古人之文⑥，宏才逸气，体度风格，去今实远；但缉缀⑦疏朴，未为密致耳。今世音律谐靡，章句偶对，讳避精详，贤于往昔多矣。宜以古之制裁为本，今之辞调为末，并须两存，不可偏弃也。

颜氏家训

吾家世文章,甚为典正,不从流俗,梁孝元在蕃邸[8]时,撰《西府新文》,讫无一篇见录者,亦以不偶于世,无郑、卫之音[9]故也。有诗、赋、铭、诔、书、表、启、疏二十卷,吾兄弟始在草土[10],并未得编次,便遭火荡尽,竟不传于世。衔酷茹恨,彻于心髓!操行见于《梁史·文士传》及孝元《怀旧志》。

注释

① 理致:义理意致。
② 气调:气韵格调。
③ 事义:用典,引用典实。
④ 流宕(dàng):流荡。
⑤ 穿凿:附会,任意牵合。
⑥ 古人之文:此指骈文流行之前的先秦两汉文章。
⑦ 缉缀:缝接拼合,此指文章的撰写联缀、过渡钩连。
⑧ 蕃邸:指的是梁元帝被封为湘东王时。
⑨ 郑、卫之音:代指浮艳的文风。
⑩ 草土:指居丧。

解读

文章应该以义理意致为心肾,气调为筋骨,运用典实为皮肤,华丽辞藻为冠冕。如今世代相承的是趋末弃本,而且过于浮艳。文辞与义理比较,文辞优美而义理被掩盖;用事与才思相争,因用事繁复而才思受损。肆意飘逸的,虽然行文放荡轻快,却忘掉了文章的主旨。过于拘泥的,虽然补缉连缀,却是文采不足。现在的时尚都是这样,怎能独自违抗得了呢？但求不要过分就好了。如果真有一位才华横溢、声望极高的人出来改革文章体制，那实在是我所期望的。

古人的文章，才气宏大飘逸，其体度风格与今天的差别实在太大了，但在遣词造句方面，却粗疏质朴，不够周密详细。如今文章的音律和谐，词句对称华美，避讳精密细详，在这方面比古人好多了。应该以古人的文章体制为根本，以今人的文辞音调为枝叶，二者共存，不可偏废。

我先父的文章，非常典雅纯正，不随世俗。梁孝元帝在湘东王府时，撰写《西府新文》，先父的文章没有一篇被收录，这是因为他不迎合世人的口味，没有浮艳之文的缘故。先父留有诗、赋、铭、诔、书、表、启、疏等各种文体的文章共二十卷，我们兄弟当时在服丧期间，还没有来得及编辑整理，就遭逢火灾，被大火烧个精光，最终没能留传于后世。我满心痛恨，到达心髓！先父的操守品行见载于《梁史·文士传》以及梁元帝的《怀旧志》。

原文

沈隐侯[1]曰："文章当从三易：易见事，一也；易识字，二也；易读诵，三也。"邢子才常曰："沈侯文章，用事不使人觉，若胸臆语也。"深以此服之。祖孝徵亦尝谓吾曰："沈诗云：'崖倾护石髓。'此岂似用事邪？"

邢子才、魏收俱有重名，时俗准的[2]，以为师匠。邢赏服沈约而轻任昉，魏爱慕任昉[3]而毁沈约，每于谈宴，辞色以之。邺下纷纭，各有朋党。祖孝徵尝谓吾曰："任、沈之是非，乃邢、魏之优劣也。"

《吴均[4]集》有《破镜赋》。昔者，邑号朝歌，颜渊不舍；里名胜母[5]，曾子敛襟：盖忌夫恶名之伤实也。破镜[6]乃凶逆之兽，事见《汉书》，为文幸避此名也。比世往往见有和人诗者，题云敬同，《孝经》云："资于事父以事君而敬同。"不可轻言也。梁世费旭诗云："不知是耶非。"殷云诗云："飖飏[7]云母舟。"简文曰："旭既不识其父，沄又飖飏其母。"此虽悉古事，不可用也。世人或有文章引《诗》"伐鼓渊渊"者，《宋书》已有屡游之诮；如此流比，幸须避之。北面[8]事亲，别舅摛[9]《渭阳》之咏；堂上养老，送兄赋桓山之悲[10]，皆大失也。举此一隅，触涂[11]宜慎。

注释

① 沈隐侯：沈约，南朝梁文学家，字休文，吴兴武康人。

② 准的：标准、楷模。

③ 任昉：南朝梁文学家，今山东寿光人。

④ 吴均：南朝梁文学家，今浙江江安人。

⑤ 胜母：地名。

⑥ 破镜：凶兽的名字。

⑦ 飖飏（yáo yáng）：飘扬。

⑧ 北面：面向北。古时，臣拜君、卑幼拜见长辈，要面向北行礼。因此居臣下、晚辈之位称"北面"。

⑨ 摛（chī）：舒展。

⑩ 桓山之悲：指父死、兄弟别离的悲伤情感。

⑪ 触涂：也作"触途"，处处。

解读

沈约说："写文章应该遵从'三易'的原则：一是用典明白易懂；二

是文字容易识认；三是易于诵读记忆。"邢子才常说："沈约的文章，用典录事别人觉察不出来，就好像直抒胸臆一样。"我为此而十分佩服他，祖孝徵也曾对我说："沈约的诗说'崖倾护石髓'，这句诗难道像在用典吗？"

邢子才、魏收都负有盛名，当时的世人都以他们为标准，奉他们为老师。邢子才欣赏钦佩沈约而轻视任昉，魏收爱慕任昉而诋毁沈约，每每二人宴饮闲聊时，经常会因为这件事而争执得面红耳赤。邺城的人也众说纷纭，各有朋党。祖孝徵曾经对我说："任昉、沈约的是非，乃是邢子才、魏收的优劣啊。"

《吴均集》中有篇《破镜赋》。从前有个城叫朝歌城，颜渊就因为这个地名而不在这里停留；有个乡里名叫胜母，曾子到了这里，整整衣襟就走开了。这大概是因为他们忌讳不好的名称会损坏事物原有的内涵。"破镜"是一种凶恶的野兽，它的出典见于《汉书》，写文章时希望你们避免用这一类的名称。近来往往看到有人随和别人的诗作，在和诗的题目上写有"敬同"二字。

《孝经》里说："资于父以事君而敬同。"因此"敬同"这个词是不能随便用的。梁代费旭的诗中说："不知是耶非。"殷法的诗中说："飘飏云母舟。"简文帝说："费旭既不认识他的父亲，殷法又让他母亲到处飘荡。"这些虽然都是过去的事，但也不可随意引用。有人在文章里引用了《诗经》的"伐鼓渊渊"；《宋书》对这种不认识用反语的人曾予以讥诮。诸如此类的词句，希望你们一定避免使用。倘若在侍奉母亲，在与舅舅分别时，却尽情吟唱《渭阳》；倘若在侍养老父，送别兄长时，却以"桓山之鸟"来表达自己的悲绪，这些都是很大的过失。举了这些例子，你们应该触类旁通，处处都应谨慎。

颜氏家训

原文

江南文制①，欲人弹射②，知有病累，随即改之，陈王得之于丁廙也。山东风俗，不通击难。吾初入邺，遂尝以此忤人，至今为悔；汝曹必无轻议也。

凡代人为文，皆作彼语，理宜然矣。至于哀伤凶祸之辞，不可辄代。蔡邕为胡金盈③作《母灵表④颂》曰："悲母氏之不永，然委我而夙丧。"又为胡颢⑤作其父铭曰："葬我考议郎君。"《袁三公颂》曰："猗欤⑥我祖，出自有妫⑦。"王粲为潘文则《思亲诗》云："躬此劳悴，鞠予小人；庶我显妣，克保遐年⑧。"而并载乎邕、粲之集，此例甚众。古人之所行，今世以为讳。陈思王《武帝诔》，遂深永蛰之思；潘岳《悼亡赋》，乃怆手泽之遗：是方父于虫，匹妇于考也。蔡邕《杨秉碑》云："统大麓之重。"潘尼《赠卢景宣诗》云："九五思飞龙。"孙楚《王骠骑诔》云："奄忽⑨登遐。"陆机《父诔》云："亿兆⑩宅心，敦叙百揆⑪。"《姊诔》云："倪⑫天之和。"今为此言，则朝廷之罪人也。王粲《赠杨德祖诗》云："我君饯之，其乐泄泄⑬。"不可妄施人子，况储君乎？

注释

① 文制：即制文，写文章。
② 弹射：对文章加以批评。
③ 胡金盈：汉朝胡广的女儿。
④ 灵表：文体名，墓表的一种。

文　章

⑤ 胡颢（hào）：胡广的孙子。
⑥ 猗欤（yī yú）：感叹词，表示赞美。
⑦ 妫（guī）：姓氏。
⑧ 遐年：高寿。
⑨ 奄忽：死亡。
⑩ 亿兆：众多。
⑪ 百揆（kuí）：百官。
⑫ 伣（qiàn）：譬喻。
⑬ 泄泄（yì yì）：和乐自得的样子。

解读

　　江南地区的人创作文章，想要让人加以批评，发现有毛病的地方，也好立刻改正。陈思王曹植便从丁廙那里学习了这种习惯。山东地区的风俗，不让人对自己的文章批评责难。我刚到邺城的时候，就曾经因为这个原因而被别人记恨，到现在为止都非常悔恨；你们万不可轻易批评别人的文章呀。

颜氏家训

凡是替代他人写文章，都要用别人的语气，从道理上说必须这样。至于表达哀伤凶祸内容的文章，是不可以随便替人代笔的。蔡邕为胡金盈作《母灵表颂》道："悲母氏之不永，然委我而夙丧。"又为胡颢代笔替他父亲写墓志铭说："葬我考郎议君。"还有《袁三公颂》说："猗欤我祖，出自有妫。"王粲替潘文写《思亲诗》说："躬此劳悴，鞠予小人；庶我显妣，克保遐年。"而这几篇文章都收集在蔡邕、王粲的文集里，这样的例子是很多的。古人的这样做法，于现在看来是犯了忌讳。陈思王曹植的《武帝诔》，以"永蛰"一词来表达对亡父的深切怀念；潘岳的《悼亡赋》用"手泽"一词抒发看见亡妻遗物而引起的悲伤。前者是将父亲比作永远冬眠的昆虫，后者则是将亡妻等同于亡父了。蔡邕的《杨秉碑》说："统大麓之重。"潘尼的《赠卢景宣诗》说："九五思龙飞。"孙楚的《王骠骑诔》说："奄忽登遐。"陆机的《父诔》说："亿兆宅心，敦叙百揆。"《姊诔》说："倪天之和。"今天要有这样的写法，早成了朝廷的千古罪人了。王粲的《赠杨德祖诗》说："我君饯之，其乐泄泄。"这种表示母子重归于好的话是不可以随便妄用于一般人的儿女的，何况是太子呢？

原文

挽歌辞者，或云古者《虞殡》[1]之歌，或云出自田横[2]之客，皆为生者悼往告哀之意。陆平原[3]多为死人自叹之言，诗格既无此例，又乖制作本意。

凡诗人之作，刺[4]箴[5]美颂，各有源流，未尝混杂，善恶同篇也。陆机为《齐讴篇》，前叙山川物产风教之盛，后章忽鄙山川之情，殊失厥[6]体。其为《吴趋行》，何不陈子光[7]、夫差乎？《京洛行》，胡不述赧王、灵帝[8]乎？

文　章

注释

① 《虞殡》：送葬的歌曲。
② 田横：秦汉时期齐王田荣的弟弟，今山东高青人
③ 陆平原：陆机。
④ 刺：讽刺。
⑤ 箴：针砭。
⑥ 厥：其。
⑦ 子光：吴王阖闾。
⑧ 赧（nǎn）王、灵帝：周赧王和汉灵帝。

解读

挽歌辞，有人说开始于古时候的送葬之歌《虞殡》，有人说出自于田横的门客之手，都是为了生者哀悼亡者的哀伤情感。陆机所作的挽歌大都是死者的自叹言辞，挽歌辞的格式中并没有这样的例子，也违逆了制作挽歌的原本意思。

凡是诗人的作品，讽刺的、针砭的、歌颂赞美的，都各有源流，从来没有将贬恶扬善的内容混杂在一处的。陆机作《齐讴篇》，前半部分是叙述山川物产风俗教化的丰盛，后半部分忽然出现鄙薄山川的情绪，这也太背离诗的体制了。他写的《吴趋行》，为什么不说吴王阖闾、夫差的事呢？写《京洛行》，又为什么不说说周赧王、汉灵帝的事呢？

原文

自古宏才博学，用事误者有矣；百家杂说，或有不同，书傥湮灭，后人不见，故未敢轻议之。今指知决纰缪者，略举一两端以为诫。《诗》

颜氏家训

云:"有鷕①雉鸣。"又曰:"雉鸣求其牡②。"毛《传》③亦曰:"鷕,雌雉声。"又云:"雉之朝雊④,尚求其雌。"郑玄注《月令》亦云:"雊,雄雉鸣。"潘岳赋曰:"雉鷕鷕以朝雊。"是则混杂其雄雌矣。《诗》云:"孔怀兄弟。"孔,甚也;怀,思也,言甚可思也。陆机《与长沙顾母书》,述从祖弟士璜死,乃言:"痛心拔脑,有如孔怀。"心既痛矣,即为甚思,何故方言有如也?观其此意,当谓亲兄弟为孔怀。《诗》云:"父母孔迩。"而呼二亲为孔迩,于义通乎?《异物志》云:"拥剑状如蟹,但一螯偏大尔。"何逊⑤诗云:"跃鱼如拥剑。"是不分鱼蟹也。《汉书》:"御史府中列柏树,常有野鸟数千,栖宿其上,晨去暮来,号朝夕鸟。"而文士往往误作乌鸢用之。《抱朴子》说项曼都诈称得仙,自云:"仙人以流霞一杯与我饮之,辄不饥渴。"而简文诗云:"霞流抱朴碗。"亦犹郭象⑥以惠施之辨为庄周言也。《后汉书》:"囚司徒崔烈以银铛锁。"银铛,大锁也;世间多误作金银字。武烈太子⑦亦是数千卷学士,尝作诗云:"银锁三公脚,刀撞仆射头。"为俗所误。

注释

① 鷕(yǎo):雌雉的鸣叫声。
② 牡:指雄雉。
③ 毛《传》:《毛诗诂训传》的简称。
④ 雊(gòu):雄雉的鸣叫声。
⑤ 何逊:南朝梁诗人,今山东郯城人。
⑥ 郭象:西晋哲学家。
⑦ 武烈太子:梁元帝的长子。

解读

自古以来，那些才华横溢、博学多才的人，引用典故出差错也是有的；诸子百家的杂说之语，有的对同一件事有不同的看法，这些假若湮没，后人就看不到了，所以我也不敢妄加评论。现在我只指出那些属于绝对错的，略举几个例子给你们借鉴。《诗经》说："有鹭雉鸣。"又说："雉鸣求其牡。"《毛诗训诂传》也说："鹭，是雌雉的鸣叫声。"《诗经》又说："雉之朝雊，尚求其雌。"郑玄注《月令》也说："雊，是雄雉的鸣叫声。"而潘岳的赋说："雉鹭鹭以朝雊。"这就混淆了雄雌二者的区别了。《诗经》说："孔怀兄弟。"孔，是非常的意思；怀，是思的意思。孔怀的意思是十分想念。陆机的《与长沙顾母书》，记述了从祖弟陆士璜之死，却说："痛心拔脑，有如孔怀。"心中既然感到伤痛，自然是十分想念，为何还要说"有如"呢？看他此句的意思是把"孔怀"理解成亲兄弟了。《诗经》说："父母孔迩。"按照陆机的用法，将父母称作"孔迩"，这能说得通吗？《异物志》说："拥剑的形状如蟹，只是有一只螯偏大。"何逊的诗却说："跃鱼如拥剑。"这是鱼和蟹不加区分了。《汉书》说："御史府中排列着一行柏树，常有数千只野鸟栖息在上面，早上飞走了，傍晚又飞回来，因而称之为朝夕鸟。"而文人们往往将"鸟"字误当"乌鸢"的"乌"字来用。《抱朴子》说项曼都伪称遇上了仙人，自言道："仙人拿一杯'流霞'给我喝，我就不再有饥渴的感觉了。"而简文帝的诗："霞流抱朴碗。"这就像郭象将惠施辨说的话当作是庄周的话了。《后汉书》说："囚禁司徒崔烈用银铛锁。"银铛，就是大的铁锁链；世人多把"银"字误作金银的"银"字。武烈太子也是读过数千卷书的学士了，他曾做诗说："银锁三公脚，刀撞仆射头。"这是受世俗影响而造成的错误。

颜氏家训

原文

文章地理，必须惬当。梁简文《雁门太守行》乃云："鹅①军攻日逐②，燕骑荡康居，大宛归善马，小月送降书。"萧子晖《陇头水》云："天寒陇水急，散漫俱分泻，北注徂黄龙，东流会白马。"此亦明珠之颣③，美玉之瑕，宜慎之。

王籍④《入若耶溪》诗云："蝉噪林愈静，鸟鸣山更幽。"江南以为文外断绝，物无异议。简文吟咏，不能忘之，孝元讽味，以为不可复得，至《怀旧志》载于《籍传》。范阳卢询祖⑤，邺下才俊，乃言："此不成语，何事于能？"魏收亦然其论。《诗》云："萧萧马鸣，悠悠斾⑥旌。"毛《传》曰："言不喧哗也。"吾每叹此解有情致，籍诗生于此耳。

注释

① 鹅：古里的阵名。
② 日逐：匈奴官名。
③ 颣（lèi）：丝上的疙瘩，引申为小毛病。
④ 王籍：南朝时梁文学家，今山东人。
⑤ 卢询祖：北齐时期的文学家，今河北涿县人。
⑥ 斾（pèi）：古时旗帜的统称。

解读

文章中但凡涉及地理的知识，一定要注意恰当。梁简文帝所著的《雁门大守行》中说："鹅军攻日逐，燕骑荡康居，大宛归善马，小月送降书。"萧子晖的《陇头水》说："天寒陇水急，散漫俱分泻，北注徂黄龙，东流会白马。"这些只算是明珠上的小缺点，应该慎重对待。

王籍的《入若耶溪》说："蝉噪林愈静，鸟鸣山更幽。"江南地区的人以为这是独一无二的绝句，没有人对此有另外的看法。简文帝吟咏之后，总不能忘怀。梁元帝常诵读回味，认为这是不可多得，以致在《怀旧志》中仍收载入《王籍传》。范阳卢询祖，是邺城的俊士雅人，他却说："这两句不能成为好的联语，看不出他有什么才能。"魏收也赞同这一观点。《诗经》说："萧萧马鸣，悠悠旆旌。"《毛诗诂训传》说："这是肃静不喧哗嘈杂的意思。"我每次都叹服这个解释有情致。王籍的这一诗句就是由此而得到的。

原文

兰陵❶萧悫❷，梁室上黄侯之子，工于篇什。尝有《秋诗》云："芙蓉露下落，杨柳月中疏。"时人未之赏也。吾爱其萧散，宛然在目。颍川荀仲举❸、琅邪诸葛汉，亦以为尔。而卢思道❹之徒，雅所不惬。

何逊诗实为清巧，多形似❺之言；扬都论者，恨其每病苦辛，饶贫寒气，不及刘孝绰❻之雍容也。虽然，刘甚忌之，平生诵何诗，常云："'蘧❼车响北阙'，盏盏❽不道车。"又撰《诗苑》，止取何两篇，时人讥其不广。刘孝绰当时既有重名，无所与让；唯服谢朓，常以谢诗置几案间，动静辄讽味。简文爱陶渊明文，亦复如此。江南语曰："梁有三何，子朗最多。"三何者，逊及思澄、子朗也。子朗信饶清巧。思澄游庐山，每有佳篇，亦为冠绝。

注释

❶ 兰陵：郡名，在今山东邹城内。

颜氏家训

❷萧悫（què），字仁祖，梁上黄侯萧晔的儿子。北齐文学家，今山东邹城人。

❸荀仲举：北齐文学家，今河南许昌人。

❹卢思道：北朝与隋朝时期的文人。

❺形似：指描写形象生动。

❻刘孝绰：南朝梁文学家，今江苏徐州人。

❼蘧（qú）：蘧伯玉，春秋时期卫国的士大夫。

❽盝盝（lù lù）：乖庆的样子。

解读

兰陵人萧悫，是梁朝上黄侯萧晔的儿子，善于写文章。他曾作《秋诗》说："芙蓉露下落，杨柳月中疏。"当时并没有受到人们的赞赏。我却很喜欢这种萧疏散泼的情致，诗中描绘的景象也犹如历历在目般生动。颍川的荀仲举、琅邪的诸葛汉，也都是这般认为的。而像卢思道这类的人，则不太喜欢这样的诗句。

何逊的诗实在是比较清新奇巧，且有较多形象生动的语言；而扬都的评论者批评他的诗太多深思，用心太苦，多了衰冷萧瑟，不像刘孝绰的诗那样雍容闲和。即使是这样，刘孝绰还是很妒忌他，平时诵读他的诗句时，常说："'蘧车响北阙'，盝盝不道车。"他又撰写了《诗苑》一书，只收录了两首何逊的诗，当时的人都讥讽他不够大度。刘孝绰在那时已享有盛名，没有什么谦让可说的了。他只是佩服谢朓一个，常把谢朓的诗句放在几案之上，动静之间讽诵玩味。梁简文帝喜欢陶渊明的诗，也常常这样做。江南有俗语说："梁朝有三何，子朗才气最足。""三何"是指何逊、何思澄、何子朗。何子朗的诗也追求清新奇巧。何思澄登游庐山也常有佳作，也是当时桂冠级的诗人。

名 实

原文

名之与实,犹形之与影也。德艺①周厚②,则名必善焉,容色姝丽,则影必美焉。今不修身而求令名于世者,犹貌甚恶而责妍影于镜也。上士③忘名,中士立名,下士窃名。忘名者,体道合德,享鬼神之福祐,非所以求名也;立名者,修身慎行,惧荣观④之不显,非所以让名也;窃名者,厚貌深奸,干⑤浮华之虚称,非所以得名也。

人足所履,不过数寸,然而咫尺之途,必颠蹶⑥于崖岸,拱把之梁⑦,每沈溺于川谷者,何哉?为其旁无余地故也。君子之立己,抑亦如之。至诚之言,人未能信,至洁之行,物或致疑,皆由言行声名,无余地也。吾每为人所毁,常以此自责。若能开方轨⑧之路,广造舟⑨之航,则仲由⑩之言信,重于登坛⑪之盟,赵熹⑫之降城,贤于折冲之将矣。

注释

① 德艺:德行才艺。
② 周厚:周洽笃厚。
③ 上士:高水平的人,这士是士大夫的"士"。
④ 荣观:即荣名、荣誉。
⑤ 干:干求,谋求。

颜氏家训

⑥ 颠蹶：翻跌。

⑦ 拱把之梁：即独木桥。拱把，两只手合在一起叫拱，一只手握住叫把。

⑧ 方轨：车辆并行。

⑨ 造舟：在数只船上架上木板，搭成浮桥。

⑩ 仲由：子路，孔子的弟子。

⑪ 登坛：指诸侯会盟。

⑫ 赵熹：东汉人，以信义闻名。

解读

名誉与实际之间，就像形体与影像之间一样。德才周全深厚的人，他的名声必然是好的；容貌秀丽的人，他的影像也必然是美的。如今不修正身心，却企求在世上得到好名声的人，就像容貌丑陋却要求美丽的影像映现于镜中一样。上德的人忘却名声，中德的人树立名声，下德的人窃取名

名　实

声。忘却名声的人，内心体悟了"道"，行为符合了"德"，受到鬼神的赐福和保佑，他们并不是靠追求而得到名声的；树立名声的人，修养身心谨慎行事，担心自己的荣名得不到显扬，他们是不会对名声谦让的；盗取名声的人，貌似忠厚，心怀奸诈，谋求浮华的虚名，他们是不能获得真正的名声的。

人的双脚所踩的宽度，不过几寸，但是在尺把宽的小路上走，常常会失足掉下山崖，跨过双手合抱粗的独木桥，也往往会落进河里。这是为什么呢？因为这些地方两边都没有空余的地方。君子立身处世的情况，和这个有些类似。最真诚的话，人们不一定会相信；最纯洁的行为，有人也会产生怀疑。这都是因为人的一言一行，声望名誉没有余地的缘故。我经常被人诋毁，常常因此而自我反省。如果在立身处世上做到像走在平坦大道、宽广的浮桥上一样广有余地，那么你所说的话就像子路的言语一样，胜过诸侯会盟的誓言；你所做的事就像赵熹劝降一城，胜过冲锋陷阵的大将。

原文

　　吾见世人，清名登而金贝①入，信誉显而然诺亏，不知后之矛戟，毁前之干②橹③也。虑子贱④云："诚于此者形于彼。"人之虚实真伪在乎心，无不见乎迹，但察之未熟耳。一为察之所鉴，巧伪不如拙诚，承之以羞大矣。伯石让卿⑤，王莽辞政⑥，当于尔时，自以巧密；后人书之，留传万代，可为骨寒毛竖也。近有大贵，以孝著声，前后居丧，哀毁⑦逾制，亦足以高于人矣。而尝于苫块⑧之中，以巴豆⑨涂脸，遂使成疮，表哭泣之过。左右童竖，不能掩之，益使外人谓其居处饮食，皆为不信。以一伪丧百诚者，乃贪名不已故也。

颜氏家训

注释

❶ 金贝：金钱，货币。
❷ 干：抵御刀剑之类的小盾牌。
❸ 橹：抵御矛戟的大盾牌。
❹ 虙子贱：春秋时鲁国人，孔子弟子。
❺ 伯石让卿：春秋时郑国叫太史任命伯石为卿，伯石假意推辞，太史走后，他又叫太史再来任命自己，这样假意推辞了三次才接受。
❻ 王莽辞政：东汉末年王莽一再推辞不当大司马，其实也是伪装。
❼ 哀毁：哀痛使身体容貌都受到了损害。
❽ 苫（shān）块：草垫，土块。古礼，居父母之丧时以草垫为席，土块为枕。这里代指居丧。
❾ 巴豆：植物名。

解读

我看到世上很多人，有了清廉的名声后就开始聚敛财富，有了重信誉的名声后就开始说话不算数了，这些人不知道他们后来的行为，会把前面辛辛苦苦建立的名声全毁掉。虙子贱说过："内心真实的东西总会在外面表现出来。"人的虚假真实都发自内心，没有不流露在外面的，只是别人没有认真地观察罢了。一旦被别人看出了真相，那么巧妙掩饰的虚假还不如笨拙不加掩饰的真实，因为由此造成的羞耻太大了。

伯石假意辞让卿位，王莽佯装交出权柄，自认为干得很巧妙，但真相还是被写在书上，流传千秋万代，可真是使人感到毛发耸立，心惊胆战。近年有一名大贵人，以孝敬父母著称，前后为父母的服丧期间，表示哀痛心情的举动都超出了一般礼制，也足以获得高于常人的名声了。但他却用巴豆涂脸，特意造成病疮，给人造成哀痛悲泣过度而生疮的假象。左右侍奉的童子，却不能为他遮盖，于是，真相流露，反而使外人认为他服丧时的居住饮食等其他行为，全都不可信。像这样因为做了一件虚假的行为，就抹杀了许多真实行为的效果，全都是因为无休无止地追求名誉而造成的。

原文

有一士族，读书不过二三百卷，天才钝拙，而家世殷厚，雅自矜持，多以酒犊①珍玩，交诸名士。甘其饵者，递共吹嘘。朝廷以为文华，亦尝出境聘②。东莱王韩晋明③好文学，疑彼制作，多非机杼④，遂设宴言，面相讨试。竟日欢谐，辞人满席，属音赋韵，命笔为诗，彼造次即成，了非向韵。众客各自沉吟，遂无觉者。韩退叹曰："果如所量！"韩又尝问曰："玉斑⑤杼上终葵⑥首，当作何形？"乃答云："斑头曲圜⑦，势如葵叶耳。"韩既有学，忍笑为吾说之。

治点⑧子弟文章，以为声价⑨，大弊事也。一则不可常继，终露其情；二则学者有凭，益不精励。

邺下有一少年，出为襄国⑩令，颇自勉笃。公事经怀，每加抚恤，以求声誉。凡遣兵役，握手送离，或赍⑪梨枣饼饵，人人赠别，云："上命相烦，情所不忍；道路饥渴，以此见思。"民庶称之，不容于口。及迁为泗州⑫别驾⑬，此费日广，不可常周，一有伪情，触途难继，功绩遂损败矣。

注释

① 酒犊：美酒和牛犊，此处指吃喝。

❷ 聘：聘问。特指天子和诸侯、诸侯和诸侯之间。

❸ 韩晋明：北齐人，封东莱王，好学问。

❹ 机杼：织布机。喻创作中构思的精巧。

❺ 玉珽（tǐng）：玉笏（hù），古代朝臣上朝时所用的玉板，书禀奏事宜等。

❻ 终葵：一种捶击工具。

❼ 曲圜（yuán）：弯而圆。

❽ 治点：润饰修改文章。

❾ 声价：声望和身份。

❿ 襄国：县名，在今河北邢台西南。

⓫ 赍（jī）：以物送人。

⓬ 泗州：地名，在今安徽泗县。

⓭ 别驾：官名，州刺史的佐吏。

解读

有一个士族出身的人，所读的书也不过两三百卷，天生笨拙，可是家世富庶，于是就极力矜夸，常用酒肉珍宝结交名士。那些愿意接受他财物的人，便相继为他吹嘘，致使朝廷也以为他有文才，曾聘他出去做官。东莱王韩晋明酷爱文学，怀疑这个士族的作品并非自己撰写，于是设置宴会，当面向他请教试探。

欢宴整日，座中皆为诗文名士，他们按声韵提笔赋诗。这个士族很快做好一首诗，但全不符合音韵。诸位客人各自沉吟作诗，没有人发现这一情况。韩晋明退席后感叹道："果然不出我所料。"韩晋明曾有一次问这士人说："玉珽的机杼上安装终葵之首，是什么形状？"他竟回答说："珽头弯曲，大概像葵叶的形状吧。"韩晋明是个有学问的人，忍俊不禁地对我谈起这件事。

有些人常润饰修改自己子弟的文章,用以抬高他们的身价,这是一种坏事的做法。一是不能永远为他们修改润色,迟早要露出真相;二是学习的人有所依凭,会更加懒惰不用功。

邺城有一个年轻人,出仕担任襄国县令,非常勤奋用心。公务时十分认真,对下面的人关怀体贴,想借此求取声誉。每当新兵出发,他总要与兵士握手送别,有时还送给他们梨、枣、大饼等食物,与每人都告别一番,说:"因为执行上面的命令,要烦劳你们,我内心很不好受。路上难免饥渴,这些就算是我的一片心意吧。"百姓对他赞不绝口。等到他迁为泗州别驾,这类费用更多,无法每次都遍赠食物,时间一长,势必矫情虚饰,难以为继,名声也因此而毁坏了。

颜氏家训

原文

或问曰："夫神灭形消，遗声余价，亦犹蝉壳蛇皮，兽迒❶鸟迹耳，何预于死者，而圣人以为名教乎？"对曰："劝也，劝其立名，则获其实。"

且劝一伯夷❷，而千万人立清风矣；劝一季札❸，而千万人立仁风矣；劝一柳下惠❹，而千万人立贞风矣；劝一史鱼❺，而千万人立直风矣。故圣人欲其鱼鳞凤翼❻，杂沓参差，不绝于世，岂不弘哉？

四海悠悠，皆慕名者，盖因其情而致其善耳。抑又论之，祖考之嘉名美誉，亦子孙之冕服墙宇❼也，自古及今，获其庇荫者亦众矣。夫修善立名者，亦犹筑室树果，生则获其利，死则遗其泽。世之汲汲者，不达此意，若其与魂爽❽俱升，松柏偕茂者，惑矣哉！

注释

❶ 迒（háng）：野兽的痕迹。
❷ 伯夷：商孤竹君之子，因不食周粟而饿死于首阳山，是古代具有高风亮节的人。
❸ 季札：春秋时吴公子，吴王梦寿欲传其位，辞让不受。
❹ 柳下惠：春秋鲁大夫展禽，以品行高洁而著称。
❺ 史鱼：春秋时卫国大夫，以正直敢谏著名。
❻ 鱼鳞凤翼：喻众多。
❼ 冕服墙宇：衣帽房屋，代指上辈留下的遗产。
❽ 魂爽：魂灵。

名　实

> 解读

有人问："人死之后形神俱消，留下的名声，也就像蝉蛇蜕化后的皮壳，像鸟兽经过后留下的踪迹一样，与死人有何关系，而圣人却用它来教化百姓呢？"回答说："是为了劝勉。勉励人们树立名誉，就能得到实效。"

况且褒扬一个伯夷，千万人中就会形成清正的风气；褒扬一个季札，千万人中就会形成仁爱的风气；褒扬一个柳下惠，千万人中就会形成贞操的风气；褒扬一个史鱼，千万人中就会形成正直的风气。所以圣人希望这类美名不绝如缕，流传在世上，其意义不是很大吗？

天地如此之大，人们无不仰慕美名，大概是因为人的性情，都喜欢善的东西。再说，祖先的好名声，对子孙来说就像是冠冕华堂，自古至今，获得祖先声誉荫庇的也实在太多了。多行善事，树立名誉，就如同造房和种树，在生时能获得它的利益，去世后又能泽被后世。世上的庸人，如果他们与那些美名和灵魂一同升华，与松柏一样常青的贤人相比，实在是太笨了。

涉 务

原文

士君子之处世，贵能有益于物耳，不徒高谈虚论，左琴右书①，以费人君禄位也。国之用材，大较不过六事：一则朝廷之臣，取其鉴达治体②，经纶博雅；二则文史之臣③，取其著述宪章，不忘前古；三则军旅之臣，取其断决有谋，强干习事；四则藩屏之臣④，取其明练风俗，清白爱民；五则使命之臣，取其识变从宜，不辱君命；六则兴造之臣，取其程功⑤节费，开略有术。此则皆勤学守行者所能办也。人性有长短，岂责具美，于六途哉？但当皆晓指趣⑥，能守一职，便无愧耳。

注释

① 左琴右书：古人往往琴书并言，并被士大夫认为是风雅之事。
② 治体：指国家的体制、法度。
③ 文史之臣：此指先秦西汉时的文史之臣，即在帝王身边主管文书档案、撰写诏令典章的人。
④ 藩屏之臣：指地方高级长官，如州的刺史、郡的太守，他们都是中央的藩屏。藩屏，是屏障的意思。
⑤ 程功：衡量功绩，计算完成工程的进度。
⑥ 指趣：即"旨趣"。

涉 务

解读

　　士人君子立身处世,贵在能做一些有益的事情,不仅仅是高谈阔论,左边摆着琴,右边放着书,虚耗君主赐给他的俸禄职位。国家使用人才,大体上不外乎六方面。第一是在朝廷处理政务的大臣,需要他们熟悉了解治国的道理,经纶满腹,博学文雅。第二是掌管文史的大臣,需要他们擅长写作各种典章法令,通晓前代的典故。第三是指军队的大臣,需要他们机智多谋,果决强干,娴于军事。第四是镇守地方的大臣,需要他们熟知地方的风俗民情,为政清廉,爱护百姓。第五是出使国外的大臣,需要他们机敏灵活,随机应变,不辱君主的使命。第六是负责建筑营造的大臣,需要他们度量工程所需开支、节约,能够少花钱多办事。以上这些要求,都是学习勤奋、品行端正谨慎的人所能做到的。每人的性格都各有不同,难道还能要求同时具备这六个方面的才能吗?只要在这些方面都有所涉猎,而又有一项专长,就完全可以无愧于世了。

原文

　　吾见世中文学之士,品藻❶古今,若指诸掌❷,及有试用,多无所堪。居承平之世,不知有丧乱之祸;处庙堂之下,不知有战陈之急;保俸禄之资,不知有耕稼之苦;肆吏民之上,不知有劳役之勤,故难以应世经务也。晋朝南渡❸,优借❹士族,故江南冠带❺有才干者,擢为令仆已下,尚书郎中书舍人已上,典掌机要。其余文义之士,多迂诞浮华,不涉世务,纤微过失,又惜行捶楚,所以处于清高,盖护其短也。至于台阁令史❻,主书❼监帅,诸王签省,并晓习吏用,济办时须,纵有小人之态,皆可鞭杖肃督,故多见委使,盖用其长也。人每不自量,举世怨梁武帝父子[8]爱小人而疏士大夫，此亦眼不能见其睫耳。

> **注释**

①品藻：评议，鉴定等级。
②若指诸掌：好比掌中取物一般。
③晋朝南渡：指建武元年（317年），西晋灭亡，司马睿南渡并在建康建立东晋一事。
④优借：优待。
⑤冠带：士族、缙绅的代称，以其戴冠束带故称。
⑥台阁令史：台阁指尚书省，令史指尚书省之低级办事员。
⑦主书：尚书省里的低级办事人员。
⑧梁武帝父子：梁武帝萧衍共有八子。此处仅指梁武帝和后来继位的简文帝萧纲、元帝萧绎。

> **解读**

我看世上的文士，品评古今，好像指点掌中之物一样，头头是道，但等到要让他们去处理实际事务时，却多数不能胜任。他们生活在承平时代，不知道有丧国乱民的灾祸；他们身在朝堂之上，不知道战争激斗的危急；有可靠的俸禄供给，不知道耕种庄稼的艰辛；恣行肆意于吏民头上，不知道有从事劳役的愁苦，这样就很难让他们应付临时的急务了。东晋南渡后，朝廷优待宽容士族，所以江南的文士缙绅中有才能的，就能提升到尚书令、尚书仆射以下，尚书郎、中书舍人以上的官职，执掌国家机要。其余那些稍懂文义的人，大都迂腐荒诞浮华，不会处理世务，即使他们犯有一些小过失，也不好施以杖责刑罚，所以只好把他们安置在名高职轻的位子上，大概是为了掩盖他们的短处吧。至于台阁令史、主书、监帅、诸王的典签、省事这一类职务，都要求通晓娴习吏员的那一套工作，处理实际事务，适应临时需要。他们即使有下等人常犯的种种毛病，也完全可以施以鞭杖刑罚督打。所以这类职务反倒大量委派给地位低下的人去做，以发挥他们的长处。人们往往不自量力，所有文士都埋怨梁武帝父子喜欢任用下等人，疏远士大夫，这就和眼睛不能看见自己的睫毛的道理是相同的。

原文

梁世士大夫，皆尚褒衣博带，大冠高履，出则车舆，入则扶侍，郊郭之内，无乘马者。周弘正为宣城王❶所爱，给一果下马❷，常服御之，举朝以为放达。至乃尚书郎乘马，则纠劾之。及侯景之乱，肤脆骨柔，不堪行步，体羸气弱，不耐寒暑，坐死仓猝者，往往而然。建康令王复性既儒雅，未尝乘骑，见马嘶歕❸陆梁，莫不震慑，乃谓人曰："正是虎，何故名为马乎？"其风俗至此。

注释

❶ 宣城王：指南朝梁简文帝嫡长子萧大器，武帝中大通三年（531年）受封宣城郡王。简文帝即位后，为太子。后死于侯景之乱，谥哀太子。

❷ 果下马：一种矮小的马，高仅约三尺，骑上它能在果树下行走，故有此称。南朝时供富贵人平时乘坐。

❸ 嘶歕（pēn）：马鸣声。

解读

梁朝的士大夫，都崇尚着宽衣，系阔腰带，戴大帽子，穿高跟木屐，

颜氏家训

出门就乘车代步,进门就有人伺候,城里城外,见不着骑马的士大夫。宣城王萧大器很喜欢南朝学者周弘正,送给他一匹果下马,他常骑着这匹马。朝廷上下都认为他放纵旷达,不拘礼俗。如果是尚书郎骑马,就会遭到弹劾。到了侯景之乱的时候,士大夫们一个个都是细皮嫩肉的,不能承受步行的辛苦,体质虚弱,又不能经受寒冷或酷热。暴病而死的人,往往是由于这个原因。建康令王复,性情温文尔雅,从未骑过马,一看见马嘶鸣跳跃,就惊慌害怕,他对人说道:"这是老虎,为什么叫马呢?"当时的风气竟然颓废到这种程度。

原文

古人欲知稼穑[1]之艰难,斯盖贵谷务本之道也。夫食为民天,民非食不生矣,三日不粒,父子不能相存。耕种之,茠鉏[2]之,刈获之,载积

涉 务

之，打拂之，簸扬③之，凡几涉手，而入仓廪，安可轻农事而贵末业哉？江南朝士，因晋中兴，南渡江，卒为羁旅，至今八九世，未有力田，悉资俸禄而食耳。假令有者，皆信僮仆为之，未尝目观起一垡④土，耘一株苗；不知几月当下，几月当收，安识世间余务乎？故治官则不了⑤，营家则不办，皆优闲之过也。

注释

① 稼穑：指农事。
② 茠锄（hāo chú）：茠，拔草；锄，锄，农具的一种。
③ 簸扬：将谷物抄起，以风分隔谷壳和灰尘。
④ 一垡（fá）土：一犁土。
⑤ 不了：不晓事。此指不明为官之道。

解读

古人知道耕种的艰难，这大概表现在重视谷物、以农为本的思想方面。民以食为天，百姓不吃饭就不能生存。他若三天不吃饭，就连父子之间也没有力气互相照顾。一茬庄稼的收获，要耕种、除草、收割、运载、脱粒、扬谷，经过许多道工序，才能收成入仓。如此这样，怎可轻视农事而重商业呢？在江南为官的士大夫们，因晋朝的中兴，渡江南来，最终羁旅此地，至今已经有八九代了，还从未下力种过田，全都是靠着俸禄过活。即使他们占有一些土地，都是靠僮仆们来耕种，自己未见过翻一犁土，种一株苗，不知道该哪个月下种，哪个月该收获，又怎能知晓世上的其他事务呢？所以他们若做官则不明为官之道，治家则不会经营，这些都是生活优裕闲适所带来的过错啊。

省 事

原文

铭金人云："无多言，多言多败；无多事，多事多患。"至哉斯戒也！能走者夺其翼，善飞者减其指，有角者无上齿，丰后者无前足，盖天道不使物有兼焉也。古人云："多为少善，不如执一；鼫鼠❶五能，不成伎术。"近世有两人❷，朗悟❸士也，性多营综❹，略无成名，经不足以待问，史不足以讨论，文章无可传于集录，书迹未堪以留爱玩，卜筮❺射六得三，医药治十差五，音乐在数十人下，弓矢在千百人中，天文、画绘、棋博、鲜卑语、胡书❻，煎胡桃油❼，炼锡为银，如此之类，略得梗概，皆不通熟。惜乎，以彼神明，若省其异端❽，当精妙也。

注释

❶ 鼫（shí）鼠：一种老鼠的名字。
❷ 两人：前人以为是祖珽、徐之才。
❸ 朗悟：聪颖敏慧。
❹ 营综：经营综理。
❺ 卜筮：古人预测吉凶，以龟甲为占称卜，用蓍草称筮。
❻ 胡书：少数民族文字。
❼ 胡桃油：北朝人作画的一种材料。

❽ 异端：古时候儒家学派称其他有不同意见的学派为异端。

解读

周朝的太庙前有一铜人，背上铭文说："不要多话，多话多受损；不要多事，多事多祸患。"这个训诫真是太对了！能奔跑的没有长翅膀，能飞行的没有前趾，头生双角的嘴上没有上齿，后肢发达的前肢退化，这大概是自然的法则让它们不能兼有各种长处吧。古人说："做得多但做好的不多，那就干脆专心做好一件事；鼯鼠有五种本事，却没有一件成技术的。"近世有两个人，都是聪明人，兴趣广泛，广有涉猎，却没有一样能树立名声的。他们经学经不起人家的提问，史学也不足同别人进行讨论，文章够不上辑集流传，墨迹也不值得留存赏玩，给别人卜筮六次才中三次，为别人治病十个才治好五个，音乐水平在数十人之下，射箭的技术跟众人差不多，天文、绘画、棋博、鲜卑文字、煎胡桃油、炼锡为银，诸如此类，都是懂得大概，不能精通熟练。可惜啊！以他们的灵气和聪明，如果能抛弃其他方面的爱好，专习于一种，应该会达到很精妙的程度。

原文

上书陈事，起自战国，逮于两汉，风流❶弥广。原其体度：攻人主之长短，谏诤❷之徒也；讦❸群臣之得失，讼诉之类也；陈国家之利害，对策❹之伍也；带私情之与夺，游说之俦❺也。总此四涂，贾诚❻以求位，鬻言❼以干禄。或无丝毫之益，而有不省之困，幸而感悟人主，为时所纳，初获不訾之赏❽，终陷不测之诛，则严助、朱买臣、吾丘寿王、主父偃❾之类甚众。良史所书，盖取其狂狷一介，论政得失耳，非士君子守法度者所为也。今世所睹，怀瑾瑜而握兰桂❿者，悉耻为之。守门诣阙，献书言

颜氏家训

计,率多空薄,高自矜夸,无经略之大体,咸秕糠⑪之微事,十条之中,一不足采,纵合时务,已漏先觉,非谓不知,但患知而不行耳。或被发奸私,面相酬证,事途回穴,翻惧僭尤;人主外护声教,脱加含养,此乃侥幸之徒,不足与比肩⑫也。

注释

① 风流:遗风,流风遗韵。
② 谏诤:敢于直言进谏。
③ 讦(jié):直言不讳。
④ 对策:应诏而陈政。
⑤ 俦(chóu):同类。
⑥ 贾诚:出卖忠心。
⑦ 鬻(yù)言:出卖言论。
⑧ 不赀(zī)之赏:不可计量的恩赏。
⑨ 严助、朱买臣、吾丘寿王、主父偃(yǎn):严助,汉武帝时期大臣,今浙江绍兴人;朱买臣,汉武帝时期大臣,今江苏苏州人;吾丘寿王,汉武帝时期大臣,今河北邯郸人;主父偃,汉武帝时期大臣,今山东人。此四人前期都受到汉武帝的宠爱,后期却因直言进谏而不得善终。
⑩ 怀瑾瑜、握兰桂:比喻拥有美好的德行和才华。
⑪ 秕糠(bǐ kāng):事情很烦琐微小。
⑫ 比肩:并肩。

解读

向人君上书陈事,起自战国,到汉代流行更广。探究它的体制:指责人君短长的属谏诤一类；攻讦群臣得失的属讼诉一类；陈述国家利害的属对策一类；以个人的感情来阿附裁夺的属游说一类。总的说来，这四类人都是靠出卖忠诚以谋取职位，出卖言论求取利禄。他们所说的可能没有什么好处，反而可能带来不被人君理解的麻烦，即使有幸使人君感悟，被及时采纳，开始可能得到无数的赏赐，但最终还是难逃无法预测的诛杀，像严助、朱买臣、吾丘寿王、主父偃等人一样，这种人是很多的。有学问的史言所记录的只是取其狂狷耿介、敢于评论时政得失罢了，不是正人君子和守法度之人所为。我们现在看到的怀才抱德之士，是都耻于做这种事的。守在门庭趋于宫阙向人君上书之人，大多是才疏学浅，为人浅薄，自我吹捧，没有策划处理国事能力的。他们所做的尽是些琐碎的事，十条中一条也不值得采纳，即使有些是合乎当前事务的，那也是人君早就认识到的，不是人君不知道，只怕是知道了而不能实行而已。有的上书人被揭发怀有奸诈谋私，当面与人对质，事情在中途变化，反而担心自己会得到罪过。人君为了对外维护朝廷的声威教化，可能对他们给予包涵，但这只能是属于侥幸之徒，是不值得让人和他们并肩为伍的。

原文

谏诤之徒，以正人君之失尔，必在得言之地，当尽匡赞❶之规，不容苟免偷安，垂头塞耳；至于就养❷有方，思不出位，干非其任，斯则罪人。故《表记》❸云："事君，远而谏，则谄也；近而不谏，则尸利❹也。"《论语》曰："未信而谏，人以为谤己也。"

君子当守道崇德，蓄价❺待时，爵禄不登，信由天命。须求趋竞，不顾羞惭，比较材能，斟量功伐❻，厉色扬声，东怨西怒；或有劫持❼宰相瑕疵，而获酬谢，或有喧聒时人视听，求见发遣；以此得官，谓为才力，何异盗食致饱，窃衣取温哉！世见躁竞❽得官者，便谓"弗索何获"；不

颜氏家训

知时运之来，不求亦至也。见静退未遇者，便谓"弗为胡成"；不知风云不与；徒求无益也。凡不求而自得，求而不得者，焉可胜算乎！

齐⁹之季世¹⁰，多以财货托附外家¹¹，喧动女谒¹²。拜守宰者，印组光华，车骑辉赫，荣兼九族，取贵一时。而为执政所患，随而伺察，既以利得，必以利殆，微染风尘，便乖肃正，坑阱¹³殊深，疮痏¹⁴未复，纵得免死，莫不破家，然后噬脐¹⁵，亦复何及。吾自南及北，未尝一言与时人论身分也，不能通达，亦无尤焉。

注释

① 匡赞：匡正辅佐。
② 就养：侍养。
③ 《表记》：《礼记》的篇名。
④ 尸利：尸位素餐，享受俸禄却不尽职。
⑤ 蓄价：蓄积声望。
⑥ 功伐：功劳。
⑦ 劫持：要挟。
⑧ 躁竞：浮躁而急进。
⑨ 齐：北齐。
⑩ 季世：末世。
⑪ 外家：女子出嫁后，便将娘家称之为外家。
⑫ 女谒：通过有权势的女性干求请托。
⑬ 坑阱（jǐng）：捕捉野兽或者是擒敌的陷阱。
⑭ 疮痏（chuāng wěi）：创伤。
⑮ 噬脐：自咬腹脐，不可及。指后悔莫及。

省 事

> **解读**

处于谏诤之位的人,是要纠正人君过失的,须在当说话的地方,尽其辅佐责任,不容苟且偷安,低头装不懂。至于侍奉人君应该有自己的方法,不要超出自己职位考虑问题,如果去干不是自己职位的事情,有可能成为朝廷的罪人。所以《表记》说:"侍奉人君,关系疏远却要去进谏,那么这种行为就像谄媚;如果关系密切而不去进谏,那就是只受禄而不尽职的人了。"《论语》说:"没有取得信任而去进谏,人们就会认为你在讥谤他。"

君子应当操守正道、崇尚德行,蓄积声望,以待时机,就算官禄不能升高,也应该听从天命的安排。自己去索求奔走,不顾羞耻,跟别人比较才能,斟酌功绩,声色俱厉,怨东怒西;或以宰相的缺点作为要挟的根据,凭此取得酬谢,或在人面前喧腾叫嚷以混淆视听,以求早日被起用。靠这些手段取得官职,与肚子饿偷吃、寒冷偷衣有什么分别呢?世人见到

颜氏家训

那些躁进奔走的人取得官职，便说"不去索取哪里可以获得"。他们不知道时运到来的时候，不去求取自然也会来。看见那些心静谦虚的人受到重用，便说："不去争取怎么可以成功呢？"他们不知道时机未到，白白的追求是没用的。所以说，凡不求而得的人，求而不得的人，怎么可以算得尽呢？

北齐的末世，许多人把自己的财货托附给外家，通过宫中得宠女性，进行请求。一旦被授为地方长官，则官印绶带，光艳华丽，车马显赫，荣耀遍及九族，富贵取于一时。但是被执政者忌恨后，接着的便是窥视考察。靠钱财求得的好处，也会因此而遭受危险，稍沾染世俗不洁之事，就会违背严肃公正的原则，陷阱是很深的，受的创伤难以恢复。即使可以免于一死，但却使家庭破裂了，然后才后悔莫及。我从南方到北方，从来未跟别人谈起我身份地位的问题，虽然不能通显发达，却也不怨天尤人。

原文

王子晋❶云："佐饔❷得尝，佐斗得伤。"此言为善则预，为恶则去，不欲党人非义之事也。凡损于物，皆无与焉。然而穷鸟入怀❸，仁人所悯；况死士归我，当弃之乎？伍员之托渔舟，季布❹之入广柳，孔融之藏张俭，孙嵩之匿赵岐❺，前代之所贵，而吾之所行也，以此得罪，甘心瞑目。至如郭解❻之代人报雠，灌夫❼之横怒求地，游侠之徒，非君子之所为也。如有逆乱之行，得罪于君亲者，又不足恤焉。亲友之迫危难也，家财己力，当无所吝；若横生图计，无理请谒，非吾教也。墨翟❽之徒，世谓热腹，杨朱❾之侣，世谓冷肠；肠不可冷，腹不可热，当以仁义为节文尔。

省 事

注释

① 王子晋：周灵王太子。

② 佐饔（yōng）：辅助制作菜肴。

③ 穷鸟入怀：无处可栖的鸟被迫投入人的怀抱。喻处境困难而投依别人。

④ 季布：楚人，曾效忠于项羽帐下。楚汉相争时，他带兵几次围困刘邦。汉朝建立后，刘邦赦免了他之前的冒犯，任命他为河东太守。

⑤ 赵岐：京兆长陵人，因为得罪了宦官，而出逃到北海，受到孙嵩的救助。

⑥ 郭解：字翁伯，汉代游侠。

⑦ 灌夫：西汉人，为人正直。

⑧ 墨翟：春秋战国时期的思想家，墨家学派的创始人。

⑨ 杨朱：战国初哲学家，魏国人。

解读

王子晋说："帮他人做饭就可以尝到美味，帮助别人打架就会得到伤害。"这说的是要参与看到的好事，远离见到的恶事，不要结党营私而做一些不义的事情。凡是对人有损害的事情，都不要参与。然而走投无路的鸟儿投入了他人的怀抱，仁慈的人都会怜悯它；更何况那些敢死之士前来归附我，我又如何舍弃他们呢？伍子胥逃难时被一个渔夫所救，季布出逃时被人藏在了广柳车内，孔融藏匿了出逃的张俭，孙嵩救助了外逃的赵岐，这些做法都是前代人所推崇看重的，也是我所要奉行的，即便因此而获罪，我也心甘情愿。至于如郭解那般因为一点小利而替人报仇，灌夫因为他人而怒责丞相田蚡索要田产，这些都是游侠之辈所为，而非君子所为。如果有逆乱的行径，受到君主和亲友的惩罚和怪罪，就不值得同情了。亲友危难之时，自己的财产和能力是不应有所吝惜的；如果有人心怀不轨，提出一些无理要求，我是没有教你们去怜悯他们的。墨子这类的人，世人认为他们是热心肠；杨朱这类人，世人认为他们是冷心肠。心肠太冷不好，太热也不好，应当遵循仁义，节制言行。

原文

前在修文令曹❶，有山东学士与关中太史竞历❷，凡十余人，纷纭累岁，内史牒❸付议官平之。吾执论曰："大抵诸儒所争，四分并减分两家尔。历象❹之要，可以晷景❺测之；今验其分至❻薄蚀，则四分疏而减分密。疏者则称政令有宽猛，运行致盈缩❼，非算之失也；密者则云日月有迟速，以术求之，预知其度❽，无灾祥也。用疏则藏奸而不信，用密则任数而违经。且议官所知，不能精于讼者，以浅裁深，安有肯服？既非格令❾所司，幸勿当也。"举曹贵贱，咸以为然。有一礼官，耻为此让，苦欲留连，强加考核。机杼既薄❿，无以测量，还复采访讼人，窥望长短，朝夕聚议，寒暑烦劳，背春涉冬，竟无予夺，怨诮滋生，赧然而退，终为内史所迫：此好名之辱也。

注释

❶ 前在修文令曹：指颜之推在修文殿撰写御览的事宜。
❷ 竞历：争论历法。
❸ 牒：官府公文的一种。
❹ 历象：推算天体的运行。
❺ 晷景：日晷上晷表的投影，也就是日影。

❻ 分至：春分、秋分、夏至、冬至。
❼ 盈缩：岁星运行的位置有偏差。
❽ 度：日月星辰运行的度次。
❾ 格令：律令。
❿ 机杼既薄：学问有限，考虑得不周全。

解读

以前我在修文令曹时，有山东学士和关中太史争论历法，共几十个人参与争论，数年说法纷纭。内史下公文交付议官去详议。我发表议论说："大概大家所争论的是'四分历'和'减分历'两家。观测推算天体运行的关键，可以通过日影来计算。现在根据春分、秋分、夏至、冬至、日蚀、月蚀相验证，就可以看得出'四分历'较疏略，而'减分历'又过于细密。主张疏略的一方认为政令有宽猛之别，天体的运行不断变化，自然有前后之分，并不是历法计算的差误。主张细密的认为日月运行虽然有快慢，用正确的方法计算，可以预先知道它们运行的度次，不存在灾祥之说。采用疏略的'四分历'可能隐藏奸邪，不可信；采用细密的'减分历'顺应天数，但违背经义。况且议官所知道的，并没能比争论双方精通。让才识浅薄的人去评审才识深的人，怎么有人肯服呢？既然不是律令所掌管的，最好不要去裁决。"令曹上下，都认为我说的有道理。有一个礼官，却以这种谦让为耻，苦苦不肯放手，想尽办法加以验核。但他才疏学浅，没有办法去测量，只好不断去采访争论双方，想靠这样分出优劣，他们时时聚在一起议论，历暑经寒，不厌其烦，由春至冬，竟然还是无法裁夺，并引来了抱怨和嘲笑，他也只好羞愧告退，最终受到内史的斥责。这就是喜好名声带来的耻辱。

止 足

原文

《礼》云:"欲不可纵,志不可满。"宇宙可臻①其极,情性不知其穷,唯在少欲知足,为立涯限②尔。先祖靖侯③戒子侄曰:"汝家书生门户,世无富贵;自今仕宦不可过二千石④,婚姻勿贪势家。"吾终身服膺⑤,以为名言也。

天地鬼神之道,皆恶满盈。谦虚冲损,可以免害。人生衣趣以覆寒露,食趣以塞饥乏耳。形骸⑥之内,尚不得奢靡,已身之外,而欲穷骄泰⑦邪?周穆王⑧、秦始皇⑨、汉武帝⑩,富有四海,贵为天子,不知纪极⑪,犹自败累,况士庶乎?常以二十口家,奴婢盛多,不可出二十人,良田十顷,堂室才蔽风雨,车马仅代杖策,蓄财数万,以拟吉凶急速⑫⑬,不啻⑭此者,以义散之;不至此者,勿非道求之。

仕宦称泰,不过处在中品,前望五十人,后顾五十人,足以免耻辱,无倾危也。高此者,便当罢谢,偃仰⑮私庭。吾近为黄门郎,已可收退;当时羁旅,惧罹谤讟⑯,思为此计,仅未暇尔。自丧乱已来,见因托风云,徼幸富贵,旦执机权,夜填坑谷,朔欢卓、郑,晦泣颜、原者,非十人五人也。慎之哉!慎之哉!

止 足

注释

① 臻（zhēn）：至，到达。

② 涯限：边限，限度。

③ 靖侯：颜之推的九世祖颜含。

④ 二千石：汉代郡的太守每年俸禄为二千石粮食，以后"二千石"就成为太守的代称。

⑤ 服膺（yīng）：信服并谨记在心。

⑥ 形骸（hái）：人的形体。

⑦ 骄泰：骄傲放纵。

⑧ 周穆王：西周的穆王姬满，传说他去西方巡游作乐，引起东方徐戎的反叛。

⑨ 秦始皇：秦始皇统一中国后虐用民力，到儿子秦二世皇帝胡亥就天下大乱，不久灭亡。

⑩ 汉武帝：西汉武帝刘彻，好大喜功，虐用民力，晚年多处爆发农民起义，还发生宫廷变乱。

⑪ 纪极：有个限度，适可而止。

⑫ 吉凶：婚事丧事。

⑬ 急速：仓卒之间发生的事。

⑭ 不啻（chì）：不仅，不止。

⑮ 偃仰：偃息。

⑯ 谤讟：怨恨诽谤。

解读

《礼记·曲礼上》中记载："欲不可纵，志不可满。"宇宙可以到达它的极点，可人的情性却是不知穷尽的，只有减少欲望、适可而止才行，为自己立一个限度。我的先祖靖侯告诫子侄说："你们家是书生门户，世代都没有富贵之人，从今往后，为官不可做超过二千石俸禄的官职，婚姻也不要攀附有权势的人家。"我将这一训诫铭记在心，自认为是至理名言。

天地鬼神之道，都厌恶满盈；谦虚淡泊，可以免除灾害。人生活于世穿衣只是为了遮掩身体避免寒冷袒露，吃东西只是为填饱肚子以免饥饿罢了。身体本身不求奢侈浪费，身体之外还求穷尽骄奢吗？周穆王、秦始皇、汉武帝有四海之富，贵为天子，尚且不知满足给自己带来伤败，更何况一般的百姓呢？我常认为，如果是有二十人的家庭，奴婢再多也不要超过二十个，良田不要超过十顷，房屋只求能避风雨，牛马只求能代替步行。积蓄数万钱财，应用来准备婚丧和应急之事。超过这个限度，应该仗义疏财；没有达到这个程度的，切勿用不正当的方法来求取。

做官做得稳妥的处在中品，前面可见五十个人，后面也是可以看见五十个人，这样足以避免耻辱，没有倾覆的危险。高于中品，应当谢绝，偃息家中。我最近任黄门郎，已经够条件告退了，但是却客居他乡，怕遭到诽谤和非议；心里想着告退，但是却没有机会。自从天下大乱以来，我看见乘机得势，侥幸取得富贵的人，早上大权在握，晚上却填尸山谷。月初像卓氏、郑氏那样快乐的富豪，月底却像颜回、原思那样寒苦的贫士，这种人不止五个十个啊！要谨慎，千万要谨慎！

诫 兵

原文

颜氏之先，本乎邹、鲁①，或分入齐，世以儒雅为业，遍在书记②。仲尼门徒，升堂者七十有二，颜氏居八人③焉。秦、汉、魏、晋，下逮齐、梁，未有用兵以取达者。春秋世，颜高、颜鸣、颜息、颜羽④之徒，皆一斗夫⑤耳。齐有颜涿聚⑥，赵有颜冣⑦，汉末有颜良⑧，宋有颜延之⑨，并处将军之任，竟以颠覆。汉郎颜驷⑩，自称好武，更无事迹。颜忠⑪以党楚王受诛，颜俊⑫以据武威见杀，得姓已来，无清操者，唯此二人，皆罹祸败。顷世乱离，衣冠之士⑬，虽无身手，或聚徒众，违弃素业，徼幸战功。吾既羸薄，仰惟前代，故寘心于此，子孙志之。孔子力翘门关，不以力闻，此圣证也。吾见今世士大夫，才有气干，便倚赖之，不能被甲执兵，以卫社稷；但微行⑭险服，逞弄拳，大则陷危亡，小则贻耻辱，遂无免者。

注释

① 邹、鲁：都是春秋战国时期的诸侯国，位于今山东曲阜一带。
② 书记：书籍，文章。
③ 居八人：居，占；八人，孔子的颜氏弟子有八个人，分别是颜回、颜无繇、颜幸、颜高、颜祖、颜之仆、颜哙、颜何。

④ 颜高、颜鸣、颜息、颜羽：四人都是鲁国人，颜高和颜息擅长射箭，颜鸣、颜羽曾经率军和齐国作战。

⑤ 斗夫：武夫。

⑥ 颜涿聚：即颜庚。

⑦ 颜最（zuì）：战国时赵将。

⑧ 颜良：袁绍手下大将，后被关羽所杀。

⑨ 颜延之：南朝宋临沂人，字延年。

⑩ 颜驷：汉代人，历经汉文帝、汉景帝、汉武帝三世。

⑪ 颜忠：汉人，曾经参与过楚王英的谋反，事情暴露后，被诛。

⑫ 颜俊：三国时期人。

⑬ 衣冠之士：士大夫。

⑭ 微行：隐瞒高贵身份，易服外出。

解读

颜氏的祖先，本居于邹国、鲁国，有的分迁到齐国，世代从事儒雅之业，古书上面都有记载。孔子弟子，学问精深的人有七十二人，姓颜的占了八个。秦、汉、魏、晋，直到齐、梁颜氏家族中，没有人靠带军队打仗显富贵的。春秋时代，颜高、颜鸣、颜息、颜羽等都是一介武夫而已。齐国有颜涿聚，赵国有颜最，汉末有颜良，东晋末年有颜延之，都担任过将军的职务，最终都因此而倾败。汉朝郎官颜驷，自称好武，更没有听过有什么功绩。颜忠因党附楚王而被诛，颜俊因割据而被杀，颜氏从得此姓以来，节操不清白的只有这两个人，他们结果都遭到了祸败。近世遭逢战乱，士大夫和贵族子弟，虽然没有能力，却聚集众徒，放弃一贯从事的儒雅事业，想侥幸获得成功。我身体既疲弱又单薄，又想起家族前人好兵致祸的教训，所以仍旧将心思放在读书上面，子孙们要记住这一点。孔子力

诫 兵

大能举起城门，却不以此闻于世，这是圣人留下的榜样。我看见当今的士大夫们，稍有些力气强干，就倚靠它，不是用来披盔甲、执武器保卫国家，而是穿武士之服，行踪诡秘、卖弄拳脚，重则身陷死亡，轻则留下耻辱，没有一人能幸免的。

原文

国之兴亡，兵之胜败，博学所至，幸讨论之。入帷幄之中，参庙堂之上，不能为主尽规以谋社稷，君子所耻也。然而每见文士，颇读兵书，微有经略。若居承平之世，睥睨❶宫阃❷，幸灾乐祸，首为逆乱，诖误❸善良；如在兵革之时，构扇❹反覆，纵横说诱，不识存亡，强相扶戴❺：此皆陷身灭族之本也。诫之哉！诫之哉！

习五兵❻，便乘骑，正可称武夫尔。今世士大夫，但不读书，即称武夫儿，乃饭囊酒瓮也。

注释

❶ 睥睨（pì nì）：窥视、窥察。
❷ 阃（kǔn）：代指军事或者是政务。
❸ 诖（guà）误：连累。
❹ 构扇：挑拨煽动。
❺ 扶戴：拥戴。
❻ 五兵：五种兵器，后来泛指兵器。

解读

国家的兴亡，战争的胜败这类问题，希望你们在学问达到渊博的时候,细心加以研究。在军队中运筹帷幄,朝廷里参与议政,如果不尽力为君主出谋献策,商议国家大事,这是君子的耻辱。然而我看见一些文人,稍微读过几本兵书,稍懂得一些谋略,如果生活在太平盛世,就蔑视宫廷,幸灾乐祸,首先起来叛乱,牵连贻害善良;如果是在兵荒马乱的时代,就勾结煽动众人反叛,无所顾忌,四处游说,拉拢诱骗,不识存亡之机,拼命相互扶植拥戴:这些都是招致杀身灭族的祸根。要引以为戒啊!要引以为戒!

熟习五种兵器,擅于骑马,这才可以称得上武夫。但现在的士大夫,只是不去读书,就称自己是武夫,实际上是酒囊饭袋罢了。

养　生

原文

　　神仙之事，未可全诬；但性命在天，或难钟值❶。人生居世，触途牵絷❷；幼少之日，既有供养之勤；成立之年，便增妻孥之累。衣食资须，公私驱役；而望遁迹山林，超然尘滓，千万不遇一尔。加以金玉之费❸，炉器所须，益非贫士所办。学如牛毛，成如麟角。华山之下，白骨如莽❹，何有可遂之理？

　　考之内教❺，纵使得仙，终当有死，不能出世，不愿汝曹专精于此。若其爱养神明，调护气息，慎节起卧，均适寒暄，禁忌食饮，将饵药物，遂其所禀，不为夭折者，吾无间然❻。诸药饵法，不废世务也。庾肩吾❼常服槐实，年七十余，目看细字，须发犹黑。邺中朝士，有单服杏仁、枸杞、黄精、白术、车前得益者甚多，不能一一说尔。

　　吾尝患齿，摇动欲落，饮食热冷，皆苦疼痛。见《抱朴子》牢齿之法，早朝叩齿三百下为良；行之数日，即便平愈，今恒持之。此辈小术，无损于事，亦可修也。凡欲饵药，陶隐居❽《太清方》中总录甚备，但须精审，不可轻脱。近有王爱州在邺学服松脂，不得节度，肠塞而死，为药所误者甚多。

颜氏家训

注释

❶ 钟值：正好遇上。
❷ 絷（zhí）：本指用绳索绊住马足，引申为绊住。
❸ 金玉之费：指修仙炼丹药时要耗费的黄金、玉石、丹砂、云母等贵重物品。
❹ 白骨如莽：指修仙不成反为虎狼等所祸害，死在山下。
❺ 内教：即佛教，信佛的人称儒学为外学，佛学为内学，所以也称儒家为外教，佛教为内教，儒书为外典，佛书为内典。
❻ 无间然：没有什么可以非议。
❼ 庾肩吾：南朝梁代人。
❽ 陶隐居：陶弘景，南朝齐梁人。

解读

　　修道成仙的事，不可说全是假的；只是命由天定，难遇上这种机会。人在世上，处处受到牵挂羁绊。小的时候，有供养服侍父母的辛勤；成年以后，又多了妻子儿女的拖累。既要解决吃饭穿衣的开支，又要为公事私事操劳奔波，这样想隐居生活于山林，脱离尘世，恐怕千万人中也遇不到一个。再加上炼丹所需的费用以及炉、鼎等器皿，更不是一般的贫士所能办得到的。学仙的人多如牛毛，但能成仙的人却少如麟角。华山下面的白骨像草莽一样多，怎会有顺心如愿的道理呢？

　　查证一下佛教的原理，就算成仙也还是要死，不能摆脱尘世的羁缚，我不愿意你们精于此事。如果你们爱惜保养精神，调理气息，起居有节，适应天气的变化，重视诸种饮食的禁忌，服药物以养生，达到应尽之年，不至于中途夭折，这样我就没什么可说了。学会掌握各种服药的方法，就不会因此荒废世间事务。庾肩吾常服槐实，七十多岁，眼睛仍然看得见小字，胡须头发仍是黑的。邺城有的朝官，单服杏仁、枸杞、黄精、白术、车前，从中得到的好处很多，难以具说。

我曾患过牙病，牙齿松动快掉了，饮食冷热都使牙齿疼痛难受。我看了《抱朴子》中固定牙齿的方法，早上起来叩齿三百次可奏效，我按此做了几天，牙就好了，现在我一直坚持这样做。像这样的一些小方法，对做大事是没有什么妨碍的，可以学学。凡是想要服药，陶弘景的《太清方》中收录的药方很完备，但一定要认真挑选，不能随便。近世有个叫王爱州的人，在邺城学服松脂，没有节制，结果肠子梗塞而死亡，这种为药物所害的例子非常多。

原文

夫养生❶者须虑祸❷，全身保性，有此生然后养之，勿徒养其无生也。单豹❸养于内而丧外，张毅❹养于外而丧内，前贤所戒也。嵇康著《养生》之论，而以傲物受刑，石崇冀服饵之征，而以贪滋取祸❺，往世之所迷也。

夫生不可不惜，不可苟惜❻。涉险畏之途，干祸难之事，贪欲以伤生，谗慝❼而致死，此君子之所惜哉；行诚孝❽而见贼，履仁义而得罪，丧身以全家，泯躯❾而济国，君子不咎也。自乱离已来，吾见名臣贤士，临难求生，终为不救，徒取窘辱，令人愤懑。

侯景之乱，王公将相，多被戮辱，妃主姬妾，略无全者。唯吴郡太守张嵊❿，建义⓫不捷，为贼所害，辞色不挠；及鄱阳王世子谢夫人，登屋诟怒，见射而毙。夫人，谢遵女也。何贤智操行若此之难？婢妾引决⓬若此之易？悲夫！

注释

① 养生：保养身心，以期保健延年。
② 虑祸：预防祸患。
③ 单豹：见于《庄子·达生》，说鲁国有个叫单豹的，善于养生，结果被饿虎吃掉。
④ 张毅：有个叫张毅的，会到处活动拉关系，结果害内热之病死掉。
⑤ 石崇冀服饵之征，而以贪溺取祸：石崇，今河北南皮人，以掠夺过往客商致富。八王之乱时，石崇攀附齐王冏，后来被赵王伦所杀。
⑥ 苟惜：只考虑目前利害而不讲原则道义。
⑦ 慝（tè）：起恶念。
⑧ 诚孝：应为"忠孝"，作"诚"是避隋文帝杨坚之父杨忠的名讳。
⑨ 泯躯：捐躯。
⑩ 张嵊：南朝梁人。
⑪ 建义：召集义军，举起义旗。
⑫ 引决：自杀、自裁。

解读

养生的人必须先考虑避免灾祸，保住自身的性命。有了生命，才能得以保养它；不要白费心思去保养不存在的性命。单豹他很善于保养身心，但因外部的因素而丧失了生命；张毅善于防备外部的灾祸侵害，却因体内发病而死，这都是前人引以为戒的。嵇康写了《养生论》，却因傲慢无礼而遭受用刑；石崇希望服药有效延年，但因贪财好色而取杀身之祸，这都是过去那些人糊涂的例子。

生命不能不珍惜，也不能毫无道理地去珍惜。走危险可畏的道路，

养 生

做招致灾难的事情，贪欲而害及身体，恶言恶语枉遭死命，在这些方面君子是应该珍惜生命的；忠孝固守而被杀，行仁义而受罪，舍身全家捐躯救国，在这些方面君子舍弃生命是不抱怨的。自丧乱以来，我见到一些名吏和贤士，面对危难苟且偷生，最终不仅无法得救，还白白招致窘迫和羞辱，真令人愤懑。

侯景叛乱之时，王公将相，大多遭受杀害污辱，妃嫔、公主、姬妾都几乎没有幸存的。只有吴郡太守张嵊，组织义军反抗侯景，未能成功，被反贼所杀，但言语面色不屈不挠。还有鄱阳王嫡长子萧嗣的夫人谢氏，登上房顶怒骂叛贼，被箭射死。谢夫人是谢遵的女儿。为何那些贤良明智之士坚守操行那么困难？而侍婢、小妾舍身取义竟如此容易？真让人觉得悲哀呀！

183

归 心

原文

三世①之事,信而有征,家世归心②,勿轻慢也。其间妙旨,具诸经论③,不复于此,少能赞述;但惧汝曹犹未牢固,略重劝诱尔。

原夫四尘④五荫⑤,剖析形有;六舟⑥三驾,运载群生:万行归空,千门⑦入善,辩才智惠,岂徒《七经》、百氏之博哉?明非尧、舜、周、孔所及也。内外两教,本为一体,渐极为异,深浅不同。内典初门,设五种禁;外典仁义礼智信,皆与之符。仁者,不杀之禁也;义者,不盗之禁也;礼者,不邪之禁也;智者,不酒之禁也;信者,不妄⑧之禁也。至如畋狩军旅,燕享刑罚,因民之性,不可卒除,就为之节,使不淫滥尔。归周、孔而背释宗⑨,何其迷也!

俗之谤者,大抵有五:其一,以世界外事及神化无方为迂诞⑩也;其二,以吉凶祸福或未报应为欺诳也;其三,以僧尼行业多不精纯为奸慝也;其四,以糜费金宝减耗课役⑪为损国也;其五,以纵有因缘⑫如报善恶,安能辛苦今日之甲,利益后世之乙乎?为异人也。今并释之于下云。

注释

❶ 三世:佛教中经常提到的过去、现在和未来三世。
❷ 归心:心悦诚服归附。

❸ 经论：佛教典籍。经、律、论为佛教的三藏，经为佛教自说，论是经义的解释，律主要记录各戒规仪式。

❹ 四尘：色、香、味、触。

❺ 五荫：佛教用语。指色、受、想、行、识五者集合的身心。

❻ 六舟：六度，指布施、持戒、忍、精进、定、智慧。

❼ 千门：各种修行的法门。

❽ 不妄：不乱说假话。

❾ 释宗：佛教。佛教的创始人为释迦牟尼，所以人们有时也会将佛教称之为释宗、释教。

❿ 迂诞：迂阔荒诞，不合常理。

⓫ 课役：国家规定的所应征收的赋税。

⓬ 因缘：佛教用语，业报的原因、条件等。

解读

佛教中所说的过去、现在、未来三世之事，是可信而且有应验的，我们家世代皈依佛教，不可轻慢。其间精妙的意旨，都记载在佛教典籍里，我不在这里多作赞美转述了；只怕你们对佛教的意旨信念未够，我才稍作一些劝说诱导。

推究"四尘"和"五蕴"的道理，剖析世间万事万物的奥妙；运用"三乘""六舟"的办法修订，超度万物众生；佛教中有种种修行，让众生皈依于空，有种种法门，使人向善，里面的辩才及智慧，岂只是儒家七经和诸子百家所具有的广博学问？佛教的最高境界，不是尧、舜、周公、孔子之道所触及。佛儒本来就是一体的，但由于两者在悟道的方式等方面有不同，所以境界的深浅也有些差异。佛典的初学门路，有五禁；儒家经典中所提到的仁、义、礼、智、信五种德行，皆与之吻合。仁，就是不杀生的禁戒，义就是不偷盗的禁戒，礼是不邪恶的禁戒，智是不酗酒的禁戒，信是不妄言的禁戒。说到狩猎、战争、宴饮、刑罚等，都是人类的本性，不可能立刻消除，只能有所节制，不至于过分。尊崇周公孔子之道，却违背佛教宗义，又是多么糊涂啊！

俗人对佛教的诽谤，大抵分为五种：其一，认为佛教中所讲的世界之外的事情以及神灵变化无常的言论是比较迂阔荒诞的；其二，因为世间吉凶祸福之事没有受到应有的报应，便认为佛教中所讲述的因果报应是欺骗众生的；其三，因为僧尼之中也有一些不清白的人，所以便认为佛门就是个奸佞邪恶之地；其四，因为寺院耗费金钱财宝而僧尼又不服役、不交税，便认为佛教损害了国家的利益；其五，即便是有因缘报应，又如何能让今天辛苦劳作的甲，来为后世的乙谋取利益呢？这不是同一个人啊。现在我将对上述种种一一做出解释。

原文

释一曰：夫遥大之物，宁可度量？今人所知，莫若天地。天为积气，地为积块，日为阳精，月为阴精，星为万物之精，儒家所安也。星有坠落，乃为石矣；精若是石，不得有光，性又质重，何所系属？一星之径，大者百里，一宿首尾，相去数万；百里之物，数万相连，阔狭从斜，常不盈缩。又星与日月，形色同尔，但以大小为其等差；然而日月又当石也？石既牢密，乌兔❶焉容？石在气中，岂能独运？日月星辰，若皆是气，气体轻浮，当与天合，往来环转，不得错违，其间迟疾，理宜一等；何故日月五星❷二十八宿，各有度数，移动不均？宁当气坠，忽变为石？地既滓浊，法应沈厚，凿土得泉，乃浮水上；积水之下，复有何物？江河百谷，从何处生？东流到海，何为不溢？归塘尾闾，渫❸何所到？沃焦❹之石，何气所然？潮汐去还，谁所节度？天汉悬指，那不散落？水性就下，何故上腾？天地初开，便有星宿；九州⑤未划，列国未分，翦疆区野，若为躔次⑥？封建⑦已来，谁所制割？国有增减，星无进退，灾祥祸福，就中不差。乾象之大，列星之夥，何为分野，止系中国？昴⑧为旄头，匈奴之次；西胡⑨、东越⑩，雕题⑪、交阯⑫，独弃之乎？以此而求，迄无了者，岂得以人事寻常，抑必宇宙外也？

注释

① 乌兔：传说日中有乌，月中有兔。

② 五星：水、木、金、火、土。

③ 渫：泄露。

④ 沃焦：传说中东海南的大石山。

⑤ 九州：相传为我国中原上古行政区划分。《尚书·禹贡》记载为冀、兖、青、徐、扬、荆、豫、梁、雍。

⑥ 躔（chán）次：日月星辰在运行轨道上的位次。

⑦ 封建：古时帝王将爵位和土地分封给亲戚或者是有功之臣，他们在各自的封土上建立邦国。

⑧ 昴（mǎo）：二十八星宿之一。

⑨ 西胡：古时对葱岭内外西域各族的统称。

⑩ 东越：古族名，古时越人的一支，相传是越王勾践的后裔。

⑪ 雕题：指的是古时候南方雕额纹身的部落。

⑫ 交阯（zhǐ）：古地名，在五岭以南。

颜氏家训

解读

对于第一种指责的解释：远大的东西，难道可以测量吗？人们所知道的，没有比天地更熟悉的了。天由云气聚结而成，地由实块积结而成，太阳是阳气的精华，月亮是阴气的精华，星辰是宇宙的精华，这是儒家信奉的观点。星辰有时坠落大地上，就成了石头；如果精华是石头，就不会有光芒，其物质沉重，靠什么力量悬挂于天上呢？一颗星大概有一百里长，星宿从头到尾，相隔几万里；直径百里之长的物体，相隔万里连成一片，它们之间的宽窄纵横排列都有一定的常态，有盈缩的变化。再者，星星与日月的形体，色泽相似，只是大小不同而已。可是，日月也是石头吗？石头是牢固细密的物体，那太阳中的三足乌，月亮中的玉兔又如何于其中存身呢？石头漂浮在气体中，如何能运转呢？日月星辰，如果全是气体，那么气体轻飘，应与天合而为一，来回环绕运转，不可能互相交错。它们的速度应该一致，但为何日月五大行星、二十八星宿各有各的速度位置，移动的快慢不均匀呢？难道是气体坠地忽然变成石头吗？大地既然是实块积聚而成的，应该沉重，可是往地下挖竟能挖到泉水，这说明地是浮在水上的；那么积水下面又有什么呢？长江、黄河和许多的川溪，其水流从何而来呢？东流到海，海水为何不溢出地面呢？海水经过归塘、尾闾，那么这些水又流到何处呢？如果说海水被沃焦山的石头烧掉了，那么是什么样的气体让石头燃着了？潮汐的涨落，又是谁在控制呢？天河挂在空中，为什么不散落下来？水的特性是从高处向低流，为何又升到天上去呢？天地初开时，就有了星宿；当时九州的地域尚未划分，诸侯列国尚未分封，这些疆界是如何根据星辰运行的位置来确定的呢？诸侯在分封的区域内建国以来，又是谁主宰这些事呢？诸侯国有增有减，星辰的位置却没有改变，而其中的吉凶祸福照样发生，毫无偏差；天象之大，星辰众多，为何以星宿来划分地上州郡只限在中原地区呢?被称作旄头的昴星是对应匈奴的,西胡、东越、雕题、交阯这些地域,竟白白地被抛弃,难道它们就没有对应的分星吗?诸如此类的问题,如果要去追究是永无穷尽的,又如何能以常人常事之理去判断茫茫宇宙之外的无穷事理呢?

原文

凡人之信,唯耳与目;耳目之外,咸致疑焉。儒家说天,自有数义:或浑①或盖②,乍宣③乍安④。斗极所周,管维⑤所属,若所亲见,不容不同;若所测量,宁足依据?何故信凡人之臆说,迷大圣之妙旨,而欲必无恒沙世界、微尘⑥数劫也?而邹衍⑦亦有九州之谈。山中人不信有鱼大如木,海上人不信有木大如鱼;汉武不信弦胶,魏文不信火布⑧;胡人见锦,不信有虫食树吐丝所成;昔在江南,不信有千人毡帐,及来河北,不信有二万斛船:皆实验也。

世有祝师⑨及诸幻术,犹能履火蹈刃,种瓜移井,倏忽之间,十变五化。人力所为,尚能如此;何况神通感应,不可思量,千里宝幢⑩,百由旬⑪座,化成净土⑫,踊出妙塔乎?

注释

①浑:浑天说,古时的一种宇宙论,认为天的形状浑圆,好像一颗弹丸。

②盖:盖天说,这个学说刚开始认为天的形状好比一把张开的伞形,大地好比棋盘的形状。后来又变成天的形状像斗笠,大地像覆着的盘。

③宣:宣夜说,认为宇宙是由无形的气体构成的,而天则没有

形质，日月星辰都漂浮在虚空之中。

④ 安：《安天论》，是汉代会稽虞喜根据宣夜说写成的。
⑤ 管维：斗枢。
⑥ 微尘：极其细微的物质。
⑦ 邹衍：战国时期齐国人，阴阳家的代表人物。
⑧ 火布：火浣之布。
⑨ 祝师：祭祀时能够祝告鬼神的巫师。
⑩ 宝幢：经幢，刻有佛号或者是经咒的石柱。
⑪ 由旬：古印度度量单位。
⑫ 净土：佛教用语，代指庄严洁净。

解读

　　一般人所相信的，都是耳闻目睹的事物；凡是耳闻之外的事物，都加以怀疑。儒家对天的看法本来有几种，有浑天说，有盖天说，有宣夜说，有的则相信安天论。此外还认为北斗星围绕北极星转动，是依靠斗枢为转轴。如果是亲眼看见，就不会有这么多看法。如果是凭空推测度量，究竟哪种方法可靠呢？我们为何相信这些凡人的猜测而怀疑圣人释迦牟尼的精妙教义呢？为何认定决不会有像印度恒河中的沙子那样多的世界，微小的尘埃也经历过数次的劫波呢？而且，邹衍也有中国之外还有九州的说法。山里的人不信有树木那样大的鱼，海上的人不相信有鱼这么大的树木，汉武帝不相信世上有可以粘合断裂弓弦刀剑的弦胶，魏文帝不相信有耐火的火浣布；胡人看见锦，不信是用吃桑叶的蚕吐的丝织成的，过去我在江南时，不相信有容纳千人的毡帐；等到了黄河以北后，才发现这里的人们不相信有容纳二万斛的大船。而这些都是得到事实验证的。

　　世间有巫师以及知晓各种幻术的人，又还能够从火焰中穿过、从刀刃上行走，能够使刚种下的瓜果立即成熟，可以移动井口，在突然之间，能够有千万种变化。人力所能做到的，尚且可以这样；更何况是神通感应力量，那就无可估量了，高达千里的经幢，宽达几千里的莲花宝座，庄严洁净的极乐世界，以及从地上踊出来的宝塔，这些不都是瞬间能够办到事情吗？

原文

释二曰：夫信谤之征，有如影响❶；耳闻目见，其事已多，或乃精诚不深，业缘未感，时傥差阑❷，终当获报耳。善恶之行，祸福所归。九流❸百氏，皆同此论，岂独释典为虚妄乎？项橐❹、颜回之短折，伯夷、原宪❺之冻馁，盗跖❻、庄跻之福寿，齐景、桓魋❼之富强，若引之先业，冀以后生，更为通耳。如以行善而偶钟祸报，为恶而傥值福澂，便生怨尤，即为欺诡；则亦尧、舜之云虚，周、孔之不实也，又欲安所依信而立身乎？

注释

❶ 影响：影子和回声。
❷ 阑：迟，晚。
❸ 九流：战国时的九个学术流派，指儒、道、墨、法、名、杂、农、纵横、阴阳九家。
❹ 项橐（tuó）：春秋时期人。
❺ 原宪：春秋时期人，孔子的弟子。
❻ 盗跖（zhí）：春秋时期柳下惠的弟弟为大盗，人们称其为"盗跖"。
❼ 桓魋（tuí）：春秋时的向魋，因为他是宋桓公的后人，所以又称之为"桓魋"。

颜氏家训

解读

对第二种责难的解释：我相信你们所诽谤的佛教因果报应之说，这报应就如同形体与影子、声音与回响一样。我耳闻眼见这样的事多了。有的虽然没有得到应验，可能是当事者的精诚还不够深厚，因缘未发生感应；报应的时间虽然有早晚的分别，但最终还是会得到报应的。一个人的善行恶行，往往决定了他会招致祸与福。九流百家都认同这个观点，难道只有佛家这样说才是虚伪吗？像项橐、颜回的短命而死，伯夷、原宪的受冻挨饿，盗跖、庄跻的得福获寿，齐景公、桓魋的富足强大，如果把这些看成是他们的前辈功德或恶业，报应在后人身上，道理就说得通了。如果因为行善事而偶然招受灾祸，做坏事又意外得到福报，从而产生了怨恨之心，便认为因果报应之说是欺诈蒙骗；那么也就是指责尧、舜的事迹是虚假的，周公、孔子也不可信。如果是这样的话，那么又能相信什么，靠什么信念来立身处世呢？

归 心

> 原文

释三曰：开辟已来①，不善人多而善人少，何由悉责其精洁②乎？见有名僧高行，弃而不说；若睹凡僧流俗，便生非毁。且学者之不勤，岂教者之为过？俗僧之学经律，何异士人之学《诗》《礼》？以《诗》《礼》之教，格③朝廷之人，略无全行者；以经律之禁，格出家之辈，而独责无犯哉？且阙行之臣，犹求禄位；毁禁之侣，何惭供养④乎？其于戒行，自当有犯。一披法服⑤，已堕僧数，岁中所计，斋讲⑥诵诗，比诸白衣⑦，犹不啻山海也。

> 注释

① 开辟已来：我国古代有盘古开天辟地的神话。开辟已来就是指有天地以来。

② 精洁：纯净无杂质。

③ 格：度量、衡量。

④ 供养：佛教徒不从事生产，靠人家提供食物，叫供养。

⑤ 法服：佛教徒在举行仪式时穿的法衣。

⑥ 斋讲：宣讲佛法的集会。

⑦ 白衣：南北朝时中国佛教徒穿缁（zī）衣，即黑衣，教外在家的世俗人家穿白衣。因此常以"白衣"代称世俗之人。

> 解读

对于第三种指责，我解释如下：开天辟地有了人类以来，就是坏人多而好人少，怎么可以要求每一个僧尼都是清白的好人呢？看见名僧高尚的德行，都放在一旁不说，只要见到了凡庸僧人伤风败俗，就指责非议谤毁。况且，接受教育的人不勤勉，难道是教育者的过错？凡庸僧尼学习佛经，又跟士人学习《诗经》《礼记》有什么两样？用《诗经》《礼记》中所要求的标准去衡量朝廷中的大官员，大概没有几个是符合标准的。用佛经的戒律衡量出家人，怎么能唯独要求他们不能违犯戒律呢？品德很差的官员，还依然能获取高官厚禄，犯了禁律的僧尼，坐享供养又有什么可惭愧的呢？对于所规定的行为规范，人们自然会偶尔违反。出家人一披上法衣，一年到头吃斋念佛，与世俗之人的修养相比，其高低的程度远胜过高山与深海的差距。

原文

释四曰：内教多途，出家自是其一法耳。若能诚孝在心，仁惠为本，须达①、流水②，不必剃落须发；岂令罄井田而起塔庙，穷编户以为僧尼也？皆由为政不能节之，遂使非法之寺，妨民稼穑，无业之僧，空国赋算，非大觉③之本旨也。抑又论之：求道者，身计也；惜费者，国谋也。身计国谋，不可两遂。诚臣徇主而弃亲，孝子安家而忘国，各有行也。儒有不屈王侯高尚其事，隐有让王辞相避世山林；安可计其赋役，以为罪人？若能偕化黔首④，悉入道场，如妙乐⑤之世，穰佉⑥之国，则有自然稻米，无尽宝藏，安求田蚕⑦之利乎？

注释

① 须达：古印度时期的富商，是释迦牟尼的施主之一，后来皈依佛门。

② 流水：即流水长者。

③ 大觉：指代佛教。
④ 黔首：战国及秦时对平民的称谓。
⑤ 妙乐：古时西印度的国名。
⑥ 禳（ráng）佉（qū）：转轮王，印度古代神话中的国王名。
⑦ 田蚕：泛指农桑。

解读

对第四种指责的解释：佛教修行的方法很多，出家仅是其中的一种。如果能把忠孝放在心上，以仁爱施惠为立身之本，像须达、流水两位长者那样，也就用不着剃掉须发为僧了，哪用得着用所有的田地去建寺佛塔，让所有的编户之民都去当僧尼呢？那是由于执政者不能很好地节制佛事，才使得不守法纪的寺院，妨碍了民众的农事，没有德行的僧尼，空享国家赋税，这不是佛教的本旨。我又或者这样说，信奉佛教是个人的计划，珍惜费用则是国家的谋划。个人的谋划和国家的谋划不能两全其美。这就像是忠臣献身于君主而放弃抚养双亲的责任，孝子为了承担家庭而忽略了对国家应尽的义务，各自有不同的行为准则。儒家中有不屈从于王侯自许清高的人，隐士中有辞让相位遁世山林的人，又怎能计算他们的赋税徭役，并认定他们是逃避赋役的罪人呢？如果能感化百姓都信奉佛教，皈依释迦，那么这就像佛经中所说的妙乐、禳佉国那样，会有自然生长的稻米，无尽的宝藏，哪里用得着去求取种田养蚕的利益呢？

原文

释五曰：形体虽死，精神犹存。人生在世，望于后身①似不相属；及其殁后，则与前身似犹老少朝夕耳。世有魂神，示现梦想②，或降童妾，或感妻孥，求索饮食，征须福祐，亦为不少矣。今人贫贱疾苦，莫不怨尤前世不修功业。

以此而论，安可不为之作地③乎？夫有子孙，自是天地间一苍生耳，何预身事？而乃爱护，遗其基址④，况于己之神爽，顿欲弃之哉？凡夫蒙蔽，不见未来，故言彼生与今非一体耳；若有天眼⑤，鉴其念念随灭，生生不断，岂可不怖畏邪？又君子处世，贵能克己复礼，济时益物。治家者欲一家之庆，治国者欲一国之良，仆妾臣民，与身竟何亲也，而为勤苦修德乎？亦是尧、舜、周、孔虚失愉乐耳。一人修道，济度几许苍生？免脱几身罪累？幸熟思之！汝曹若观俗计，树立门户，不弃妻子，未能出家；但当兼修戒行，留心诵读，以为来世津梁。人生难得，无虚过也。

注释

① 后身：佛教认为人死后要转生，故有前身、后身之分。
② 示现梦想：灵魂出现在生者的梦里，也是一般所说的托梦。
③ 作地：留有余地。
④ 基址：基业、产业。
⑤ 天眼：佛教五眼之一，也是天趣之眼，可以透视六道、远近、前后、上下、内外以及未来等。

解读

对第五种指责的解释：人的形体虽然死了，精神仍然存在。人活在世上的时候，看到自己的后身，似乎没有什么联系；等他死了之后，才发现后身和前身有密切的关系，就像老人和小孩、早晨和晚上一般关系密切。世上有死者的魂灵，会在活人梦中出现，有的托梦于仆人婢妾，有的托梦于妻子儿女，向他们索求食物，乞讨贫贱困苦，没有不埋怨自己的前世没有修好功德。

　　从这一点看来,生前怎能不为后世留有余地呢?至于人有子孙,都不过是天地间的苍生而已,跟自身有什么关系呢?而且这样尚要尽心爱护,将家业留给他们,何况对于自己的灵魂,怎能舍弃呢?凡夫俗子蒙昧蔽塞,无法预知来世,所以说今生跟来生不是一回事。如果人有洞察万物的天趣之眼,就可以看到生生死死,轮回不断,如此他难道不感到惧怕吗?而且君子处世极重要的是克制自己,合乎礼仪,匡时救世,有益于人。治家的人希望这个家庭幸福美满,治国的人希望这个国家兴旺发达。仆人、侍妾、臣子、民众,和我自己有什么相干呢?为什么要为他们辛苦操持?这也和尧、舜、周公、孔子一样,为了别人的幸福而牺牲自己的欢乐罢

颜氏家训

了。一个人修身求道，可以超度几个苍生，能使几个人开脱罪恶？你们要认真思考这个问题。如果要顾及世俗的生计，建立门户，不能舍弃妻子儿女，不能出家当和尚，但要兼及修行，留心于诵读佛经，以此来为来世的幸福架好桥梁。人生宝贵，千万不要白白度过。

原文

儒家君子，尚离庖厨，见其生不忍其死，闻其声不食其肉。高柴❶、折像❷，未知内教，皆能不杀，此乃仁者自然用心。含生❸之徒，莫不爱命；去杀之事，必勉行之。好杀之人，临死报验，子孙殃祸，其数甚多，不能悉录耳，且示数条于末。

梁世有人，常以鸡卵❹白和沐，云使发光，每沐辄二三十枚。临死，发中但闻啾啾数千鸡雏声。

江陵刘氏，以卖鳝❺为业。后生一儿头是鳝，自颈以下，方为人耳。

王克❻为永嘉郡守，有人饷❼羊，集宾欲宴。而羊绳解，来投一客，先跪两拜，便入衣中。此客竟不言之，固无救请。须臾宰羊为羹，先行至客。一脔入口，便下皮内，周行❽遍体，痛楚号叫；方复说之，遂作羊鸣而死。

注释

❶ 高柴：春秋时人，孔子弟子。
❷ 折像：东汉时期人，字伯式。
❸ 含生：有生命之物。
❹ 鸡卵：鸡蛋。
❺ 鳝：形状像蛇，生活在水中的泥洞里。
❻ 王克：南朝梁人，官拜尚书仆射。

❼ 饷：赠送。

❽ 周行：循环运行。

解读

儒家君子，尚且要远离厨房，看到活的东西而不忍心杀掉它们，听到它们被杀时的声音而不忍心食用它们的肉。高柴、折像这两个人，虽然不知道佛教的教义，但却都不杀生，这是仁者天生的本性。所有的生命，就没有不爱惜自身的；对于杀生的事情，他们也会尽力避开。那些喜好杀生的人，临死前会遭到报应，子孙都跟着遭殃，这样的例子也有很多，不能一一叙述了，也就在末尾处稍加列举几个。

梁朝有一个人，经常使用鸡蛋白洗头发，说这样可以让头发有光泽，每一次洗头发需要用掉二三十枚鸡蛋。临死前，他听到头发里传来了几千只小鸡"啾啾"叫的声音。

江陵有个姓刘的人，靠卖鳝鱼羹为业。后来生了一个孩子，头像鳝鱼，自颈部以下，才是人形。

王克做永嘉郡守时，有人送了一只羊给他。他就集邀了宾客想开一个宴会。那只羊挣断了绳子，冲到一位客人面前，先跪下拜了两拜，就钻入客人的衣服里。那位客人竟然没有对别人说，没去为那只羊向王克求情。过了一会儿，羊被宰杀做成了羊羹，先送到那位客人面前。他夹了一块肉，刚入口，便觉得那肉蹿入皮内，周身乱窜，他疼痛号叫不已。此时他才说出羊向他求情的事，随后发出几声羊叫声，死去了。

原文

梁孝元在江州时，有人为望蔡县令，经刘敬躬乱❶，县廨❷被焚，寄寺而住。民将牛酒作礼，县令以牛系刹住，屏除形象❸，铺设床坐，于堂

颜氏家训

上接宾。未杀之顷，牛解，径来至阶而拜，县令大笑，命左右宰之。饮啖醉饱，便卧檐下。稍醒而觉体痒，爬搔隐疹④，因尔成癞，十许年死。

杨思达为西阳⑤郡守，值侯景乱，时复旱俭，饥民盗田中麦。思达遣一部曲⑥守视，所得盗者，辄截手腕，凡戮十余人。部曲后生一男，自然无手。

注释

① 刘敬躬乱：梁武帝大同八年（542年），刘敬躬起兵造反。
② 廨（xiè）：官舍。
③ 形象：佛像。
④ 隐疹：皮肤上起的小疙瘩。
⑤ 西阳：郡名，今湖北黄冈东。
⑥ 部曲：部属。

解读

梁元帝在江州的时候，有个人在望蔡县当县令，恰遇刘敬躬叛乱，县里的官署被烧毁了，他暂时在一所寺庙里寄住。老百姓将一头牛和几缸酒当作礼物送给他，县令将牛拴在幡柱上，搬掉佛像，摆上坐具，在佛堂上接待宾客。牛快被宰杀的时候，挣脱了绳子，直奔到台阶前向县令跪拜。县令大笑，还是令旁边的侍从把牛杀了。县令酒足饭饱之后，就躺在屋檐下睡着了。醒来后感到身体发痒，抓搔后身上起了疙瘩。他因此得了恶疮，十几年后病死了。

杨思达在任西阳郡守的时候，遇侯景为乱，当时又刚好患水灾，饥饿的老百姓就去偷官田里的麦子。杨思达派了手下一名部曲去守麦田，凡是抓到偷麦子的人，就砍掉他们的手腕，一共砍了十几个人。后来他生了一

归 心

个儿子，天生就没有手。

原文

齐有一奉朝请[1]，家甚豪侈，非手杀牛，啖之不美。年三十许，病笃[2]，大见牛来，举体如被刀刺，叫呼而终。

江陵高伟，随吾入齐，凡数年，向幽州淀中捕鱼。后病，每见群鱼啮之而死。

世有痴人，不识仁义，不知富贵并由天命。为子娶妇，恨其生资[3]不足，倚作舅姑[4]之尊，蛇虺其性，毒口加诬，不识忌讳，骂辱妇之父母，却成教妇不孝己身，不顾他恨。但怜己之子女，不爱己之儿妇。如此之人，阴纪其过，鬼夺其算[5]。慎不可与为邻，何况交结乎？避之哉！

注释

[1] 奉朝请：古时候，诸侯春季朝见天子时称之为朝，秋季朝见天子时称之为请，统称为春朝秋请。汉朝时期，对于隐退的大臣、外戚，大多都会以奉朝请的名义，让他们参与朝会。南朝宋之后，便以奉朝请来安顿闲散的官员。

[2] 病笃：病势加重。

[3] 生资：嫁妆。

[4] 舅姑：公婆。

[5] 算：寿命。

解读

齐朝有一个奉朝请，家里很是奢华，不亲自杀牛，吃起来就觉得不是美味。他三十多岁的时候,得了重病,看见一大群牛朝着他跑过来,只觉全身如刀割一般疼痛难忍,最后呼叫一声而死去。

江陵地区的高伟,和我一起来到齐国,这几年来,他经常到幽州的湖中捕鱼。后来得了病,经常看到一群鱼过来咬他,最终因此而死。

世上有这么一种痴人,不懂得仁义,不晓得人的富贵是由天命注定的。为儿子娶媳妇,怨恨女方的嫁妆太少,仗着自己是公公婆婆的尊长身份,性如毒蛇,对儿媳恶毒辱骂,甚至豪不忌讳,骂起女方的父母。这样教会了媳妇不孝顺自己,也不顾及她的怨恨会带来祸害。只知道爱惜自己的儿女,却不懂去疼爱自己的儿媳。这样的人,阴曹地府会将其罪过记录下来,让恶鬼夺去他的寿命。你们要谨慎些,不要与这样的人比邻而居,更不能与之结为朋友。避开他们吧!

书 证

原文

《诗》云:"参差①荇菜②。"《尔雅》云:"荇,接余也。"字或为"莕"。先儒解释皆云:"水草,圆叶细茎,随水浅深。今是水③悉有之,黄花似莼,江南俗亦呼为'猪莼',或呼为'荇菜'。"刘芳具有注释④。而河北俗人多不识之,博士皆以参差者是苋菜,呼'人苋'为'人荇',亦可笑之甚。

《诗》云:"谁谓荼⑤苦?"《尔雅》⑥《毛诗传》⑦并以荼,苦菜也。又《礼》云:"苦菜秀⑧。"案:《易统通卦验玄图》⑨曰:"苦菜生于寒秋,更冬历春,得夏乃成。"今中原苦菜则如此也。一名游冬⑩,叶似苦苣⑪而细,摘断有白汁,花黄似菊。江南别有苦菜,叶似酸浆⑫,其花或紫或白,子大如珠,熟时或赤或黑,此菜可以释劳⑬。案郭璞⑭注《尔雅》,此乃"蘵⑮,黄蒢⑯"也。今河北谓之"龙葵⑰"。梁世讲《礼》者,以此当苦菜;既无宿根,至春子方生耳,亦大误也。又高诱⑱注《吕氏春秋》曰:"荣而不实曰英⑲。"苦菜当言英,益知非龙葵也。

注释

①参差(cēn cī):长短不齐的样子。

❷ 荇（xìng）菜：即蕧菜，一种水生植物，茎可食。

❸ 是水：凡是有水的地方。

❹ 刘芳具有注释：指刘芳的《毛诗笺音义证》。刘芳，北魏彭城人，善识石经文字。

❺ 荼（tú）：野菜名，又名苦菜。

❻ 《尔雅》：我国古代第一部词典，大致按词义系统和事物分类编纂而成，成书约于秦汉年间。

❼ 《毛诗传》：即《毛诗诂训传》，西汉毛亨著，是研究《诗经》、训诂学和汉语史的重要资料。

❽ 秀：指植物抽穗开花。

❾ 《易统通卦验玄图》：书名，见于《隋书·经籍志》，共一卷，但著者不详。

❿ 游冬：即苦菜。

⓫ 苦苣（jù）：苦菜的一种，可食。

⓬ 酸浆：草名。

⓭ 释劳：解除疲劳。

⓮ 郭璞（pú）：晋文学家、训诂学家、神仙家，字景纯，河东闻喜人，官著作郎，因劝阻王敦起兵被杀。

⓯ 蘵（zhī）：草名。

⓰ 黄蒢（chú）：草名，叶子好像酸浆，花瓣较小而且白，花心为黄色。

⓱ 龙葵：一种可入药的茄科草木植物，性寒，有毒，能消肿除毒。

⓲ 高诱：东汉学者，涿郡人，曾注解过《吕氏春秋》等。

⓳ 英：一种植物，只开花不结果。

书 证

解读

《诗经》中说:"参差荇菜。"《尔雅》解释道:"荇菜就是接余。""荇"字又写成"莕"。以前读书人解释时都说:"它是一种水草,叶圆茎细,随着水的深浅而或高或低。现今凡是有水的地方皆有荇菜,它开着黄色的花,像莼菜,江南民间也称它为'猪莼',也有叫它为'荇菜'的。"刘芳的《毛诗笺音义证》里有这些注释。可是黄河以北的人大多不认识它,连博学之士也认为这种长短不齐的荇菜就是苋菜,把"人苋"叫做"人荇",也很可笑。

《诗经》里说:"谁说荼菜苦?"《尔雅》《毛诗传》都认为荼菜就是苦菜。另外,《礼记》中说:"苦菜开花但不结果。"据考证,《易统通卦验玄图》说:"苦菜生长在寒秋时节,经过冬天和春天,到夏天才长成。"现在中原的苦菜就是这样。苦菜又名游冬,叶子像苦苣却细一些,折断后有白色汁液,开如同菊花一样的黄花。江南还有一种苦菜,叶子像酸浆草,花或紫色或白色,结的籽像珠子一样大小;成熟时或为红色或为黑色,这种苦菜可以用来消除疲劳。郭璞注《尔雅》时认为这就是"蘵,黄蒢"。现在黄河以北把它称为"龙葵"。梁代讲授《礼记》的人把它当作苦菜;但它并没有宿根,到春天才发芽生长,因此实在是个大错误。另外,高诱注《吕氏春秋》时说:"开花而不结果的就叫英。"苦菜理当称做"英",更可以清楚地知道它不是龙葵了。

原文

《诗》云:"有杕❶之杜❷。"江南本❸并"木"傍施"大",《传》❹曰:"杕,独貌也。"徐仙民❺音徒计反❻。《说文》❼曰:"杕,树貌也。"在"木"部。《韵集》❽音"次第"之"第",而河北本❾皆为

"夷狄"之"狄"，读亦如字⑩，此大误也。

《诗》云："駉駉⑪牡马⑫。"江南书皆作"牝牡"之"牡"，河北本悉为"放牧"之"牧"。邺下⑬博士见难⑭云："《駉颂》既美僖⑮公牧于坰⑯野之事，何限骓骖⑰乎？"余答曰："案《毛传》云：'駉駉，良马腹干肥张也。'其下又云：'诸侯六闲⑱四种：有良马，戎马，田马，驽马。'若作牧放之意，通于牝牡，则不容限在良马独得駉駉之称。良马，天子以驾玉辂⑲，诸侯以充朝聘⑳郊祀，必无骓也。《周礼·圉人职》：'良马，匹一人㉑。驽马，丽一人㉒。'圉㉓人所养，亦非骓也；颂人举其强骏者言之，于义为得也。《易》曰：'良马逐逐㉔。'《左传》㉕云：'以其良马二。'亦精骏之称，非通语也。今以《诗传》良马，通于牧骓，恐失毛生㉖之意，且不见刘芳《义证》㉗乎？"

注释

① 柣（dì）：树木孤耸的样子。

② 杜：棠梨，俗称杜梨树。

③ 本：书的版本。

④ 《传》：即《毛诗传》。

⑤ 徐仙民：徐邈，东晋人，著有《毛诗音》二卷。

⑥ 反：反切，古代的一种声韵拼合的方法。

⑦ 《说文》：即《说文解字》，东汉许慎撰，是我国第一部系统分析字形和考察字源的文字学著作，共十五卷。

⑧ 《韵集》：书名，晋安复令吕静撰，共六卷。

⑨ 河北本：指的是河北地区流行的《诗经》版本。

⑩ 如字：一个字有两个或者是两个以上的读音。

⑪ 駉（jiōng）駉：马肥壮的样子。

⑫ 牡马：公马。

⑬ 邺下：地名，为北魏、北齐的国都。

⑭ 难（nàn）：诘问、责难。

⑮ 僖（xī）公：鲁僖公。

⑯ 坰（jiōng）：远郊。

⑰ 騲騭（cǎo zhì）：即母马和公马。

⑱ 闲：即马厩。

⑲ 玉辂（lù）：古时帝王所乘坐的马车。

⑳ 朝聘：指诸侯定期朝见问候天子。

㉑ 匹一人：即每人饲养一匹马。

㉒ 丽一人：即每人饲养两匹马。丽，两、成对的。

㉓ 圉（yǔ）人：养马的人。

㉔ 逐逐：即急速狂奔的样子。

㉕《左传》：即《春秋左氏传》，相传为春秋时鲁国史官左丘明所撰。

㉖ 毛生：毛公，曾为《诗经》作传。

㉗《义证》：刘芳撰写的《毛诗笺音义证》。

解读

《诗经》中记载："有杕之杜。"江南地区流行的版本中，"杕"都是"木"字旁加一个"大"字，《毛诗传》中记载："杕，独貌也。"徐邈注音为徒计反。《说文解字》中记载："杕，树貌也。"字在"木"部。《韵集》中注音为"次第"的"第"，而在河北流行的《诗经》版本中，都注音为"夷狄"的"狄"，读音也和"狄"字相同，这是一个大错误了。

颜氏家训

《诗经》中说:"骊骊牡马。"江南的书上皆写作是"牝牡"的"牡",黄河以北的书上却全部写成"放牧"的"牧"。邺下的博学之士诘难说:"《骊颂》诗既然是赞美僖公在远郊放牧的事,又何必限定是母马抑或是公马呢?"我回答说:"按《毛诗传》的解释,'骊骊,指良马肚腹肥壮、躯干高大。'它还说,'诸侯拥有六个马厩,马分四种:即良马、戎马、田马、驽马。'如果解释为放牧的意思,那么它就通指母马、公马,而不是限定只有良马才能称为'骊骊'。良马,是天子用来驾车的,是诸侯用来充当朝见天子、在郊野举行祭祀仪式的,肯定就不会有母马。《周礼·圉人职》记载:'良马,每匹马由一人饲养。驽马,每两匹由一人饲养。'养马的人所养的马,也不是母的;作颂诗的人用强壮骏美来赞扬马,是通晓其中含义的。《易》上说:'良马奔驰。'《左传》说:'以其良马二。'也是说良马强壮骏美,并非说每一匹马都这样。现在认为《诗传》中所说的良马就是指母马、公马,恐怕是违背了毛苌的本意,难道不知道有刘芳的《义证》为证吗?"

原文

《月令》云:"荔挺出。"郑玄❶注云:"荔挺,马薤❷也。"《说文》云:"荔,似蒲而小,根可为刷。"《广雅》❸云:"马薤,荔也。"《通俗文》[4]亦云马蔺[5]。《易统通卦验玄图》云："荔挺不出，则国多火灾。"蔡邕《月令章句》云："荔似挺。"高诱注《吕氏春秋》云："荔草挺出也。"然则《月令注》荔挺为草名，误矣。

河北平泽[6]率生之。江东颇有此物，人或种于阶庭，但呼为"旱蒲"，故不识马薤。讲《礼》者乃以为马苋；马苋堪食，亦名"豚耳"，俗名"马齿"。江陵尝有一僧，面形上广下狭；刘缓[7]幼子民誉，年始数岁，俊晤[8]善体物，见此僧云："面似马苋。"其伯父绦因呼为荔挺法师。绦亲讲《礼》名儒，尚误如此。

注释

❶ 郑玄：字康成，东汉著名的学者。
❷ 马薤（xiè）：草本植物，可入药除热。
❸ 《广雅》：古时的一部字典，由三国时期的张揖所撰，共一万八千百五十字。
❹ 《通俗文》：解释经史用字的字典，由汉代服虔所撰，原书一卷已经失传。
❺ 马蔺（lìn）：又称马莲或蠡实，多年生草本植物。
❻ 平泽：沼泽地。
❼ 刘缓：字含度，南朝梁人，历官安西湘东王记室。其兄刘绦曾任南朝梁尚书礼部郎。
❽ 俊晤：聪颖卓异。

解读

《礼记·月令》说："荔挺出。"郑玄注释说："荔挺就是马薤。"

颜氏家训

《说文》说:"荔,像蒲草但小一些,根可制作刷子。"《广雅》说:"马薤就是荔。"《通俗文》也说是马蔺。《易统通卦验玄图》说:"如果不长荔挺,国家就会多火灾。"蔡邕的《月令章句》说:"荔像挺。"高诱注《吕氏春秋》时说:"荔草直立生长。"可是《月令注》却以为荔挺是草名,错了。

黄河以北沼泽地带都长满了荔草。江东常见这种草,有人把它种在台阶前,只是称它为"旱蒲",因而不知道它是马薤。讲授《礼记》的人却以为它是马苋。马苋可以吃,也叫"豚耳",俗名"马齿"。江陵曾有一位僧人,脸形上宽下窄;刘缓的幼子民誉,年龄才几岁,却俊秀聪慧,善于观察描绘事物,他看到这个僧人后说:"他的面相像马苋。"民誉的伯父刘绍就称这个僧人为"荔挺法师"。刘绍是讲授《礼记》的名儒,竟也错误到这样。

原文

《诗》云:"将其来施施❶。"《毛传》云:"施施,难进之意。"郑《笺》❷云:"施施,舒行貌也。"《韩诗》❸亦重为❹"施施"。河北《毛诗》皆云"施施"。江南旧本,悉单为"施",俗遂是之,恐为少误。

《诗》云:"有渰❺萋萋,兴云祁祁。"毛《传》云:"渰,阴云貌。萋萋,云行貌。祁祁,徐貌也。"《笺》云:"古者,阴阳和,风雨时,其来祁祁然,不暴疾❻也。"案:渰已是阴云,何劳复云"兴云祁祁"耶?"云"当为"雨",俗写误耳。班固《灵台》诗云:"三光❼宣精,五行❽布序,习习祥风,祁祁甘雨。"此其证也。

注释

① 施施：缓慢行走、从容不迫的样子。
② 郑《笺》：即东汉郑玄所作的《毛诗传笺》。
③ 《韩诗》：西汉初韩婴所传的《诗经》，北宋时已佚。
④ 重为："施"字叠用。
⑤ 渰（yǎn）：乌云。
⑥ 暴疾：突然、迅疾。
⑦ 三光：指日、月、星。
⑧ 五行：指水、火、木、金、土。

解读

《诗经》中说："将其来施施。"《毛诗传》中说："施施，是难以前行的意思。"郑玄的《毛诗传笺》说："施施，是缓慢前行的样子。"《韩诗》中也使用了两个"施施"。黄河以北地区流传的《毛诗传》版本中都说"施施"。江南地区旧时的版本，则都只有一个"施"字，世人都认为这个才是对的，恐怕还是有些错误的。

《诗经》中说："有渰萋萋，兴云祁祁。"《毛诗传》中说："渰，阴云的样子。萋萋，云朵运行的模样。祁祁，缓慢的样子。"《毛诗传笺》说："古时候，阴阳调和，风雨适时，来时会非常的舒缓，不会过于迅猛。"根据考证：渰就是阴云的意思，又为何再重复说"兴云祁祁"呢？"云"应该是"雨"，是普通人写错了。班固的《灵台》诗中说："三光宣精，五行布序，习习祥风，祁祁甘雨。"这便是对上述说法的例证。

颜氏家训

原文

《礼》云:"定犹豫,决嫌疑。"《离骚》曰:"心犹豫而狐疑。"先儒未有释者。案《尸子》❶曰:"五尺犬为犹。"《说文》云:"陇西谓犬子为犹。"吾以为人将犬行,犬好豫❷在人前,待人不得,又来迎候,如此往还,至于终日,斯乃"豫"之所以为未定也,故称"犹豫"。或以《尔雅》曰:"犹如麂❸,善登木。"犹,兽名也,既闻人声,乃豫缘木❹,如此上下,故称"犹豫"。狐之为兽,又多猜疑,故听河冰无流水声,然后敢渡。今俗云:"狐疑,虎卜❺。"则其义也。

《左传》曰:"齐侯痎❻,遂痁❼。"《说文》云:"痎,二日一发之疟❽。痁,有热疟也。"案齐侯之病,本是间日一发,渐加重乎故,为诸侯忧也。今北方犹呼"痎疟",音"皆"。而世间传本多以"痎"为"疥"❾,杜征南❿亦无解释,徐仙民音"介",俗儒就为通云:"病疥,令人恶寒,变而成疟。"此臆说也。疥癣小疾,何足可论,宁有患疥转作疟乎?

注释

❶《尸子》:战国时法家尸佼撰,二十卷,已佚,后人有辑本。
❷ 豫:预先。
❸ 麂(jǐ):鹿属的一种哺乳动物。
❹ 缘木:爬树。
❺ 虎卜:卜筮的一种。传说虎能以爪画地,观奇偶之数以卜食,故称。

❻ 痎（jiē）：隔天就会发作的疟疾。
❼ 痁（shān）：带有发热症状的疟病
❽ 疟：急性传染病的一种。
❾ 疥（jiè）：疥疮，一种皮肤病。
❿ 杜征南：杜预，曾任晋征南大将军，京兆杜陵人，博学多谋。

解读

《礼记》说："定犹豫，决嫌疑。"《离骚》说："心犹豫而狐疑。"先儒对此没有解释。我考证：《尸子》说："五尺长的狗叫犹。"《说文》说："陇西把狗崽叫作犹。"我认为人带狗走时，狗喜欢跑在人的前面，等人不来时又跑回去迎候，如此前后往返，终日这样，这就是将"豫"看成是不能决定，所以叫"犹豫"的缘故。还有一种观点认为，《尔雅》说："犹像麂，善于攀登树木。"即认为犹是一种动物的名，它听到人的声音，就预先攀上树木，上上下下不定，所以称为"犹豫"。狐狸作为一种兽类，生情多疑，所以听到结冰的河里没有流水声，才敢渡河。现在的俗话说："狐狸性疑，老虎卜食。"就是这个意思。

《左传》中说："齐侯得了痎病，后来又转成痁病。痁，是伴有发热症状的疟病。"根据考证：齐侯的病，原本是隔一日发作一次，后来又渐渐加重，让各诸侯很是忧虑。而今北方人依然将这种病称为"痎疟"，读音为"皆"。而世间流传的大多数版本都认为"痎"为"疥"，杜征南对此并没有任何的解释，徐仙民将"痎"注音为"介"，一般的学者便将其理解为："得了疥病，让人害怕寒冷，最后又转为疟疾。"这是主观的臆想。疥癣是一种很小的疾病，不足以讨论，又哪会有生了疥癣这种皮肤病又转化为疟疾的呢？

颜氏家训

原文

　　《尚书》曰："惟影响①。"《周礼》云："土圭②测影，影朝影夕。"《孟子》曰："图影失形。"《庄子》云："罔两③问影。"如此等字，皆当为"光景"之"景"。凡阴景者，因光而生，故即谓为"景"。《淮南子》④呼为"景柱"⑤，《广雅》云："晷柱⑥挂景。"并是也。至晋世葛洪⑦《字苑》，傍始加"彡"，音于景反。而世间辄改治《尚书》《周礼》《庄》《孟》从葛洪字，甚为失矣。

　　太公《六韬》⑧，有天陈⑨、地陈、人陈、云鸟之陈。《论语》曰："卫灵公问陈于孔子。"《左传》："为鱼丽⑩之陈。"俗本多作"阜"傍"车乘"之"车"。案诸陈队，并作"陈、郑"之"陈"。夫行陈之义，取于陈列耳，此"六书⑪"为假借也，《苍》《雅》⑫及近世字书，皆无别字；唯王羲之《小学章》，独"阜"傍作"车"，纵复俗行，不宜追改《六韬》《论语》《左传》也。

注释

① 影响：影子和回声，意为如影随形，如响留声。

② 土圭（guī）：古代用以测日影、正四时和测度土地的器具。

③ 罔（wǎng）两：影子外层的淡影。

④ 《淮南子》：西汉淮南王刘安等著，杂糅先秦诸子学说而以道家为主。

⑤ 景柱：即影柱，古代用来测日影、定时刻的表柱。

⑥ 晷（guǐ）柱：测日影、定时刻的仪器。

⑦ 葛洪：东晋人，崇信道教，主张儒道双修，撰有《抱朴子》

《字苑》等。

⑧《六韬》：我国古代兵书，相传为西周初期姜太公所作，实为战国时期作品。因分为文、武、龙、虎、豹、犬六部分，故称。

⑨陈（zhèn）：即"阵"，指阵法。

⑩鱼丽：古代军阵名。

⑪六书：古人分析汉字的理论，即象形、指事、会意、形声、转注、假借。

⑫《苍》《雅》：指《苍颉篇》和《尔雅》。

解读

《尚书》说："惟影响。"《周礼》说："土圭测量日影，日影朝东月影朝西。"《孟子》说："图影无形。"《庄子》说："罔两问影。"像这些字，都应当写成"光景"的"景"。因为凡是阴景，都是因为光照射才形成的，所以就应写作"景"。《淮南子》中说"景柱"，《广雅》中说："晷柱挂景。"都是同样的意思。到东晋葛洪著《字苑》时，才开始在"景"旁加上"彡"，读音是于景反。而世间的人就把《尚书》《周礼》《庄子》《孟子》中的"景"字按葛洪的说法改为"影"字,这就是个很大的失误了。

姜太公《六韬》中,有天陈、地陈、人陈、云鸟之陈。《论语》中说:"卫灵公问陈于孔子。"《左传》中说:"为鱼丽之陈。"通俗的版本多把"陈"字写成"阜"字旁加一个"车乘"的"车"字。根据考证,表示队列、战列的"陈"字,都写成"陈、郑"的"陈"字。行陈之义,从陈列中取义,将"陈"写为"阵","六书"中的写法为假借法。《苍颉篇》《尔雅》以及近代的字书中,都没有写成其他的字,只有王羲之的《小学章》中,把"陈"字写成"阜"字旁加一个"车"。即便这样的写法在世上很流行,但也不应该再去改《六韬》《论语》《左传》中的"陈"字。

原文

《诗》云:"黄鸟于飞,集于灌木。"《传》云:"灌木,丛木也。"此乃《尔雅》之文,故李巡❶注曰:"木丛生曰灌。"《尔雅》末章又云:"木族生为灌。"族亦丛聚也。所以江南《诗》古本皆为"丛聚"之"丛",而古"丛"字似"冣"字,近世儒生,因改为"冣",解云:"木之最高长者。"案众家《尔雅》及解《诗》无言此者,唯周续之❷《毛诗注》,音为祖会反,刘昌宗❸《诗注》,音为在公反,又祖会反:皆为穿凿,失《尔雅》训也。

"也"是语已❹及助句之辞,文籍备有之矣。河北经传,悉略此字,其间字有不可得无者,至如"伯也执殳"❺,"于旅❻也语","回也屡空","风,风也,教也",及《诗传》云:"不戢❼,戢也;不儺❽,儺也。""不多,多也。"如斯之类,傥削此文,颇成废阙❾。《诗》

言："青青子衿❿。"《传》曰："青衿，青领也，学子之服。"按：古者，斜领下连于衿，故谓领为衿。孙炎⓫、郭璞注《尔雅》，曹大家⓬注《列女传》⓭，并云："衿，交领也。"邺下《诗》本，既无"也"字，群儒因谬说云："青衿、青领，是衣两处之名，皆以青为饰。"用释"青青"二字，其失大矣！又有俗学，闻经传中时须"也"字，辄以意加之，每不得所，益成可笑。

注释

❶ 李巡：东汉汝阳人，曾注《尔雅》三卷。

❷ 周续之：南朝宋雁门广武人，少慧，通《五经》《五纬》，后入庐山隐居，与刘遗人、陶渊明称为"浔阳三隐"，曾注《毛诗传》《公羊传》等。

❸ 刘昌宗：晋人，生平不详，有《周礼》《仪礼音》《礼记音》等多种著作传世。

❹ 语已：语尾，即句末语气词。

❺ 殳（shū）：一种有棱无刃的兵器。

❻ 旅：次序，指依次劝酒。

❼ 戢（jí）：收敛、克制。

❽ 傩（nuó）：行有节奏。

❾ 废阙：残缺不全。

❿ 衿（jīn）：衣领。因周代学子着此服，故用以代称学子。

⓫ 孙炎：三国魏经学家、训诂学家，郑玄弟子，有"东州大儒"之称。

⓬ 曹大家（gū）：东汉史学家班固之妹班昭，因其夫姓曹，故

称曹大家。她聪慧有才,续成《汉书》,并任汉和帝皇后的老师。

⓭《列女传》:西汉刘向编集的有关妇女节行事迹的书。

解读

《诗经》中说:"黄鸟于飞,集于灌木。"《毛传》说:"灌木就是丛木。"这是《尔雅》的解释,所以李巡注《尔雅》时说:"树木丛生就叫灌。"《尔雅》最末一句又说:"木族生为灌。"族,也就是丛聚的意思。所以,江南《诗经》的古本都写成"丛聚"的"丛",而古"丛"字字形像"冣"字,近世的儒生因此而把"丛"字改为"冣"字,并解释说:"树木丛中长得高大的。"据考证,各家《尔雅》及注释《诗经》的人都没有这样解释的,只有周续之的《毛诗注》,为它注音为徂会反;刘昌宗的《诗注》注音为在公反,又读音为祖会反:这些都是牵强附会的,违背了《尔雅》的训释。

"也"是语尾和起语助作用的词,书籍中都有。黄河以北的经书及传书,都省略了这个字,至于像"伯也执殳""于旅也语""同也屡空""风,风也,教也"以及《诗传》所说:"不戢,戢也;不傩,傩也""不多,多也"等等，假如省略了"也"字，就会造成语句、语意的残缺不全。《诗经》说："青青子衿。"《毛传》说："青衿就是青色的衣领，是学子所穿的衣服。"据考，古时候，领子斜着下去与衣襟连在一起，所以称领子为衿。孙炎、郭璞注《尔雅》、曹大家注《列女传》都说："衿就是交领。"邺下的《诗经》本子，既然没有"也"字，那些读书人就错误地解释为："青衿、青领，是衣服上两个不同部位的名称，都是用青色做装饰。"这样来解释"青青"二字，也就大错特错了。又有一些俗学之人，听说经传中常用"也"字，就按自己的理解随便添加，却往往不得要领，放错了地方，更让人可笑。

原文

《易》有蜀才❶注，江南学士，遂不知是何人。王俭❷《四部目录》，不言姓名，题云："王弼❸后人。"谢炅、夏侯该，并读数千卷书，皆疑是谯周❹；而《李蜀书》一名《汉之书》❺，云："姓范名长生，自称蜀才。"南方以晋家❻渡江后，北间传记，皆名为伪书，不贵省读❼，故不见也。

《礼·王制》云："裸股肱❽。"郑注云："谓肘衣出其臂胫。"今书皆作"擐❾甲"之"擐"。国子博士萧该❿云："'擐'当作'揎'⓫，音'宣'，'擐'是穿著之名，非出臂之义。"案《字林》⓬，萧读是，徐爰⓭音"患"，非也。

《汉书》："田肎⓮贺上。"江南本皆作"宵"字。沛国刘显⓯，博览经籍，偏精班《汉》，梁代谓之《汉》圣。显子臻，不坠家业。读班史，呼为田肎。梁元帝尝问之，答曰："此无义可求，但臣家旧本，以雌黄⓰改'宵'为'肎'。"元帝无以难之。吾至江北，见本为"肎"。

颜氏家训

注释

① 蜀才：东晋时期成汉范贤的自称。

② 王俭：南朝齐著作家、目录学家，琅邪临沂人，专心笃学，校勘古籍。

③ 王弼：三国魏山阳人，文学家，撰有《周易注》。

④ 谯（qiáo）周：三国蜀巴西西充国人，精研六经，尤善书札，著有《法训》《五经论》等。

⑤ 《汉之书》：即晋蜀郡人常璩所撰，共十卷。常璩另著有《华阳国志》。

⑥ 晋家：指西晋。永嘉之乱后，西晋南渡建康，建立东晋。

⑦ 省读：阅读。

⑧ 股肱（gōng）：大腿和胳膊。

⑨ 摌（huàn）：穿。

⑩ 揎（xuān）：挽起衣袖。

⑪ 萧该：南朝梁鄱阳王萧恢之孙，性笃学，通儒经，尤精《汉书》。

⑫ 《字林》：字书。晋吕忱撰，收字万余，以补《说文》之漏，已亡佚。

⑬ 徐爰：南朝宋开阳人，官尚书左丞，巧于逢迎，明帝时升中散大夫。

⑭ 肎（kěn）：同"肯"。

⑮ 刘显：南朝梁沛国人，官浔阳太守，博涉群书，尤精《汉书》，撰《汉书音》二卷。

⑯ 雌黄：指一种可涂抹字迹的颜料。

书 证

> **解读**

《易经》有署名蜀才的注译版本，江南地区的学者，竟然都不了解蜀才是什么人。王俭的《四部目录》中，不说姓名，只题名为："王弼后人。"谢炅、夏侯该二人，都阅读过几千卷的书籍，都怀疑"蜀才"指的是"谯周"；而《李蜀书》又名《汉之书》，说："姓范，名长生，自称为蜀才。"南方从晋朝渡江以来，来自北方的一些经传书籍，都被称之为伪书，并不会认真去阅读．所以没有看到过这一段的记载。

《礼·王制》中说："裸股肱。"郑玄的注释说："谓肘衣出其臂胫。"而今书中都写成"擐甲"的"擐"。国子博士萧该说："'擐'应该为'揎'，读音为'宣'，'擐'，是穿着的意思，并不是将手臂露出来的意思。"据《字林》来看，萧该的那种读法是正确的，徐爱注音为"患"，这是不对的。

《汉书》中有"田肎贺上。"江南的版本都把"肎"写成"宵"。沛国人刘显，博览经书典籍，尤其精通班固的《汉书》，梁代时称他为"《汉》圣"。刘显的儿子刘臻，承传家业，他在读班固的《汉书》时，读作"田肎"。梁元帝曾问其中的缘故，刘臻回答说："这没有什么意义可讲，只是我们家的旧本中，用雌黄把'宵'字改为'肎'。"元帝也找不到诘难的根据。我到江北时，看到这个字都写为"肎"。

> **原文**

《汉书·王莽赞》云："紫色蛙声，余分闰位[1]。"盖谓非玄黄[2]之色，不中律吕[3]之音也。近有学士，名问[4]甚高，遂云："王莽非直鸱[5]䴏虎视，而复紫色蛙声。"亦为误矣。

简"策"字，"竹"下施"朿"，末代隶书，似杞、宋[6]之"宋"，

颜氏家训

亦有"竹"下遂为"夹"者；犹如"刺"字之傍应为"束"，今亦作"夹"。徐仙民《春秋》《礼音》，遂以"筴"为正字，以"策"为音，殊为颠倒。《史记》又作"悉"字，误而为"述"，作"妬[7]"字，误而为"姤[8]"，裴[9]、徐[10]、邹[11]皆以"悉"字音"述"，以"妬"字音"姤"。既尔，则亦可以"亥"为"豕"字音，以"帝"为"虎"字音乎？

注释

① 闰位：非正统。意指王莽当政是篡夺皇位，不合正色正声、本分本位。

② 玄黄：黑色与黄色，表正色。

③ 律吕：乐律的统称，表正声。

④ 名问：名誉、声望。

⑤ 鸢（yuān）：即老鹰。⑥ 杞、宋：均为古国名。

⑦ 妬（dù）：同"妒"。

⑧ 姤（gòu）：《易》的卦名。六十四卦之一。

⑨ 裴：指裴骃，南朝宋南中郎参军，著有《史记集解》。

⑩ 徐：指徐广，南朝宋中散大夫，著有《史记音义》。

⑪ 邹：指邹诞生，南朝梁轻车录事参军，著有《史记音》。

解读

《汉书·王莽传》中说："紫色蛙声，余分闰位。"意思就是说紫色并不是玄黄正色，蝇声也不符合声律的标准。近来有一位学士，声名很高，于是说："王莽不仅有奔鸟那样高耸的双肩，有老虎那般犀利的眼睛，肤色为紫色，声音如蝇声。"这也是错误的。

书 证

简策的"策"字，是"竹"字下面加一个"朿"字。末代的隶书将"策"字写成像杞宋的"宋"字，也有在"竹"字下面写成"夹"字的，就像"刺"字的旁边本应为"朿"，现在也写成了"夹"。徐仙民《春秋》《礼音》就把"筴"作为正字，把"策"作为读音，真是颠倒是非。《史记》写"悉"字时误写为"述"，写"姤"字时误写为"姤"。于是裴骃、徐广、邹诞生都在注解《史记》时把"悉"字读"述"，把"姤"读"姤"。照这样下去的话，那么也可以把"亥"读为"豕"、把"帝"读为"虎"字吗？

原文

张揖❶云："虙❷，今伏羲氏❸也。"孟康❹《汉书古文注》亦云："虙，今伏。"而皇甫谧❺云："伏羲或谓之宓羲。"按诸经史纬候❻，遂无"宓羲"之号。"虙"字从"虍"，"宓"字从"宀"，下俱为"必"，末世传写，遂误以"虙"为"宓"，而《帝王世纪》因误更立名耳。何以验之？孔子弟子虙子贱❼为单父宰，即虙羲之后，俗字亦为"宓"，或复加"山"。今兖州永昌郡城，旧单父地也，东门有《子贱碑》，汉世所立，乃曰："济南伏生❽，即子贱之后。"是"虙"之与"伏"，古来通字，误以为"宓"，较可知矣。

注释

❶ 张揖：字稚让，清河人。
❷ 虙（fú）：姓，通"伏""宓"。
❸ 伏羲氏：相传为三皇之一。
❹ 孟康：三国魏安平人，历官散骑侍郎、中书令等职，曾注

223

颜氏家训

《汉书》。

❺ 皇甫谧（mì）：西晋安定朝那（今宁夏固原县东南）人，终身不仕，以著述为务，有《帝王世纪》等。

❻ 纬候：纬书和《尚书中候》的合称，泛指诸经典籍。

❼ 宓子贱：孔子弟子，鲁国人，孔子赞其为君子，任单父宰，卓有政绩。

❽ 伏生：即伏胜，西汉今文《尚书》的最早传授者，曾任秦博士。

解读

张揖说："虙，就是今天所说的伏羲氏。"孟康《汉书》古文注也说："虙，即现在的伏。"而皇甫谧说："伏羲有时也称作宓羲。"根据各经史典籍来看，却没有"宓羲"的称号。"虙"字从"虍"，"宓"字从"宀"，下面都是"必"字。后世传抄誊写，便误把"虙"写成"宓"，而《帝王世纪》就因此而错误地另立名字。凭什么事验证这一点呢？孔子的弟子虙子贱曾出任单父的长官，他就是虙羲的后代，姓也被俗写成"宓"字，或再加一个"山"字。现在兖州永昌郡城，就是过去单父所在地，它的东门有一块《子贱碑》，是汉代时立的，其中说到"济南的伏生，就是子贱的后代"。由此可知"虙"与"伏"字，在古时候是互为通用的，后误写成了"宓"字，这样看来较清楚了。

原文

《太史公记》❶曰："宁为鸡口，无为牛后。"此是删《战国策》❷耳。案：延笃❸《战国策音义》曰："尸，鸡中之王。从，牛子。"然则，"口"当为"尸"，"后"当为"从"，俗写误也。

应劭④《风俗通》云:"《太史公记》:'高渐离⑤变名易姓,为人庸保⑥,匿作于宋子⑦,久之作苦,闻其家堂上有客击筑,伎⑧痒,不能无出言。'"案伎痒者,怀其伎而腹痒也。是以潘岳⑨《射雉赋》亦云:"徒心烦而伎痒。"今《史记》并作"徘徊",或作"彷徨不能无出言",是为俗传写误耳。

《太史公》论英布⑩曰:"祸之兴自爱姬,生于妒媚,以致灭国。"又《汉书·外戚传》亦云:"成结宠妾妒媚之诛。"此二"媚"并当作"媢",媢亦妒也,义见《礼记》《三苍》⑪。且《五宗世家》⑫亦云:"常山宪王⑬后妒媢。"王充⑭《论衡》云:"妒夫媢妇生,则忿怒斗讼。"益知"媢"是"妒"之别名。原英布之诛为意贲赫⑮耳,不得言"媚"。

注释

❶《太史公记》:即司马迁的《史记》,又称《太史公书》,是我国第一部纪传体通史。

❷《战国策》:西汉刘向编订的有关战国时策士谋略和言论的书籍。

❸ 延笃:东汉南阳人,博通经传及百家之言,以文章名世,撰有《战国策论》一卷。

❹ 应劭(shào):东汉汝南南顿人,著有《风俗通义》三十卷。

❺ 高渐离:战国末燕国人,擅长击筑。

❻ 庸保:受人雇用役使的人。

❼ 宋子:县名,今属河北钜鹿县。

⑧ 伎：同"技"。
⑨ 潘岳：晋荥阳中牟人，字安仁，貌美，工诗赋，词藻艳丽，长于哀诔之体。
⑩ 英布：秦末汉初人。
⑪ 《三苍》：指《苍颉篇》《爰历篇》《博学篇》的合称。
⑫ 《五宗世家》：即《史记》世家中的篇名。
⑬ 常山宪王：即刘舜，汉景帝少子，立为常山王，卒谥号"宪"。
⑭ 王充：东汉哲学家、学者，著《论衡》三十卷，抨击当时迷信思想，主张今胜于古。
⑮ 贲（bēn）赫：西汉人，初为淮南王英布中大夫，后因揭发英布有反谋而被封为将军、期思侯。

解读

《太史公记》中说："宁为鸡口，无为牛后。"这是从《战国策》一书中删减得来的。根据考证：延笃的《战国策音义》中说："尸，鸡中之王。从，牛子。"这样说来，《太史公记》中的"口"字应该写为"尸"字，"后"字应该为"从"字，一般人都将它们写错了。

应劭的《风俗通》中说："《太史公记》中记载：'高渐离更名改姓，受雇于人，在宋子县隐姓埋名，时间久了他感觉很是辛苦，听说主人家的堂上有人在击筑，一时技痒，无法控制自己一言不发。'"根据考证：技痒，就是无法展示自己的某种技能而感觉心痒难耐。所以潘岳的《射雉赋》中也说："徒心烦而伎痒。"而今《史记》中却将"技痒"二字写成"徘徊"，或者是写作"彷徨不能无出言"，这是误传误写的缘故。

太史公评价英布说："灾祸因爱姬兴起，由于妒媚而产生，以致国亡身死。"另外，《汉书·外戚传》也说："宠妾妒媢酿成杀身之祸。"这两个"媢"字都应写成"媢"，媢也是妒的意思，其意思见于《礼记》《三苍》中。而且《五宗世家》也说："常山宪王的王后妒媢。"王充的《论衡》中说："妒夫媢妇出现，就会产生忿怒斗讼。"这更表明"媢"是"妒"的别名。考究英布被杀的原因，似乎是怀疑贲赫，而不能说是"媢"。

原文

《史记·始皇本纪》："二十八年，丞相隗林❶、丞相王绾等，议于海上❷。"诸本皆作"山林"之"林"。开皇❸二年五月，长安民掘得秦时铁称权❹，旁有铜涂镌铭二所。其一所曰："廿六年，皇帝尽并兼天下诸侯，黔首❺大安，立号为皇帝，乃诏丞相状、绾，法度量则不壹歉疑者，皆明之。"凡四十字。其一所曰："元年，制诏丞相斯❻、去疾❼，法度量，尽始皇帝为之，皆有刻辞焉。今袭号而刻辞不称始皇帝，其于久远也，如后嗣为之者，不称成功盛德，刻此诏□左，使毋疑。"凡五十八字，一字磨灭，见有五十七字，了了分明，其书兼为古隶。余被敕写读之，与内史令李德林对，见此称权，今在官库；其"丞相状"字，乃为"状貌"之"状"，"爿"旁作"犬"；则知俗作"隗林"，非也，当为"隗状"耳。

注释

❶ 隗（kuí）林：秦朝丞相。
❷ 海上：指东海之滨。
❸ 开皇：隋文帝杨坚年号。

颜氏家训

④ 铁称权:铁秤砣。称,同"秤"。权,秤锤。
⑤ 黔首:秦代对百姓的称呼。
⑥ 斯:指李斯,时为秦左丞相。
⑦ 去疾:指冯去疾,时为秦右丞相。

解读

《史记·始皇本纪》载:"二十八年,丞相隗林、丞相王绾等人,在东海之滨商议事情。"现存的各种抄本都写成"山林"的"林"。隋朝开皇二年(582年)五月,长安的百姓掘地时挖到了秦时的铁秤砣,其旁有镀铜的镌刻铭文两则。其中一则说:"廿六年,皇帝尽并兼天下诸侯,黔首大安,立号为皇帝,乃诏丞相状、绾,法度量则不一歉疑者,皆明一之。"一共四十个字。另一则说:"元年,制诏丞相斯、去疾,法度量,尽始皇帝为之,皆有刻辞焉。今袭号而刻辞不称始皇帝,其于久远也,如后嗣为之者,不称成功盛德,刻此诏□左,使毋疑。"一共五十八个字,

其中一个字磨损看不见,另外五十七个字清清楚楚。铭文字体用的是古隶书。我奉皇帝诏令抄写、标点铭文,与内史令李德林核对,看到这个秤砣,现今在官库里;那上面的"丞相状"字迹,就是状貌的"状",即"爿"旁加"犬"字;那么由此可知一般的人写作"隗林"是不对的,应该是"隗状"。

原文

《汉书》云:"中外禔福❶。"字当从"示"。禔,安也,音"匙匕"之"匙",义见《苍》《雅》《方言》❷。河北学士皆云如此。而江南书本,多误从"手",属文者对耦❸,并为"提挈"之意,恐为误也。

或问:"《汉书注》:'为元后❹父名禁,改禁中为省中。'何故以'省'代'禁'?"答曰:"案《周礼·官正》:'掌王宫之戒令纠禁。'郑注云:'纠❺,犹割也,察也。'李登❻云:'省,察也。'张揖云:'省,今省詧也。'然则小井、所领二反,并得训察。其处既常有禁卫省察,故以'省'代'禁'。'詧',古'察'字也。"

《汉·明帝纪》❼:"为四姓❽小侯立学。"按:桓帝❾加元服,又赐四姓及梁、邓小侯帛,是知皆外戚也。明帝❿时,外戚有樊氏、郭氏、阴氏、马氏为四姓。谓之小侯者,或以年小获封,故须立学耳。或以侍祠⓫猥朝,侯非列侯⓬,故曰小侯,《礼》云:"庶方小侯。"则其义也。

注释

❶ 禔(zhī)福:指安宁幸福。

❷《方言》:指汉代扬雄所撰的《𬨎轩使者绝代语释别国方言》,该书汇集古今各地同义词语,是研究我国古代词汇的宝贵资料。

③ 对耦（ǒu）：对偶，耦通"偶"。
④ 元后：汉元帝皇后。
⑤ 纠（jiū）：通"纠"，督察。
⑥ 李登：三国魏人，著有《声类》，是我国最早的一部韵书。
⑦ 《汉·明帝纪》：《后汉书·明帝纪》。
⑧ 四姓：樊、郭、阴、马四个名门贵族姓氏的合称。
⑨ 桓帝：汉桓帝刘志。
⑩ 明帝：汉明帝刘庄。
⑪ 侍祠：侍祠侯。
⑫ 列侯：爵位名。

解读

《汉书》中说："中外禔福。""禔"字应该是"示"部。禔，安宁的意思，读音为"匙匕"的"匙"，关于字的意思可以参考《三苍》《尔雅》《方言》。黄河以北地区的学者都是这样认为的。而江南地区的版本，大多都误写为"手"部，写文的人作对偶句式的时候，都会把它写为"提挈"的意思，这恐怕是错误的。

有人问："《汉书注》中记载：ّ因为汉元帝皇后的父亲名为禁，所以改禁中为省中。'用'省'代替'禁'又是因何缘故呢？"我回答说："根据考证：《周礼·宫正》中记载：'掌王宫之戒令纠禁。'郑玄注解说：'纠，犹割也，察也。'李登说：'省，察也。'张揖说：'省，今省詧也。'这样说'省'字的读法为小井反或者是所领反，都是察看的意思。那个地方既然经常会有禁卫省察，所以才用'省'字代替了'禁'字。'詧'，就是古时候的'察'字。"

《后汉书·明帝纪》中说："为四姓小侯立学。"据考，汉桓帝行加冠礼时，又赏赐给四姓及梁、邓小侯丝帛，由此可知这些都是外戚了。汉明帝时，外戚有樊氏、郭氏、阴氏、马氏四姓。称呼他们为小侯，可能是因为年幼就获得封号，因此必须设立学校；也可能是因为侍祠猥朝侯这等闲职，虽然是侯，但却并非上等的列侯，所以叫小侯。《礼记》中所说"诸方小侯"，大约就是这个意思。

原文

《后汉书》云："鹳雀衔三鳝鱼。"多假借为"鱣鲔"之"鱣"；俗之学士，因谓之为鳝鱼。案魏武③《四时食制》："鱣鱼大如五斗奁，长一丈。"郭璞注《尔雅》："鱣长二三丈。"安有鹳雀能胜一者，况三乎？鱣又纯灰色，无文章④也。鳝鱼长者不过三尺，大者不过三指，黄地黑文；故都讲云："蛇鳝，卿大夫服之象也。"《续汉书》⑤及《搜神记》亦说此事，皆作"鳝"字。孙卿云："鱼鳖鳅鱣。"及《韩非》《说苑》⑥皆曰："鱣似蛇，蚕似蠋⑦。"并作"鱣"字。假"鱣"为"鳝"，其来久矣。

《后汉书》："酷吏樊晔⑧为天水郡守，凉州为之歌曰：'宁见乳虎⑨穴，不入冀府寺⑩。'"而江南书本"穴"皆误作"六"。学士因循，迷而不寤。夫虎豹穴居，事之较者；所以班超云："不探虎穴，安得虎子？"宁当论其六七耶？

注释

❶鱣（zhān）：鲟鳇鱼，长二三丈，无鳞，色灰白，状似鲟鱼而背上有甲。

② 鲔（wěi）：即鲟鱼。

③ 魏武：即曹操。

④ 文章：花纹。

⑤ 《续汉书》：晋秘书监司马彪撰，八十三卷。《搜神记》，晋干宝撰，三十卷，录鬼神灵异及民间传闻之事。

⑥ 《说苑》：西汉刘向撰，二十卷，所录皆为可以取法的遗闻佚事。

⑦ 蠋（zhú）：鳞翅目昆虫的幼虫。

⑧ 樊晔：东汉南阳新野人，官侍御史，后拜天水太守，为政苛猛。

⑨ 乳虎：正在哺乳的母虎，性情凶猛异常。

⑩ 冀府寺：即天水太守官署。

解读

《后汉书》说："鹳雀衔着三条鳝鱼。"注释时常假借作"鳣鲔"的"鳣"字。一般的读书人便把它叫鳣鱼。据考证，魏武帝的《四时食制》中说："鳣鱼大得就像五斗容积的器具，长一丈。"郭璞注《尔雅》时说："鳣鱼长二三丈。"如此之大，鹳雀怎能衔住一条，更何况三条呢？鳣鱼又是纯灰色的，没有花纹。鳝鱼长的不过三尺，宽不过三指，黄底黑纹，因此人们常说："蛇鳝，就像卿大夫衣服上的图像。"《续汉书》及《搜神记》也曾说到此事，都写成"鳣"字。荀子说："鱼鳖鳅鳣。"《韩非子》《说苑》也都说到："鳣像蛇，蚕像蠋。"都写成"鳣"字。把"鳣"假借为"鳝"，由来已久了。

《后汉书》中记载："酷吏樊晔做天水郡守时，凉州地区的百姓为他编了一首歌谣：'宁见乳虎穴，不入冀府寺。'"而江南地区流传的版本中，将"穴"字都误写为"六"字，这种错误被一些学士沿袭下来，迷惑却自知不觉。虎豹是穴居动物，这是很显然的事情，所以班超说："不探虎穴，安得虎子？"哪是指的乳虎是六个还是七个呢？

原文

《后汉书·杨由❶传》云："风吹削肺❷。"此是削札牍❸之柿❹耳。古者，书误则削之，故《左传》云"削而投之"是也。或即谓"札"为"削"，王褒《童约》曰："书削代牍。"苏竟❺书云："昔以摩研编削之才。"皆其证也。《诗》云："伐木浒浒❻。"毛《传》云："浒浒，柿貌也。"史家假借为"肝肺"字，俗本因是悉作"脯腊"之"脯"，或为"反哺"之"哺"。学士因解云："削哺，是屏障之名。"既无证据，亦为妄矣！此是风角❼占候❽耳。《风角书》曰："庶人风者，拂地扬尘转削。"若是屏障，何由可转也？

注释

❶杨由：字哀侯，东汉成都人，少习《易经》，为郡文学掾，撰著十余篇。

❷削肺：削札牍时的碎片。

❸削札牍：古时用小木片、竹片作书写材料，有误时即削去。

❹柿（fèi）：削下的木片。

❺苏竟：东汉平陵人，精研《易》，通晓诸子百家，历官侍中郎、侍中、太守等。

❼浒浒：象声词，伐木声。

❽风角：占验四方之风，以知吉凶。

❾占候：根据天象的变化预测吉凶。

颜氏家训

解读

《后汉书·杨由传》中说："风吹削肺。"这里的"肺"字指的是削札牍的那个"柿"字。古时候，书写错了就用刀削掉它，所以《左传》中"削而投之"，说的就是这个意思。有人就认为"札"就是"削"，王褒的《童约》说："书削代牍。"苏竟写道："昔以摩研编削之才。"就都是把"札"说成是"削"的证据。《诗经》中有："伐木浒浒。"《毛传》说："浒浒，就是削去木片的样子。"史家将其假借成"肝肺"的"肺"字，于是流行本就因此而全部写成了"脯腊"的"脯"字，或"反哺"的"哺"字。学士们据此而解释为："削哺，是屏风的名称。"这些说法既没有证据，也是胡扯。实际上，"风吹削肺"的意思是说根据四方的来风才能预测吉凶。《风角书》中就有："庶人风者，拂地扬尘转削。"如果是屏障的话，又哪能将它吹得转动呢？

原文

《三辅决录》❶云："前队大夫❷范仲公，盐豉蒜果共一筒。""果"当作"魏颗❸"之"颗"。北土通呼物一由❹，改为一颗，"蒜颗"是俗间常语耳。故陈思王❺《鹞雀赋》曰："头如果蒜，目似擘椒❻。"又《道经》云："合口诵经声璨璨❼，眼中泪出珠子碌❽。"其字虽异，其音与义颇同。江南但呼为"蒜符"，不知谓为"颗"。学士相承，读为"裹结"之"裹"，言盐与蒜共一苞裹，内筩中耳。《正史削繁》❾音义又音"蒜颗"为苦戈反，皆失也。

书 证

注释

① 《三辅决录》：东汉京兆长陵人越岐所撰。
② 前队（suì）大夫：指南阳郡太守。
③ 魏颗：晋国大臣。
④ 凷（kuài）：通"块"。
⑤ 陈思王：即曹植，因封陈王，谥思，故称。
⑥ 擘（bò）：分开。
⑦ 璅璅（suǒ）：同"琐琐"，形容玉件相击发出的细碎声音。
⑧ 碦（kē）：同"颗"，颗粒。
⑨ 《正史削繁音义》：梁朝阮孝绪撰，共九十四卷。

解读

《三辅决录》说："南阳郡守范仲公，盐豉蒜果共一筒。""果"字应当是"魏颗"的"颗"字。北方普遍把物体一块称为一颗，"蒜颗"是民间常用的说法。所以陈思王的《鹞雀赋》说："头如果蒜，目似擘椒。"另外，《道经》说："合口诵经璅璅，眼中泪出珠子碦。"这些字形虽然不同，但它们的音和义却很一致。江南的人只叫做"蒜符"，不知道叫"颗"。学士们相继沿习，读为"裹结"的"裹"，说成是盐与蒜共放在一个包裹里，放入竹筒中。《正史削繁音义》又读"蒜颗"的"颗"为苦戈反，都是错的。

原文

有人访吾曰："《魏志》蒋济①上书云'弊攰②之民'，是何字也？"余应之曰："意为攰即是㱴③倦之㱴耳。张揖、吕忱④并云：'支傍作刀剑之刀，亦是剞⁵字。'不知蒋氏自造"支"傍作"筋力"之"力"，或借"剞"字，终当音九伪反。"

《晋中兴书》⁶："太山羊曼⁷，常颓纵任侠，饮酒诞节⁸，兖州号为'𩱧⁹伯'。"此字皆无音训。梁孝元帝常谓吾曰："由来不识。唯张简宪见教⁽¹⁰⁾，呼为'𩱧⁽¹¹⁾羹'之'𩱧'。自尔便遵承之，亦不知所出。"简宪是湘州刺史张缵谥也，江南号为硕学。案：法盛世代殊近，当是耆老⁽¹²⁾相传；俗间又有"𩱧𩱧"语，盖无所不施，无所不容之意也。顾野王⁽¹³⁾《玉篇》误为"黑"傍"沓"。顾虽博物，犹出简宪、孝元之下，而二人皆云重边。吾所见数本，并无作"黑"者。"𩱧"是多饶积厚之意，从"黑"更无义旨。

注释

① 蒋济：三国魏平阿人，魏明帝时为中护军，多次上疏反对大修宫室。

② 勚（guì）：精疲力竭之意。

③ 𩤔（guì）：疲倦到了极点。

④ 吕忱：晋朝文学家。

⑤ 剞（jī）：雕刻用的刀具。

⑥ 《晋中兴书》：南朝宋湘东太守何法盛撰，共七十八卷。

⑦ 羊曼：字祖延，晋人，任性放纵，不拘礼法，曾任晋陵太守，后被害。

⑧ 诞节：没有节制、放诞任性。

⑨ 𩱧（tà）：放纵豁达。

⑩ 见教：受人指教，即赐教。

⑪ 嗒（tà）：不咀嚼而吞咽。
⑫ 耆（qí）老：老年人。
⑬ 顾野王：南朝陈人，精通经史、天文地理、术数等，著《玉篇》三十卷。

解读

有人询问我说："《魏志》中蒋济上书说'弊劦之民'的'劦'字，是什么字呢？"我回应说："'劦'字或许就是'𢧵倦'的'𢧵'字。张揖、吕忱都说：'支旁边加一个刀剑的刀字，就是剞字。不知道蒋氏是自己创造了'支'旁加个'筋力'的'力'字所构成的'劦'，还是假借了'剞'字，不过这个字最终都应该读为九伪反。"

《晋中兴书》记载："太山羊曼，经常颓唐任性，打抱不平，饮酒无度，兖州人称他为'𪏪伯'。"这个"𪏪"字既无读音也无释义。梁孝元帝曾对我说："不清楚这个字的由来。只有张简宪曾教过我，说读成'嗒羹'的'嗒'。从此我就这样读，但还是不知道它的出处。"简宪是湘州刺史张缵的谥号，江南的人都称他为学问高深的人。据我考证，何法盛所作的书稿离那时年代很近，应是听长者口耳相传所得；民间又有"𪏪𪏪"的说法，为无所不及的意思。顾野王的《玉篇》误写成"黑"旁加"沓"字。顾虽然博学多识，但比简宪、孝元帝还是差些，而他们两人都说是"重"旁。我所见的几种本子，都没有写作"黑"旁的。"𪏪"是充足丰饶积累极厚的意思，如果是从"黑"旁就不知怎样解释其义了。

原文

《古乐府》❶歌词，先述三子，次及三妇，妇是对舅姑❷之称。其末章云："丈人且安坐，调弦未遽央❸。"古者，子妇供事舅姑，旦夕在侧，与儿女无异，故有此言。"丈人"亦长老之目，今世俗犹呼其祖考为先亡丈人。又疑"丈"当作"大"，北间风俗，妇呼舅为"大人公"。"丈"之与"大"，易为误耳。近代文士，颇作《三妇诗》，乃为匹嫡[4]并耦己[5]之群妻之意，又加郑、卫之辞[6]，大雅君子，何其谬乎？

《古乐府》歌百里奚[7]词曰："百里奚，五羊皮。忆别时，烹伏雌[8]，吹扊扅[9]；今日富贵忘我为！""吹"当作"炊煮"之"炊"。案蔡邕《月令章句》曰："键，关牡也，所以止扉，或谓之剡移。"然则当时贫困，并以门牡木作薪炊耳。《声类》作"扊"，又或作"㸒"[10]。

注释

① 《古乐府》：左克明编，共十卷。
② 舅姑：即公婆。
③ 未遽（jù）央：仓猝间未能调好。
④ 匹嫡：匹婚、婚配。
⑤ 耦己：与己结婚。
⑥ 郑、卫之辞：代指淫荡不正的歌辞。
⑦ 百里奚：春秋时秦穆公贤相，本为虞国大夫，晋灭虞时被俘，为秦穆公夫人陪嫁之臣。百里奚逃至宛，为楚人所获。秦穆公闻其贤能后用五张羊皮赎回，委以国政。
⑧ 伏雌：孵卵的母鸡。
⑨ 扊扅（yǎn yí）：门栓。
⑩ 㸒（diàn）：门闩。

书 证

解读

《古乐府》歌词中,先讲到三个儿子,接着才讲到三个媳妇。媳妇是相对于公婆的称呼。歌词的最后一章说:"丈人且安坐,调弦未遽央。"古时候,媳妇供奉公婆,早晚都在身边,与儿女没有区别,所以有这种说法。"丈人"也是长辈的称呼,现在民间习俗还称死去的祖父为"先亡丈人"。另外又怀疑"丈"字应该是"大"字。北方风俗,媳妇称呼公公为"大人公"。"丈"字和"大"字很容易写错。近代的文人学士,写了不少《三妇诗》,竟把它弄成了匹配自己的众多妻妾的意思,又加上郑卫之类淫荡的歌词。这些所谓的堂堂君子,竟是多么地荒谬虚伪啊!

《古乐府》中吟诵百里奚的歌词中有:"百里奚,五羊皮。忆别时,烹伏雌,吹扊扅;今日富贵忘我为!""吹"应该是"炊煮"的"炊"字。根据考证:蔡邕的《月令章句》中:"键,关牡也,所以止扉,或谓之剡移。"这里说的是百里奚那时异常贫困,甚至将门闩当柴烧。《声类》中将这个字写成"扊",又或者是写成"扅"。

颜氏家训

原文

《通俗文》，世间题云"河南服虔[1]字子慎造"。虔既是汉人，其《叙》乃引苏林、张揖；苏、张皆是魏人。且郑玄以前，全不解反语，《通俗》反音，甚会近俗。阮孝绪[2]又云"李虔所造"。河北此书，家藏一本，遂无作李虔者。《晋中经簿》及《七志》，并无其目，竟不得知谁制。然其文义允惬[3]，实是高才。殷仲堪[4]《常用字训》，亦引服虔《俗说》，今复无此书，未知即是《通俗文》，为当有异？近代或更有服虔乎？不能明也。

注释

① 服虔：字子慎，初名重，又名只，东汉人。
② 阮孝绪：字士宋，南朝梁人。
③ 允惬：妥帖。
④ 殷仲堪：东晋人。

解读

《通俗文》，世间之人都将其题为"河南服虔字子慎造"。服虔虽然是汉朝人，但在《叙》部分却引用了苏林、张揖等人的言论；而苏林、张揖二人都是魏朝人。更何况郑玄之前的人，全然都不了解反语，《通俗文》中出现的反切注音，和近代人的注音习惯倒是颇为相近。阮孝绪又说"李虔所造"。在黄河以北流传的这本书，我家里就收藏了一本，但却没有题为李虔所撰的字眼。《晋中经簿》以及《七志》中，也没有关于这本书的条目，竟然不知道到底是谁编撰了这本书。然而这本书的文义却非常妥帖，作者实在是一个有大才之人。殷仲堪的《常用字训》，也引用了服虔所著的《俗说》，不过现在已经没有这本书了，不知道是不是《通俗文》，或者是另外一本书？或许是还有另一个名为服虔的人？这些都无从知晓了。

原文

或问："《山海经》❶，夏禹及益所记，而有长沙、零陵、桂阳、诸暨，如此郡县不少，以为何也？"答曰："史之阙文❷，为日久矣；加复秦人灭学❸，董卓焚书❹，典籍错乱，非止于此。譬犹《本草》❺神农所述，而有豫章、朱崖、赵国、常山、奉高、真定、临淄、冯翊等郡县名，出诸药物；《尔雅》周公所作，而云'张仲❻孝友'；仲尼修《春秋》，而《经》书孔丘卒；《世本》左丘明所书，而有燕王喜、汉高祖；《汲冢琐语》❼，乃载《秦望碑》❽；《苍颉篇》李斯所造，而云'汉兼天下，海内并厕，豨❾黥❿韩覆，畔讨灭残'；《列仙传》刘向所造，而《赞》⓫云七十四人出佛经；《列女传》亦向所造，其子歆又作《颂》，终于赵悼后⓬，而传有更始韩夫人⓭、明德马后⓮及梁夫人嫕⓯：皆由后人所羼，非本文也。"

注释

❶《山海经》：古时地理著作，约成于战国时，共有十八篇。
❷ 阙（quē）文：缺疑不写或遗漏的文字。
❸ 秦人灭学：指秦始皇"焚书坑儒"。
❹ 董卓焚书：指董卓叛乱时，烧熵观阁，尽焚经籍之事。
❺《本草》：即《神农本草经》三卷，实为秦汉人假托神农所作。
❻ 张仲：西周宣王时期的人。

颜氏家训

⑦《汲冢琐语》：西晋太康年间，汲郡人偷盗了魏襄王的墓，得到了几十车书籍，其中就有十一篇《琐语》，主要记述的是战国时期各个国家的卜筮相书。

⑧《秦望碑》：秦始皇东游秦望山时立下的碑。

⑨豨（xī）：汉人陈豨。

⑩黥（qíng）：脸上刺字以墨涂之的刑罚。

⑪《赞》：指《列仙传》中的赞语部分。

⑫赵悼后：战国时期，赵悼襄王赵偃的后人。

⑬更始韩夫人：指汉更始帝刘玄宠姬韩夫人。

⑭明德马后：指东汉光武帝刘秀之后。

⑮梁夫人嫕（yì）：东汉和帝的姨妹梁嫕。

解读

有人问："《山海经》是夏禹和伯益所记，却有长沙、零陵、桂阳、诸暨等秦汉时才有的郡县，你认为是怎么回事呢？"我回答说："史料的残缺，由来已久了；加上秦朝灭绝学术，董卓焚书，以致典籍错乱不堪，也并非只限于此。譬如《本草》托名为神农所述，却有豫章、朱崖、赵国、常山、奉高、真定、临淄、冯翊等郡县名以及所产的各种药草；《尔雅》是周公所作，却说'张仲孝友'；孔子修订《春秋》，而《春秋左氏传》却写到了孔子的去世；《世本》是春秋时左丘明所作，却有战国时燕王喜和西汉高祖刘邦；《汲冢琐语》竟然记载了秦始皇一统后的《秦望碑》；《苍颉篇》为秦代李斯所撰，却写到了'汉朝兼并天下，海内之人皆驯服，陈豨被黥、韩信覆灭，讨平叛乱平定残贼'；《列女传》为西汉刘向所撰，其子刘歆又作《颂》，记到战国赵悼后就结束了，但是传中却有汉朝的更始韩夫人、明德马后及梁夫人嫕：这些都是后人羼和进去的文字,并不是原有的文字。"

原文

或问曰:"《东宫旧事》❶何以呼'鸱尾'为'祠尾'?"答曰:"张敞者,吴人,不甚稽古❷,随宜记注,逐乡俗讹谬❸,造作书字耳。吴人呼'祠祀'为'鸱祀',故以'祠'代'鸱'字;呼'绀'❹为'禁',故以'糸'傍作'禁'代'绀'字;呼'盏'为竹简反,故以'木'傍作'展'代'盏'字;呼'镬'❺字为'霍'字,故以'金'傍作'霍'代'镬'字;又'金'傍作'患'为'镮'❻字,'木'傍作'鬼'为'魁'字,'火'傍作'庶'为'炙'字,'既'下作'毛'为'髻'字;金花则'金'傍作'华',窗扇则'木'傍作'扇'。诸如此类,专辄❼不少。

注释

❶《东宫旧事》:汉代张敞编撰。
❷ 稽古:考察古事。
❸ 讹谬:错谬,这里指文字、训读方面。
❹ 绀(gàn):天青色。
❺ 镬(huò):无足鼎。
❻ 镮(huán):环。
❼ 专辄:专断。

解读

有人问:"《东宫旧事》中为什么把'鸱尾'读作'祠尾'?"回答说:"张敞是吴地人,不太重视探究事物源流,又顺手随便记载注释,追

颜氏家训

随乡俗以讹传讹，创造出字体。吴地的人把'祠祀'读作"鸱祀"，所以用'祠'来代替'鸱'；把'绀'读成'禁'，所以用'系'旁加'禁'代替'绀'字；把'盏'字读成竹简反；所以以'木'字部加上'展'代替'盏'字；把'镬'字读成'霍'字，所以用'金'旁加'霍'字来替代'镬'字；又用'金'旁加'患'字当成'镮'字，'木'旁加'鬼'字当做'魁'字，'火'旁加'庶'字当做'炙'字，'既'下加个'毛'字当做'髻'字；金花则用'金'旁加个'华'字，窗扇就用'木'旁加个'扇'字。诸如此类，都是妄加臆断的。"

原文

又问："《东宫旧事》'六色❶罽❷缅'，是何等❸物？当作何音？"答曰："按《说文》云：'菎❹，牛藻也，读若威。'《音隐》：'坞瑰反。'即陆机所谓'聚藻，叶如蓬'者也。又郭璞注《三苍》亦云：'蕰，藻之类也，细叶蓬茸生。'然今水中有此物，一节长数寸，细茸如丝，圆绕可爱，长者二三十节，犹呼为'菎'。又寸断五色丝，横著线股间绳之，以象菎草，用以饰物，即名为'菎'；于时当绀六色罽，作此菎以饰绲带❺，张敞因造'糸'旁'畏'耳，宜作'隈'。"

注释

❶ 六色：泛指色彩丰富。

❷ 罽（jì）：毡类的毛织品。

❸ 何等：汉魏六朝时期的常用语，相当于现在的什么。

❹ 菎（jūn）：水藻的名字。

❺ 绲（gǔn）带：编织成的束带。

解读

又有人问："《东宫旧事》中的'六色罽缍',是什么东西呢?又应该读成什么呢?"我回答说:"根据考证:《说文解字》中记载:'莙,便是牛藻,读音和"威"字相同。'《音隐》中注音为:'坞瑰反。'也就是陆机所说的'聚藻,叶如蓬'那种植物。此外郭璞注解的《三苍》也说:'蕴,是藻类的一种,叶子比较细,茸毛松散。'现在水里也有这种植物,一节有几寸长,细细的茸毛好比丝线一般,圆绕可爱,长的有二三十节,依然称呼为'莙'。此外,将五色丝剪成一寸长,横着放在几股线之间,并以线系住,做成莙草的样子,用来当作装饰品,便称之为'莙';那个时候是用六色罽来捆绑好,以此来装饰绳带,张敞也因此造出"糸'字旁加个'畏'字的字,读音上应该称作'隈'。"

原文

柏人城❶东北有一孤山,古书无载者。唯阚骃❷《十三州志》以为舜纳于大麓,即谓此山,其上今犹有尧祠焉;世俗或呼为"宣务山",或呼为"虚无山",莫知所出。赵郡士族有李穆叔❸、季节❹兄弟、李普济❺,亦为学问,并不能定乡邑此山。余尝为赵州佐,共太原王邵读柏人城西门内碑。碑是汉桓帝时柏人县民为县令徐整所立,铭曰:"山有巏嵍❻,王乔❼所仙。"方知此"巏嵍"山也。"巏"字遂无所出。"嵍"字依诸字书,即"旄丘"之"旄"也;"旄"字,《字林》一音亡付反,今依附俗名,当音"权务"耳。入邺,为魏收说之,收大嘉叹。值其为《赵州庄严寺碑铭》,因云:"权务之精。"即用此也。

颜氏家训

注释

① 柏人城：县名，西汉置，在今河北隆尧县西。
② 阚（kàn）骃（yīn）：北魏敦煌人，博通经传，撰《十三州志》。
③ 李穆叔：即李公绪，北朝北齐人，博通经传，雅好著书，有《典言》《礼质疑》等著作。
④ 季节：李公绪之弟。
⑤ 李普济：北齐人，性温和，学有名气。
⑥ 巏嵍（quán wù）：尧山，今河北隆尧西。
⑦ 王乔：即王子乔，周灵王太子，游于伊洛之间，传说被道人浮丘公接上嵩山而成仙。

解读

柏人城东北有一座孤山，古书中没有记载。只有阚骃的《十三州志》认为舜曾把它编入大麓三系，说的就是这座山，山上至今还有尧的祠堂存在；通常人们或叫它"宣务山"，或称为"虚无山"，但不知这样称呼的出处。赵郡的土族有李穆叔、李季节兄弟二人，再加上李普济，也是做学问的人，但却不能确定家乡的这座山到底是怎么回事。我曾担任过赵州的官员，与太原王邵一起研读过柏人城西门内的碑石。碑是汉桓帝时柏人县百姓为县令徐整所立，上面刻着："山有巏嵍，王乔所仙。"才知道这就是"巏嵍"山。"巏"字竟然没有出处。"嵍"字按照字书，即是"旄丘"的"旄"字。"旄"字，《字林》一音亡付反，现在依附俗名，把"巏嵍"读成"权务"才行。我到邺地后，曾对魏收说起这事，他大为赞赏感叹。等他写赵州《庄严寺碑铭》时，就写了"权务之精"，用的就是这一结论。

书 证

原文

或问："一夜何故五更？更何所训？"答曰："汉、魏以来，谓为甲夜、乙夜、丙夜、丁夜、戊夜，又云'鼓'，一鼓、二鼓、三鼓、四鼓、五鼓，亦云一更、二更、三更、四更、五更，皆以五为节。《西都赋》亦云：'卫以严更之署❶。'所以尔者，假令正月建寅❷，斗柄❸夕则指寅，晓则指午矣；自寅至午，凡历五辰。冬夏之月，虽复长短参差，然辰间辽阔，盈不过六，缩不至四，进退常在五者之间。更，历也，经也，故曰五更尔。"

《尔雅》云："术，山蓟❹也。"郭璞注云："今术似蓟而生山中。"案术叶其体似蓟，近世文士，遂读"蓟"为"筋肉"之"筋"，以耦"地骨❺"用之，恐失其义。

注释

❶ 严更之署：督察巡夜更鼓的郎署。
❷ 建寅：夏历以寅月为首，故称。
❸ 斗柄：北斗星之柄。北斗七星排列，四星像斗，三星像柄。
❹ 山蓟（jì）：术的别名，一说为刺儿菜。
❺ 地骨：枸杞的别名，又名地筋。

解读

有人问："一夜为什么分五更？'更'又怎么解释？"回答说："汉魏以来，称为甲夜、乙夜、丙夜、丁夜、戊夜；又叫鼓，一鼓、二鼓、三鼓、四鼓、五鼓；也叫一更、二更、三更、四更、五更，都是以五为单位。《西

247

都赋》也说:'用严更官署来护卫。'所以这样,是因为假如正月建寅,斗柄傍晚就指向寅,拂晓就指向午;从寅至午,凡历五辰。冬夏之季,虽然长短不一,但所占时辰,多的不超过六个,少的不到四个,多少的变化常在五个之间。更,是历的意思、经的意思,所以把一夜叫做五更。"

《尔稚》中记载:"术,就是山蓟。"郭璞的注解中也说:"术和蓟草相似并生长在山里。"根据考证术叶子的形状和蓟草有些相似,而近代的学者,便将"蓟"读成"筋肉"的"筋"字,以此想要和"地骨"对偶,恐怕这已失去它的本义吧。

原文

或问:"俗名'傀儡子'❶为'郭秃'❷,有故实❸乎?"答曰:"《风俗通》云:'诸郭皆讳秃。'当是前代人有姓郭而病秃者,滑稽戏调,故后人为其象,呼为'郭秃',犹《文康》象庾亮❹耳。"

或问曰:"何故名'治狱参军'为'长流'乎?"答曰:"《帝王世纪》云:'帝少昊❺崩,其神降于长流之山,于祀主秋。'案《周礼·秋官》,司寇主刑罚、长流之职,汉、魏捕贼掾耳。晋、宋以来,始为参军,上属司寇,故取秋帝所居为嘉名焉。"

注释

❶ 傀儡(kuǐ lěi)子:指木偶戏。
❷ 郭秃:秃头的木偶。
❸ 故实:典故、出处。
❹ 庾(yǔ)亮:字元规,东晋颍川人,善玄谈。
❺ 少昊:相传中古时期东夷首领,号金天氏。

书 证

解读

有人问:"俗称'傀儡子'为'郭秃',这有什么典故吗?"我回答说:"《风俗通》中记载:'各个郭姓的人都避讳秃字。'应该是前代郭姓人中有得了秃病的人言行滑稽、爱开玩笑,所以后人便根据他的样子制作了一个木偶,称之为'郭秃',就好比《文康》中模仿了庾亮一样。"

有人问:"为何将'治狱参军'称之为'长流'呢?"我回答说:"《帝王世纪》中记载:'少昊帝死了之后,他的神灵降临在长流山上,主管秋祀的活动。'根据考证:《周礼·秋官》中记载,司寇主管刑罚、长流的职责,相当于汉、魏时期的捕贼掾。晋代、宋代以来,才开始设置参军一职,隶属于司寇,所以取秋帝少昊所居住的地名作为它的美名。"

原文

客有难主人❶曰:"今之经典,子皆谓非,《说文》所言,子皆云是,然则许慎胜孔子乎?"主人拊掌❷大笑,应之曰:"今之经典,皆孔子手迹耶?"客曰:"今之《说文》,皆许慎手迹乎?"答曰:"许慎检以六文❸,贯以部分❹,使不得误,误则觉之。孔子存其义而不论其文也。先儒尚得改文从意,何况书写流传耶?必如《左传》'止戈'为'武','反正'为'乏','皿虫'为'蛊','亥'有'二首六身'之类,后人自不得辄改也,安敢以《说文》校其是非哉?且余亦不专以《说文》为是也,其有援引经传,与今乖者,未之敢从。又相如《封禅书》曰:'导一茎六穗于庖,牺双觡❺共抵之兽。'此'导'训'择',光武诏云:'非徒有豫养导择之劳'是也。而《说文》云:'导是禾名。'引《封禅书》为证;无妨自当有禾名导,非相如所用

249

也。'禾一茎六穗于庖'，岂成文乎？纵使相如天才鄙拙，强为此语；则下句当云'麟双貉共抵之兽'，不得云'牺'也。吾尝笑许纯儒⑥，不达文章之体，如此之流，不足凭信。大抵服其为书，隐括有条例，剖析穷根源，郑玄注书，往往引以为证；若不信其说，则冥冥不知一点一画，有何意焉。"

注释

① 主人：作者的自称。
② 拊（fǔ）掌：拍手鼓掌。
③ 六文：六书，即象形、指事、会意、形声、转注、假借。
④ 贯以部分：按照部首分类。
⑤ 貉（gé）：骨角。
⑥ 纯儒：纯粹的儒者。

解读

有客人诘难主人说："现在的经典，你都加以否认。《说文》所说的，你都加以赞同。这样的话，那么许慎要超过孔子吗？"主人拍手大笑，回答说："现在的经典，都是孔子的手迹吗？"客人说："现在的《说文》，都是许慎的手迹吗？"回答说："许慎用六书来察验文字，用部首分类加以编排全书，以致没有错误，一旦有错误，就能随时发现它。孔子重在内容而不考究研习文辞。先儒还能改动文字以符合文意，更何况辗转传抄呢？肯定有像《左传》中以'止戈'为'武''反正'为'乏''皿虫'为'蛊''亥'有'二首六身'之类的情形，后人就不能擅自修改，哪里还敢用《说文》来校对它的是与非呢？况且我也不只是专以《说文》作为唯一的标准。《说文》有援引的经传如果与现在的不同，我就不敢随意依从它。譬如，司马相如《封禅书》说：'导一茎六穗于庖，牺双觡共抵之兽。'这里的'导'训释为'择'的意思，光武帝刘秀诏中所说：'非徒有豫养导择之劳'中的'导'就是这样的用法。而《说文》却说：'导是一种禾的名称。'并援引《封禅书》作例证。不用说自然界是有一种禾的名称叫作'导'的，但并不是司马相如所用的那个字。如果是的话，'禾一茎六穗于庖'这样的句子还通顺吗？即使司马相如天资笨拙，勉强写出这种话，那么下句也应当是'麟双觡共抵之兽'，而不是'牺'。我曾取笑许慎的纯朴敦厚，不懂文章的体式风格，像这里所举的说法，就不足以令人信服了。人们大都信服许慎所写的书，收集有条例，解说分析穷究根源。郑玄注书时，常常用来作例证。如果不相信许慎所说的，那就愚昧得不知道字之所以一点一画的来龙去脉了，这样去读书认字又有什么意义呢？"

原文

世间小学❶者，不通古今，必依小篆，是正❷书记；凡《尔雅》《三苍》《说文》，岂能悉得苍颉本指哉？亦是随代损益，有同异。西晋已往字书，何可全非？但令体例成就，不为专辄耳。考校是非，特须消息❸。至如"仲尼居"，三字之中，两字非体，《三苍》"尼"旁益"丘"，《说文》"尸"下施"几"：如此之类，何由可从？古无二字，又多假借，以"中"为"仲"，以"说"为"悦"，以"召"为"邵"，以"閒"为"闲"：如此之徒，亦不劳改。自有讹谬，过成鄙俗，"乱"旁为"舌"，"揖"下无"耳"，"鼋""鼍"从"龟"，"奋""夺"从"雚"❹，"席"中加"带"，"恶"上安"西"，"鼓"外设"皮"，"凿"头生"毁"，"离"则配"禹"，"壑"乃施"豁"，"巫"混"经"旁，"皋"分"泽"片，"猎"化为"獦"❺，"宠"变成"竉"❻，

颜氏家训

"业"左益"片","灵"底著"器","率"字自有"律"音,强改为别;"单"字自有"善"音,辄析成异:如此之类,不可不治。吾昔初看《说文》,蚩薄世字❼,从正则惧人不识,随俗则意嫌其非,略是不得下笔也。所见渐广,更知通变,救前之执,将欲半焉。若文章著述,犹择微相影响者行之,官曹文书,世间尺牍,幸不违俗也。

注释

❶ 小学:汉代称文字学为小学,隋唐后为文字学、训诂学、音韵学的总称。

❷ 是正:审定、校正。书记,指用以记事的书写文字,如书籍、书牍、奏记之类。

❸ 消息:仔细斟酌。

❹ 雚(guàn):水鸟名。

❺ 獦(liè):打猎。

❻ 竉(lǒng):孔穴。

❼ 世字:指流行的不规范字。

解读

现在一般研究文字学的,不通晓古今文字的变化规则,一定照小篆的写法来校正书写的文字。可是,《尔雅》《三苍》《说文》,怎能全部体现出苍颉造字的意愿呢?也不过是随着时代变化而互有异同罢了。西晋以来的字书,哪能全部否定呢?只是使它们的体例成就不要成为后人随意妄为任意发挥就行了。考查、校对是与非,特别需要仔细斟酌。至于像"仲尼居"三字中,有两个字就不符合法式。在《三苍》中,"尼"旁多了一个"丘"字,而《说文》中"尸"下又放了一个"几"字。诸如此类,怎么可以盲目依从呢？古代没有一个字两种形体的现象，相反倒是多用假借，如用"中"为"仲"、用"说"为"悦"、用"召"为"邵"、用"閒"为"闲"；像这种情况，也不用去改。当然，现在的文字中自然有错讹荒谬的，过错在于它竟成了一种习惯。如"乱"的偏旁变成了"舌"字，"揖"的下面没有"耳"，"鼋""鼍"的偏旁都成了"龟"，"奋""夺"也随了"雚"字，"席"中加了个"带"字，"恶"上安了个"西"字，"鼓"的外面设了一个"皮"字，"凿"的上面添了个"毁"字，"离"则配上"禹"字，"壑"再加个"豁"字，"巫"与"经"旁相混，"皋"要分享"泽"的部分，"猎"字变成了"獦"，"宠"字变成"寵"，"业"的左边加个"片"，"灵"的下面添个"器"，"率"字本来就有"律"的读音，却强要再造一个别的，"单"字本来就有"善"的读音，却随意弄成其他的字。诸如此类，的确是不能不整治的。我过去初次看《说文》时，非常鄙薄这些乱造的新字，改成正体字又怕人不认识，随应流俗则心里又不能认同，因此矛盾得难以下笔。后来，见识广了，就知道了变通，一面补救过去的拘泥，一面也用了一些俗字。如果是文章著述，还是要选择影响微小的去写。官府文书，交往书信，就不一定要违背习俗所使用的字了。

原文

案：弥亘❶字从二间舟，《诗》云："亘之秬秠❷"是也。今之隶书，转"舟"为"日"；而何法盛《中兴书》乃以"舟"在"二"间为舟"航"字，谬也。《春秋说》以"人十四心"为"德"，《诗说》以"二在天下"为酉，《汉书》以"货泉"为"白水真人"❸，《新论》❹以"金昆"为"银"，《国志》以"天上有口"为"吴"，《晋书》以"黄头小人"为"恭"，《宋书》❺以"召刀"为"邵"，《参同契》以"人

颜氏家训

负告"为"造":如此之例,盖数术谬语,假借依附,杂以戏笑耳。如犹转"贡"字为"项",以"叱"为"七",安可用此定文字音读乎?潘、陆诸子《离合诗》《赋》《栻卜》《破字经》,及鲍照《谜字》,皆取会流俗,不足以形声论之也。

注释

❶ 亘(gèn):假借为"亙"字。
❷ 秬秠(jù pī):黑黍。
❸ 白水真人:汉朝钱币"货泉"的别名。
❹ 《新论》:东汉桓谭著,二十九篇。
❺ 《宋书》:南朝沈约撰。

解读

据考,弥亘的"亘"字从"二"中字加个"舟"字,《诗经》说:"亘之秬秠"就是。现在的隶书,把"舟"字写成"日"字;而且何法盛的《中兴书》竟把"舟"字在"二"中间认为是个"航"字,实在荒谬。《春秋说》中以"人、十、四、心"作为"德"字,《诗说》以"二"在"天"下作为"酉"字,《汉书》以"货泉"为"白、水、真、人"的合字,《新论》以"金""昆"合成"银"字,《三国志》以"天"上有"口"为"吴"字,《晋书》以"黄头、小、人"为"恭"字,《宋书》以"召、刀"合为"劭"字,《参同契》以"人"背"告"字为"造"字:诸如此类,不过是些术数的荒谬的话,假借依附,杂以玩笑游戏之类。就好像把"贡"字变化"项"字,把"叱"当作"七",怎么可以用这些来决定文字的读音呢?潘岳、陆机等人的《离合诗》《赋》《栻卜》《破字经》及鲍照的《谜字》,都迎合流俗,不能用形声的方法去阐释。

书 证

原文

河间①邢芳语吾云："《贾谊传》云：'日中必熭②。'注：'熭，暴也。'曾见人解云：'此是暴疾之意，正言日中不须臾，卒然便昃③耳。'此释为当乎？"吾谓邢曰："此语本出太公《六韬》，案字书，古者'暴晒'字与'暴④疾'字相似，唯下少异，后人专辄加傍'日'耳。言日中时，必须暴晒，不尔者，失其时也。晋灼已有详释。"芳笑服而退。

注释

① 《参同契》：道教书名，全名《周易参同契》。
② 河间：地名，今河北献县东南。
③ 熭（wèi）：晒干。
④ 昃（zè）：太阳偏西。
⑤ 暴（bào）：同"曝"。

解读

河间人邢芳对我说："《贾谊传》记载：'日中必熭。'注解说：'熭，就是暴的意思。'我曾经见过别人这样解释说：'这是迅猛的意思，正所谓太阳位于正中的时间并不长，很快就要西斜了。'这种解释恰当吗？"我对邢芳说："这句话本出于姜太公的《六韬》，根据字书考证，古时候'暴晒'的'暴'字和'暴疾'的'暴'字，字形非常相似，只有下半部分有些不同罢了，后人便擅作主张在"暴"字旁添加了'日'字。这句话的意思是太阳位于正中的时候，一定要把物品放在阳光下暴晒，如若不这样做，就会失去合适的时间。晋灼对此已经有比较详尽的解释了。"邢芳心悦诚服地回去了。

音 辞

原文

夫九州之人,言语不同,生民❶已来,固常然矣。自《春秋》标齐言之传,《离骚》目楚词之经,此盖其较明之初也。后有扬雄著《方言》,其言大备。然皆考名物❷之同异,不显声读之是非也。逮郑玄注"六经",高诱解《吕览》《淮南》,许慎造《说文》,刘熹❸制《释名》,始有譬况❹假借以证音字耳。而古语与今殊别,其间轻重清浊,犹未可晓;加以内言外言❺、急言徐言❻、读若❼之类,益使人疑。孙叔言❽创《尔雅音义》,是汉末人独知反语。至于魏世,此事大行。高贵乡公不解反语,以为怪异。自兹厥后,音韵锋出,各有土风,递相非笑,指马❾之谕,未知孰是。共以帝王都邑,参校方俗,考核古今,为之折衷。权而量之,独金陵与洛下耳。

注释

❶ 生民:人。
❷ 名物:事物名称及特征等。
❸ 刘熹:刘熙。
❹ 譬况:古代早期注家注音方法之一,其特征是用描述性的话来说明某个字的发音。

⑤ 内言外言：古注家譬况字音用语。
⑥ 急言徐言：汉代注家字音用语。
⑦ 读若：古代注音、释义用语。
⑧ 孙叔言：汉末孙炎，字叔言。
⑨ 指马：争辩是非和差别的代称。

解读

九州的人民，语言各不相同，从人类产生以来，本来就是这样。自《春秋公羊传》记明齐地语言，《离骚》被视为楚地语词的经典，这大概是明确方言差异的最早的说法。后来扬雄著《方言》，这方面的论述就大为详备了。然而都是考证事物名称的异同，并没有显示读音是否正确。直到郑玄注释"六经"，高诱注解《吕氏春秋》《淮南子》，许慎著《说文解字》，刘熙著《释名》，才开始用譬况假借的方法来标明音读。但是古音与今音有差别，其中语音的轻重、清浊，还没有能了解，再加上内言外言，急言徐言，读若之类的注音方法，更使人疑惑不解。孙叔言著《尔雅音义》，他是汉末人唯一懂反切注音法的。到了曹魏时期，这种反切注音法大为盛行。高贵乡公曹髦不懂得这种反切注音法，被看作是一件怪异的事。从此以后，韵书层出不穷，这些书各自记录各地的方言，相互非议讥笑，各是其是，各非其非，不知到底谁是谁非。后来大家都用帝王都城的语音，参与比较各地方言，考核古今语音，采取一个折中的办法。经过斟酌和权衡，只有建康音和洛阳音可取。

原文

南方水土和柔，其音清举❶而切诣，失在浮浅，其辞多鄙俗。北方山川深厚，其音沈浊而鈋钝❷，得其质直，其辞多古语。然冠冕君子，南方为优；闾里小人，北方为愈。易服而与之谈，南方士庶，数言可辩；隔垣而听其语，北方朝野，终日难分。而南染吴、越，北杂夷虏，皆有深弊，不可具论。

其谬失轻微者，则南人以"钱"为"涎"，以"石"为"射"，以"贱"为"羡"，以"是"为"舐"；北人以"庶"为"戍"，以"如"为"儒"，以"紫"为"姊"，以"洽"为"狎"。如此之例，两失甚多。至邺已来，唯见崔子约、崔瞻叔侄，李祖仁、李蔚兄弟，颇事言词，少为切正。李季节[3]著《音韵决疑》，时有错失；阳休之[4]造《切韵》，殊为疏野。吾家儿女，虽在孩稚，便渐督正之；一言讹替[5]，以为己罪矣。云为品物，未考书记者，不敢辄名，汝曹所知也。

注释

1. 清举：清脆而悠扬。
2. 钝（é）钝：浑厚。
3. 李季节：南北朝时期，北齐李概，字季节，官拜太子舍人。
4. 阳休之：南北朝人，字子烈。
5. 讹替：差误。

解读

南方水土柔和，语音悠扬清脆而且发音比较急切，不好地方在于发音过于浮浅，言辞大都鄙陋；北方山川深厚，语音沉着浑厚，长处是平实质朴，言辞有很多古语。不过就士大夫的言辞水准来说，南方比较好一些；就市井百姓的言语水准来说，北方比较优一些。如若让士大夫和平民交换衣服而交谈，南方的士大夫和百姓，交谈几句就可以分辨出他们真正的等级地位;隔墙听他们谈话,如若是北方的士大夫和百姓,那么即便是听上一天也很难分辨出来。只是南方地区的方言受到吴语、越语的影响,北方语言则受到蛮夷语言的影响,都有很大的弊端,此处就不具体论述了。

  它们中错失轻微的,则如南方人把"钱"读作"涎",把"石"读作"射",把"贱"读作"羡",把"是"读作"舐";北方人把"庶"读作"戍",把"如"读作"儒",把"紫"读作"姊",把"洽"读作"狎"。诸如此类的例证,南方与北方的错失都很多。我到邺都以来,只知道崔子约、崔瞻叔侄二人,李祖仁、李蔚兄弟俩对语言略有研究,稍微做了些切磋补正之事。李季节著《音韵决疑》,常出现差错;阳休之著《切韵》,特别粗略草率。我家的儿女,虽然还在幼儿时期,就逐渐纠正过失了。所做的某种器物,没有经过考证有关书籍,就不敢随便称呼,这些都是你们所知道的。

原文

  古今言语,时俗不同;著述之人,楚、夏❶各异。《苍颉训诂》,反

259

颜氏家训

"稗"为"逋卖",反"娃"为"于乖";《战国策》音"刎"为"免",《穆天子传》音"谏"为"间";《说文》音"甍"为"棘",读"皿"为"猛";《字林》音"看"为"口甘反",音"伸"为"辛";《韵集》以成、仍、宏、登合成两韵,为、奇、益、石分作四章;李登《声类》以"系"音"羿",刘昌宗《周官音》读"乘"若"承":此例甚广,必须考校。前世反语,又多不切,徐仙民《毛诗音》反"骤"为"在遘",《左传音》切"椽"为"徒缘",不可依信,亦为众矣。今之学士,语亦不正;古独何人,必应随其讹僻[2]乎?《通俗文》曰:"入室求曰搜。"反为"兄侯"。然则"兄"当音"所荣反"。今北俗通行此音,亦古语之不可用者。玙璠[3],鲁人宝玉,当音"余烦",江南皆音"藩屏"之"藩"。"岐山"当音为"奇",江南皆呼为"神祇"之"祇"。江陵陷没,此音被于关中,不知二者何所承[4]案。以吾浅学,未之前闻也。

注释

① 夏:指中原国家。
② 讹僻:讹误,谬误。
③ 玙璠(yú fán):美玉。
④ 承:依从。

解读

古今的言语,因为习俗风气的变化而有所不同;著书作文的人,由于地处南北而在语音上各有差异。《苍颉训诂》中,"稗"注音为"逋卖反","娃"注音为"於乖反";《战国策》注"刎"音为"免";《穆天子传》注"谏"音为"间";《说文解字》注"甍"音为"棘",

将"皿"读作"猛";《字林》注"看"音为"口甘反",注"伸"音为"辛";《韵集》中把"成""仍""宏""登"合为两个韵,又把"为""奇""益""石"分入四个韵部;李登《声类》将"系"注音"羿";刘昌宗《周官音》将"乘"读作"承";这类例子很多,必须加以考核校正。前人标注的反切,又有很多是不太妥贴的。徐仙民《毛诗音》将"骤"的反切音注为"在遘",《左传音》将"椽"反切音注为"徒缘",像这样依从相信的反切,也很多。现在的学者,语音也有读得不正确的;古人难道是什么奇特的人,一定要沿袭他们的讹误呢?《通俗文》说:"人室求曰搜。""搜"字被注音为"兄侯"。如果这样的话,那么"兄"就应该读作"所荣反"。现在北方民间通行这个读音,这也是古代言事中不能沿用的例子。玙璠,是鲁国的宝玉,"瑶"的反切音当作"余烦",江南地区的人都把"藩"读成"藩屏"的"藩"音。"岐山"的"岐"音应当读作"奇",江南地区的人都将它读作"神祇"的"祇"。江陵陷落以后,这两种读音流传到关中,不知道它们所依据的是哪些典籍。以我的疏浅学况,以前没有听说过。

原文 ● ● ● ●

北人之音,多以"举、莒"为"矩";唯李季节云:"齐桓公与管仲于台上谋伐莒,东郭牙望见桓公口开而不闭,故知所言者莒也。然则莒、矩必不同呼。"此为知音[1]矣。

夫物体自有精粗,精粗谓之好恶;人心有所去取,去取谓之好恶[2]。此音见于葛洪、徐邈。而河北学士读《尚书》云好生恶杀[3]。是为一论物体,一就人情,殊不通矣。

"甫"者,男子之美称,古书多假借为"父"字;北人遂无一人呼为"甫"者,亦所未喻。唯管仲、范增之号,须依字读耳。

261

颜氏家训

注释

① 知音：知晓音韵的人。
② 好恶（wù）：喜好和嫌恶。
③ 好生恶杀：爱惜生灵，厌恶杀戮。

解读

北方人的读音，大多将"举""莒"读作"矩"；只有李季节说："齐桓公和管仲在台上商讨讨伐莒国的事情，东郭牙从远处看到齐桓公的嘴巴只张开却不合上，所以知道他们谈话的内容是莒国。由此可见莒、矩二字的读音肯定是不相同的。"这是一个知晓音韵的人。

物体本身有精良、粗劣的差别，精良的被称作好，粗劣的被称作恶；人的情感对事物有放弃或吸取，这种吸取或放弃就被称作好或恶。后一种好、恶的读音始于葛洪、徐邈。而河北地区的学士读《尚书》时却将"好生恶杀"读作"好生恶杀"。这种一面取评论物体质地的读音，一面却表达人的情绪之义，太说不通了。

"甫"，古时男子美称。古书上多假借"父"字，北方没有一个人将"父"字读为"甫"音的，这是因为他们不明白二者通假关系的原因。只有管仲的仲父、范增的亚父中的"父"字，是依照"甫"字读音来读的。

原文

案：诸字书，焉者鸟名，或云语词①，皆音"于愆反"。自葛洪《要用字苑》分焉字音训②：若训"何"训"安"，当音"于愆反"，"于焉逍遥"，"于焉嘉客"，"焉用佞"，"焉得仁"之类是也；若送句及助词，当音"矣愆反"，"故称龙焉"，"故称血焉"，"有民人焉"，

音 辞

"有社稷焉","托始焉尔","晋、郑焉依"之类是也。江南至今行此分别,昭然易晓;而河北混同一音,虽依古读,不可行于今也。

"邪"者,未定之词[3]。《左传》曰:"不知天之弃鲁邪?抑鲁君有罪于鬼神邪?"《庄子》云:"天邪地邪?"《汉书》云:"是邪非邪?"之类是也。而北人即呼为"也",亦为误矣。难者曰:"《系辞》云:'乾坤,易之门户邪?'此又为未定辞乎?"答曰:"何为不尔!上先标问,下方列德[4]以折之耳。"

注释

[1] 语词:一作"语辞",即文言虚词。
[2] 音训:注音释义。
[3] 未定之词:即疑问词。
[4] 列德:陈述阴阳之德。

解读

案:各字书将"焉"释为鸟名,或释为虚词,都注音"于愆反"。自葛洪著《要用字苑》起开始区别"焉"字读音释义。如果解释作"何""安",就应当读作"于愆反","于焉逍遥""于焉嘉容""焉用佞""焉得仁"之类句子就是这样;如果"焉"字是用作句末语气词及句中语气词,就应读作"矣愆反","故称龙焉""故称血焉""有民人焉""有社稷焉""托始焉尔","晋、郑焉依"之类的句子就是这样。江南地区至今通行这两种不同的读音,其意思就明明白白容易懂;而河北地区把两种读音混成一个读音,虽然这是遵从古音,却不能通行于今天。

邪,是表示疑问的语气词。《左传》说:"不知天之弃鲁邪?抑鲁君有罪于鬼神邪?"庄子说:"天邪地邪?"《汉书》说:"是邪非邪?"这类"邪"字就是这种用法。而北方人把"邪"字读作"也",也就是错误了。有人诘难我说:"《系辞》说:'乾坤,易之门户邪?'这个'邪'字也是疑问语气词吗?"我回答说:"为什么不是呢?前面先提出问题,后面才陈述阴阳之德的道理来作裁断呀。"

原文

江南学士读《左传》,口相传述,自为凡例❶,军自败曰"败",打破人军曰"败"。诸记传未见"补败反",徐仙民读《左传》,唯一处有此音,又不言自败、败人之别,此为穿凿耳。

古人云:"膏粱❷难整。"以其为骄奢自足,不能克励也。吾见王侯外戚,语多不正,亦由内染贱保傅❸,外无良师友故耳。梁世有一侯,尝对元帝饮谑,自陈"痴钝",乃成"飔❹段",元帝答之云:"飔异凉风,段非干木。"谓"郢州"为"永州",元帝启报简文,简文云:"庚辰吴入,遂成司隶。"如此之类,举口皆然。元帝手教诸子侍读❺,以此为诫。

河北切"攻"字为"古琮",与"工""公""功"三字不同,殊为僻也。比世有人名暹❻,自称为"纤";名琨,自称为"衮";名洸,自称为"汪";名豹,自称为"獠"。非唯音韵舛错❼,亦使其儿孙避讳纷纭矣。

注释

❶ 凡例:体制、章法。
❷ 膏粱:指富贵人家以及他们后嗣。
❸ 保傅:古代保育、教导太子等及未成年帝王的男女官员。
❹ 飔(sī):凉风。

⑤ 侍读：南北朝时诸侯王的属官。
⑥ 暹（xiān）：太阳升起。
⑦ 舛错：差错。

解读

江南地区学士阅读《左传》是依靠口授相传的，自己制定了关于续音的一套体例章法，军队自败称为"败"，打败敌人的军队也称为"败"。各种记载和版本中都没有看到过"补贩反"读法，徐仙民阅读《左传》时，只标注了这个音，没有说出自败和败人分别，有些牵强附会。

古人说："整日享用精美食物的人，其品德很少有端正的。"这是因为他们骄横奢侈，自我满足，不能克制私欲，勉励自己。我见那些王公贵戚语音大多不纯正，这是由于他们在内受到保傅的熏染，在外没有良师益友缘故。梁朝有一位被封为侯爵的人，曾经和梁元帝一起饮酒戏谑，自称"痴钝"，却把这两个字念成"飔段"。元帝回答说："按照你的读法，'飔'就不同于凉风，'段'就不同于段干木了。"那侯爵又把"郢州"读成"永州"。元帝把这事告诉简文帝，简文帝说："庚辰日吴人入楚郢都的'郢'却成了后汉司隶校尉鲍永的'永'。"如此之类，那些王公贵戚张口就是。元帝亲自教导那些公子侍读，就将这些作为对他们的告诫。

河北地区的人反切"攻"字为"古琮"，与"工""公""功"三字读音不同，这是极端错误的。近世有人名叫"暹"，他自己将"暹"读成"纤"；有人名叫"琨"，他自己将"琨"读成"衮"；有人名叫"洸"，他自己将"洸"读作"汪"；有人名叫"豹"，他自己将"豹"读成"羯"。这样不仅在音韵上有错误，也使后代子孙的避讳变得纷繁杂乱了。

颜氏家训

杂 艺

原文

真草①书迹，微须留意。江南谚云："尺牍书疏，千里面目也。"承晋、宋余俗，相与事之，故无顿狼狈者。吾幼承门业②，加性爱重，所见法书③亦多，而玩习功夫颇至，遂不能佳者，良由无分故也。然而此艺不须过精。夫巧者劳而智者忧，常为人所役使，更觉为累。韦仲将④遗戒，深有以也。

王逸少⑤风流才士，萧散名人，举世惟知其书，翻以能自蔽也。萧子云⑥每叹曰："吾著《齐书》，勒成一典，文章弘义，自谓可观；唯以笔迹得名，亦异事也。"王褒地胄清华，才学优敏，后虽入关，亦被礼遇。犹以书工，崎岖碑碣⑦之间，辛苦笔砚之役，尝悔恨曰："假使吾不知书，可不至今日邪？"以此观之，慎勿以书自命。虽然，厮猥之人⑧，以能书拔擢⑨者多矣。故道不同不相为谋也。

注释

① 真草：真，真书，即楷书；草，草书。指书体名。
② 门业：世代相承的学业。
③ 法书：指名家书法范本。
④ 韦仲将：三国曹魏时书法家韦诞，字仲将，魏明帝盖了宫

殿，叫他用梯子爬上去在殿榜上题字，据说他吓得头发都白了，于是告诫儿孙不要再成为书法家，见《世说新语·巧艺》。

⑤ 王逸少：东晋王羲之，字逸少，大书法家。

⑥ 萧子云：南北朝时文人。

⑦ 碑碣：碑和墓志等石刻文字总称。

⑧ 厮猥之人：指地位低下的人。

⑨ 拔擢（zhuó）：选拔提升。

解读

楷书、草书等书法，是要稍加留意的。江南有条谚语说："咫尺书信，就是你在千里之外给人看到的脸面。"今人继承了两晋、刘宋以来的风气，留心学习书法，所以在这方面不会觉得为难窘迫。我年幼时继承家传的学业，加上天性喜欢书法，所见到的书法范帖也多，而且也花了不少功夫在赏玩学习上，但书法水平终究不高，这大概是我缺少天分的缘故吧。然而这门技艺也没有必要习得太精。因为巧者多劳，智者多忧，常常受人支使，便觉得精通书法是一种负担。韦仲将给儿孙留下不要学书法的告诫，确实是有道理的。

王羲之是位风流才士，潇洒散淡的名人，世上的人都知道他的书法，反而将他其他方面的才能掩盖了。萧子云常常感叹说："我撰述《齐书》，编定一朝的典要，其中的文采大义，自以为值得一看；到头来却只是因抄写得精妙，以书法得名，也真是怪事。"王褒门第清华高贵，学识渊博，文思敏捷，后来虽然到了关中，也依然受到礼遇重用。但还是因为他擅长书法，常奔走于碑碣之间，辛苦于笔砚之役。他曾经后悔说："假如我不会书法，可能不至于像今天这个样子吧？"从这件事可以看出，千万不要以精通书法而自命不凡。话虽这

颜氏家训

样说，地位低下的人，因写得一手好字而被提拔的事也是不少的。所以说，目标不同的人是不能谋划到一起的。

原文

梁氏秘阁①散逸以来，吾见二王②真草多矣，家中尝得十卷；方知陶隐居③、阮交州④、萧祭酒⑤诸书，莫不得羲之之体，故是书之渊源。萧晚节所变，乃是右军年少时法也。

晋、宋以来，多能书者。故其时俗，递相染尚，所有部帙，楷正可观，不无俗字，非为大损。至梁天监⑥之间，斯风未变；大同⑦之末，讹替滋生。萧子云改易字体，邵陵王⑧颇行伪字⑨；朝野翕然，以为楷式，画虎不成，多所伤败。至为一字，唯见数点，或妄斟酌，逐便转移。尔后坟籍，略不可看。北朝丧乱之余，书迹鄙陋，加以专辄造字，猥拙甚于江南。乃以"百""念"为"忧"，"言""反"为"变"，"不""用"为"罢"，"追""来"为"归"，"更""生"为"苏"，"先""人"为"老"，如此非一，遍满经传。唯有姚元标工于楷隶，留心小学，后生师之者众。泊⑩于齐末，秘书缮写⑪，贤于往日多矣。

注释

① 秘阁：皇宫中藏图书秘籍之所。
② 二王：指王羲之、王献之。
③ 陶隐居：陶弘景，南朝著名的隐士。
④ 阮交州：阮研，字文几。
⑤ 萧祭酒：萧子云。

⑥ 天监：梁武帝年号。
⑦ 大同：梁武帝年号。
⑧ 邵陵王：梁武帝之子萧纶，封邵陵王，传见《梁书》。
⑨ 伪字：写法不规范的字。
⑩ 洎（jì）：及，到。
⑪ 缮写：编录。

> **解读**

梁朝时期的秘阁图书散失之后，我曾经见过很多王羲之、王献之的楷书、草书真迹，家里也曾经收藏过十卷，看了他们的作品才知道陶隐居、阮交州、萧祭酒等人的书法，都是学习了王羲之的字体布局，所以王羲之的字体是他们书法的渊源。萧子云晚年的书法笔迹有所变化，也是因为学习了王羲之年轻时的书法笔迹。

两晋、刘宋以来，多有通晓书法之人，所以一时形成的风气，互相濡染影响，所有的书籍部帙都是楷书正体，十分好看。虽然其中不无俗字，但损害不大。直到梁武帝天监年间，这种风气也没有改变。到了大同末年，错讹异体之字逐渐产生了。萧子云改变字的形体，邵陵王常使用不规范的字，朝野上下翕然风起，以他们的字作为模式，结果是画虎不成反类犬，造成很大的损害。以致于一个字简化得只见几个点，有的将字体随意安排，任意改变偏旁的位置。从此以后的文献典籍，几乎无法看。北朝在经历兵荒马乱之后，书写字迹鄙陋不堪，加上擅自造字，其拙劣程度更甚于江南，竟然出现将"百""念"两字相组合作"忧"字，"言""反"两字相组合成"变"字，"不""用"两字相组合作为"罢"字，"追""来"两字相组合作为"归"字，"更""生"两字相组合作为"苏"字，

颜氏家训

"先""人"两字相组合作为"老"字。像这种情况不是个别的，而是遍见于经书典籍之中。只有姚元标擅长楷书、隶书，专心研究小学，跟从他学习的门生很多。到了齐朝末年，秘阁书籍的缮写就比以前好多了。

原文

江南间里间有《画书赋》，乃陶隐居弟子杜道士所为；其人未甚识字，轻为轨则❶，托名贵师❷，世俗传信，后生颇为所误也。

画绘之工，亦为妙矣；自古名士，多或能之。吾家尝有梁元帝手画蝉雀白团扇及马图，亦难及也。武烈太子❸偏能写真，坐上宾客，随宜点染，即成数人，以问童孺，皆知姓名矣。萧贲❹、刘孝先❺、刘灵，并文学已外，复佳此法。玩阅古今，特可宝爱。若官未通显，每被公私使令，亦为猥役。吴县顾士端出身湘东王国侍郎，后为镇南府刑狱参军，有子曰庭，西朝❻中书舍人，父子并有琴书之艺，尤妙丹青，常被元帝所使，每怀羞恨。彭城刘岳，橐之子也，仕为骠骑府管记、平氏县令，才学快士，而画绝伦。后随武陵王入蜀，下牢❼之败，遂为陆护军❽，画支江寺壁，与诸工巧杂处。向使三贤都不晓画，直运素业，岂见此耻乎？

注释

❶ 轨则：规范法则。
❷ 托名贵师：假托杜道士之师陶弘景撰写。
❸ 武烈太子：即萧方等。
❹ 萧贲：南齐竟陵王萧子良之孙。
❺ 刘孝先：南朝梁人，善五言诗，为黄门侍郎，迁侍中。

❻ 西朝：又称"西台"，指江陵。
❼ 下牢：即下牢关，在今湖北。
❽ 陆护军：指陆法和。

解读

江南流传着《画书赋》一书，是陶隐居的弟子林道士所著。这个人基本上不怎么识字，却很草率地为字体制定了规则，并假借名师名义，世人们也以讹传讹、信以为真，后世的年轻子弟被他误导了。

绘画艺术的工巧，也是奇妙的。自古以来的名士，大多善于此道。我们家曾有梁元帝亲手画的蝉雀白团扇和马图，也是一般人难以达到的水平。武烈太子特别善于人物写真，在座的宾客，他只要用笔随意点染，就画出了这些人的形象，拿了去问小孩，都知道画中人物是谁。萧贲、刘孝先、刘灵除了精通文学外，也擅长绘画。赏玩古今字画，确实让人爱不释手。但假若官位未显赫，就常被公家和私人支使作画，这样作画也成了苦差事。吴县顾士端最初为湘东王国的侍郎，后来任镇南府刑狱参

颜氏家训

军,他有个儿子叫顾庭,是梁时的中书舍人,父子俩都有弹琴书法之艺,尤其精通绘画,常被梁元帝所驱使,时常觉得羞愧。彭城的刘岳,是刘橐的儿子,担任过骠骑府的管记、平氏县令,是位有才学的人,绘画技艺极高超。后来跟随武陵王到了蜀地,下牢之败后,就为陆护军绘枝江寺壁画,和那些工匠杂处在一起。倘若这三位贤人不懂画画,一直专致于儒素之业,怎么会遇上这样的耻辱呢?

原文

弧矢之利,以威天下,先王所以观德择贤,亦济身之急务也。江南谓世之常射,以为兵射,冠冕儒生,多不习此;别有博射❶,弱弓长箭,施于准的,揖让升降,以行礼焉。防御寇难,了无所益。乱离之后,此术遂亡。河北文士,率晓兵射,非直葛洪一箭,已解追兵,三九宴集,常縻❷荣赐。虽然,要❸轻禽,截狡兽,不愿汝辈为之。

卜筮者,圣人之业也;但近世无复佳师,多不能中。古者,卜以决疑,今人生疑于卜;何者?守道信谋,欲行一事,卜得恶卦,反令恜恜❹,此之谓乎!且十中六七,以为上手,粗知大意,又不委曲。凡射奇偶,自然半收,何足赖也。世传云:"解阴阳者,为鬼所嫉,坎壈❺贫穷,多不称泰。"吾观近古以来,尤精妙者,唯京房、管辂、郭璞耳,皆无官位,多或罹灾,此言令人益信。傥值世网严密,强负此名,便有诖误❻,亦祸源也。及星文风气,率不劳为之。吾尝学《六壬式❼》,亦值世间好匠,聚得《龙首》《金匮》《玉軨变》《玉历》十许种书,讨求无验,寻亦悔罢。凡阴阳之术,与天地俱生,其吉凶德刑,不可不信;但去圣既远,世传术书,皆出流俗,言辞鄙浅,验少妄多。至如反支不行,竟以遇害;归忌寄宿,不免凶终:拘而多忌,亦无益也。

注释

① 博射：古代一种游乐性习射。
② 縻（mí）：分，分得。
③ 要：通"邀"，拦截。
④ 忓忓：忧惧不安。
⑤ 坎壈：困顿不得志。
⑥ 诖误：连累，贻误。
⑦ 六壬式：古时占卜方法之一，依据阴阳五行学说来占卜吉凶。

解读

弓箭之利，可以威慑天下，古代的帝王以射箭来考察人的德行，选择贤能，同时学会射箭也是保全自己性命的紧要事情。江南地区的人们将世间常见的习射，称之为"兵射"，出身士族的读书人，大多都不愿意修习此道。另外还有"博射"，弓力比较弱而箭身比较长，设有箭靶，宾主相见时会揖让进退，以此来表示双方之间的礼节，这种习射对于防御敌寇，是没有丝毫益处的，自战乱之后，这种"博射"的方式也就没有了。黄河以北地区的学士，大都知道"兵射"，并不只是要像葛洪的箭那样，能够射杀追兵，而且也在三公九卿的宴会上，能够以射箭夺得赏赐。虽然这样，拦截飞禽，猎杀狡兽，我是不愿意让你们去做的。

卜筮是圣人从事的职业，只是近世再也没有高明的巫师，所占多不灵验。古时候，用占卜来解疑，现在的人却对占卜产生了怀疑。这是为什么呢？凡恪守道义，相信自己谋划的人，打算去办一件事，占卜时却得到了恶卦，反而令其不安心，疑虑生于卜就是这个意思吧。况且，十次占卜，其中有六七次应验，就认为是占卜的高手。对占卜只是粗知一二，又不能说明其中原委。这就像猜奇偶正负，自然会有猜中一半的机会，这又怎可信呢？世人传言说："懂阴阳占卜的人，被鬼神嫉妒，一生坎坷穷困，多不太平。"我看近古以来，特别精通占卜的人，也只有京房、管辂、郭璞三人罢了。他们都没有官职，多遭祸害，因此这个传言更让世人相信了。倘若碰上世间法网严密，勉强地背负占卜的名声，就会受到牵累祸害，这也是一条祸根呀。至于看天文、观星象、测气候之类，你们一概不要去为它伤神。我曾学过《六壬式》，也遇过占卜的高手，收集了《龙首》《金匮》《玉轸变》《玉历》等十几种占卜的书，探研之后发现书中所说并不应验，过了不久也就后悔作罢了。大凡阴阳占卜之术，与天地同生，其对人间昭示吉凶、施加恩泽与惩罚，是不可不信的；只是现在离圣人的年代已久，世上流传的占术书，都出于凡俗平庸之手，言词粗鄙浅薄，应验极少，妄说却多。至于有人在反支日不敢远行，反而遇害；有人在归忌日寄居在外，还是遭害。拘泥于此类说法而多忌讳，也是没什么益处的。

原文

算术亦是六艺❶要事。自古儒士论天道，定律历者，皆学通之。然可以兼明，不可以专业。江南此学殊少，唯范阳❷祖暅❸精之，位至南康❹太守。河北多晓此术。

医方之事，取妙极难，不劝汝曹以自命也。微解药性，小小和合，居家得以救急，亦为胜事，皇甫谧❺、殷仲堪❻则其人也。

《礼》曰："君子无故不彻琴瑟。"古来名士，多所爱好。洎于梁初，衣冠子孙，不知琴者，号有所阙；大同以末，斯风顿尽。然而此乐愔愔雅致，有深味哉！今世曲解❼，虽变于古，犹足以畅神情也。唯不可令有称誉，见役勋贵，处之下坐，以取残杯冷炙之辱。戴安道❽犹遭之，况尔曹乎！

杂 艺

注释

① 六艺：古代学校教育六项内容：礼、乐、射、御、书、数。
② 范阳：郡名，曹魏时设置，隋初废，治所涿县，即河北涿州。
③ 祖暅（xuǎn）：即祖暅之，南齐大科学家祖冲之的儿子，在数学上也有很大的贡献，出仕萧梁，传附见《南史·祖冲之传》。
④ 南康：郡名，治所赣县，即今江西赣州。
⑤ 皇甫谧：著有《论寒食散方》等医药书。
⑥ 殷仲堪：东晋末年大臣，在内战中被杀，他精通医药。
⑦ 曲解：曲是乐曲，解是乐曲的章节。这里泛指乐曲。
⑧ 戴安道：戴逵字安道，东晋文学家兼艺术家。

解读

算术是六艺中重要一项。自古以来儒生中能谈论天时、制定律历者，都研习精通它。但它只能兼学，不可专攻。江南掌握这种学识者很少，只有范阳的祖暅精通。他官至南康太守。北方人中能懂这学问者较多。

行医开药的事要达到精妙非常不容易，不鼓励你们以此作为自己的专长。略懂点药性，稍能配点药，日常生活中能救急，也算是一种非同小可的事了。皇甫谧、殷仲堪就是这样的人。

《礼记》中记载："君子无故不会撤除琴瑟。"古时以来的名士，大多都有弹琴的爱好。到了梁朝初期，如若贵族子弟，不懂得弹琴的技艺，就要被别人看作有缺陷。大同末年，这种风气已经消失了。不过这种乐曲和悦安舒，确实让人回味无穷啊！而今世间的乐曲，虽然相对于古时候来说有些改变，但听了之后依然会让人感到心旷神怡。只是不能以擅长弹琴自居，否则会被达官贵人所役使，坐在宴席下面，得到残杯冷炙的屈辱。

颜氏家训

戴安道尚遭受过这样的事情，更何况是你们呢？

原文

《家语》曰："君子不博，为其兼行恶道故也。"《论语》云："不有博弈者乎？为之，犹贤乎已。"然则圣人不用博弈为教；但以学者不可常精，有时疲倦，则傥为之，犹胜饱食昏睡，兀然①端坐耳。至如吴太子以为无益，命韦昭②论之；王肃、葛洪、陶侃之徒，不许目观手执，此并勤笃之志也。能尔为佳。古为大博则六箸③，小博则二茕④，今无晓者。比世所行，一茕十二棋，数术浅短，不足可玩。围棋有手谈、坐隐⑤之目，颇为雅戏；但令人耽愦，废丧实多，不可常也。

投壶⑥之礼，近世愈精。古者，实以小豆，为其矢之跃也。今则唯欲其骁⑦，益多益喜，乃有倚竿、带剑、狼壶、豹尾、龙首之名。其尤妙者，有莲花骁。汝南周璝，弘正之子，会稽贺徽，贺革之子，并能一箭四十余骁。贺又尝为小障，置壶其外，隔障投之，无所失也。至邺以来，亦见广宁、兰陵⑧诸王，有此校具⑨，举国遂无投得一骁者。弹棋亦近世雅戏，消愁释愤，时可为之。

注释

① 兀然：无知的样子。
② 韦昭：韦曜。
③ 箸：博戏时所用的竹棍。
④ 茕（qióng）：骰子。
⑤ 手谈、坐隐：下围棋的别称。

杂 艺

⑥ 投壶：古代宴会的一种礼制，也是一种游戏。据《礼记·投壶》，其方法是以壶口为目标，用矢投入。

⑦ 骁：古时投壶游戏。

⑧ 广宁、兰陵：北齐文襄皇帝高澄的儿子。

⑨ 校具：装饰的物品。

解读

《家语》说："君子不做胜负游戏，是因为它兼有走邪道的缘故。"《论语》说："不是有玩博弈下棋等游戏吗？干点这个也总比闲着好！"话虽如此，但圣人并不把这些作为教育的内容，只是认为读书人不应沉湎于游戏中或全力以赴去研习，偶尔疲倦了，就玩一玩，还是比吃饱了昏睡或呆坐在那里强罢了。至于像吴太子那样，竟认为这些毫无益处，命令韦昭处置它；王肃、葛洪、陶侃的学生们，则不许看、不许碰，这大约是为了鞭策和坚固他们的志向。能这样当然好。古时进行大赛时就用六箸。现在所通行的，只是一枭十二棋，路数方法简单乏味，不值得玩。围棋有"手谈""坐隐"的名称，的确算得上是一种高雅的娱乐；但它却使人们沉迷心醉，从而荒废丧失了许多正事。这实在是不应常玩的。

投壶这种礼事，近世愈加精妙。古代投壶，壶中装进小豆，这是为了防止箭矢反跳出来。现在却要使投进的箭矢能弹跳出来，弹跳出来的次数越多越高兴，于是就有了倚竿、带剑、狼壶、豹尾、龙首等名目。其中最精彩的是莲花骁。汝南的周璝，是周弘正的儿子；会稽的贺徽，是贺革的儿子，他们都能用一个箭矢跳弹四十个来回。贺徽还曾设了小屏障，把壶放在屏障外面，隔着屏障投壶，无所不中。我到了邺都以后，也看见广宁王、兰陵王有投壶的设备，举国上下就没有一个人能投得弹跳回来了。弹棋也是近代一种高雅游戏，用来消愁解闷，可以偶尔为之。

颜氏家训

终 制

原文

死者，人之常分，不可免也。吾年十九，值梁家丧乱①，其间与白刃为伍②者，亦常数辈；幸承余福，得至于今。古人云："五十不为夭。"吾已六十余，故心坦然，不以残年为念。先有风气之疾，常疑奄然，聊书素怀，以为汝诫。

先君先夫人皆未还建邺旧山，旅葬江陵东郭。承圣末，已启求扬都，欲营迁厝③。蒙诏赐银百两，已于扬州小郊北地烧砖，便值本朝沦没，流离如此，数十年间，绝于还望。今虽混一，家道罄穷，何由办此奉营资费？且扬都汙毁，无复孑遗，还被下湿，未为得计。自咎自责，贯心刻髓。计吾兄弟，不当仕进；但以门衰，骨肉单弱，五服之内，傍无一人，播越他乡，无复资荫；使汝等沈沦厮役，以为先世之耻；故布网䩄冒④人间，不敢坠失。兼以北方政教严切，全无隐退者故也。

注释

① 梁家丧乱：指梁武帝死于侯景之乱。
② 与白刃为伍：等于说出入刀光剑影之中。
③ 厝（cuò）：浅葬以待改葬。
④ 䩄（tiǎn）冒：厚颜冒昧。

终 制

解读

死，是命中注定的事情，不可以避免。我十九岁的时候，正逢侯景之乱，其间曾出入刀光剑影之中，这种情况发生了很多次，幸好承蒙祖先的福荫，得以活到现在。古人说："活到五十岁的人就不算是短命了。"我已经六十多岁了，所以能够心怀坦然地面对死亡，不会因为所剩时光甚少而心有挂怀。我之前得过风气病，经常怀疑自己就要死了，所以便将自己平日的想法记录下来，以此作为对你们的告诫。

先父和先母都未能回归故乡建邺，就客死于外，葬在江陵东域。承圣末年曾祈求回归扬都，打算迁葬。承蒙宣帝赐给银子上百两，已在扬州近郊北面开始烧砖，便碰上了本朝沦陷，流离失所。数十年间，已断绝了回归的希望。现在虽然统一了，但是家道已经衰败穷困，哪里有门路再筹措这祭祀安葬的钱财呢？况且扬州污毁，什么也没有留下来，归葬低湿处，算不上得当。只能是自咎自责，刻骨铭心了。想来我们兄弟，不该再求官任职，但由于家道衰败，骨肉单薄，五服之内，再无他人，背井离乡，不再能借门第或已有资历的庇护；假如要使你们沦落到听人差遣的地步，那的确是先辈的耻辱；因此，只能厚着脸混下去，不敢有什么闪失差错。更加上北朝纪法规矩严整，全没有隐退一说，也就只好这样下去了。

原文

今年老疾侵，傥然奄忽，岂求备礼乎？一日放臂^❶，沐浴而已，不劳复魄^❷，殓以常衣。先夫人弃背之时，属世荒馑，家途空迫，兄弟幼弱，棺器率薄，藏内无砖。吾当松棺二寸，衣帽已外，一不得自随，床上唯施七星板^❸；至如蜡弩牙、玉豚、锡人之属，并须停省，粮罂^❹明器，故不得营，碑志旒旐^❺，弥在言外。载以鳖^❻甲车，衬土而下，平地无坟；若惧拜扫不知兆域^❼，当筑一堵低墙于左右前后，随为私记耳。灵筵勿设枕

颜氏家训

几,朔望祥禫,唯下白粥清水乾枣,不得有酒肉饼果之祭。亲友来馈酹[8]者,一皆拒之。汝曹若违吾心,有加先妣,则陷父不孝,在汝安乎?其内典功德。随力所至,勿刳竭生资,使冻馁也。四时祭祀,周、孔所教,欲人勿死其亲,不忘孝道也。求诸内典,则无益焉。杀生为之,翻增罪累。若报罔极之德,霜露之悲,有时斋供,及七月半盂兰盆,望于汝也。

孔子之葬亲也,云:"古者墓而不坟。丘东西南北之人也,不可以弗识也。"于是封[9]之崇四尺。然则君子应世行道,亦有不守坟墓之时,况为事际所逼也!吾今羁旅,身若浮云,竟未知何乡是吾葬地;唯当气绝便埋之耳。汝曹宜以传业扬名为务,不可顾恋朽壤,以取埋没也。

注释

1. 放臂:指人死亡。
2. 复魄:古时丧礼的一种。
3. 七星板:古时候,放在停尸床上以及棺材内的木板。
4. 粮罂(yīng):盛粮食用的陶器。
5. 旒旐(liú zhào):明旌,古人用以书写死者生前的德行。
6. 鳖(biē)甲车:灵车。
7. 兆域:墓地周围的疆界。
8. 馈酹(chuò lèi):以酒洒于地表示祭奠。
9. 朽壤:腐朽的土壤,此指埋了朽骨的坟墓。

解读

现在我已年老,且疾病缠身,假若突然死了,难道还要求丧礼详备周到吗?如果我哪一天撒手归天,只要求你们为我沐浴净身,不要你们为我行招魂复魄之礼，穿上普通的衣服入殓。你们的祖母去世时，正值饥荒，家境空乏窘迫，我们几兄弟又年幼单弱，所以，她的棺木轻薄粗糙，也无砖块砌筑墓郭。因此，我只能备办二寸厚的松木棺材，除了衣服帽子以外，其他的东西一概不要放进去，棺材底部只要放上一块七星板。至于像蜡弩牙、玉豚、锡人之类东西，一并不用。粮罂明器，不要去置办，更不用说碑志明旌了。棺木以鳖甲车运载，墓室底部用土衬垫一层就可入葬，墓的上面不要垒坟，弄平就行了。如果你们担心以后祭扫时不知墓的界限，可以在墓地的前后左右修筑矮墙，顺便作些标识。灵床上不要设置枕几，逢朔日、望日、祥日、禫日祭奠时，用白粥、清水、干枣就行了，不可用酒、肉、饼、果作祭品。亲友们要来祭奠，一概拒绝。你们如果违背我的意思，让我的丧礼比你们祖母的高，那就是陷我于不孝之地，你们为此能心安吗？至于念经诵佛等诸种功德，量力而行，不要弄得倾尽资财，使你们受冻挨饿。一年四季的祭礼，这是周公、孔子所教导的，目的是让人不要很快忘掉死去的亲人，不要忘记孝道。若以佛经来推求，这些都是没有好处的。以杀生来进行祭祀，反而会增加我的罪恶。倘若你们想报答父母的大恩大德，表达思念亲人的悲痛心情，那么除了平常供奉斋品外，到七月半的盂兰盆会，我希望你们能斋供。

　　孔子安葬自己的亲人，说："古时候的人建造墓但不堆坟，我是个四处奔波、居无定所之人，不可以不做标记啊。"于是便堆起了一个四尺高的坟。这样说来应该顺应时势以实现自己的主张，也有无法守着坟墓的时候，更何况是被时势所逼迫的呢。我现在旅居他乡，就像浮云一样没有依靠，竟然不知道哪里才是我的葬身之地，只有当我死去时随地埋葬就可以了。你们应该以弘扬家业为第一要务，不可以因为顾及我的葬身之地，而葬送了自己的前程。

名言妙语

1. 婚姻勿贪势家。
2. 父不慈则子不孝。
3. 巧伪不如拙诚。
4. 教妇初来,教儿婴孩。
5. 积财千万,无过读书。
6. 以学自损,不如无学。
7. 积财千万,不如薄技在身。
8. 观天下书未遍,不得妄下雌黄。
9. 自高自大,凌忽长者,轻慢同列。
10. 父母威严而有慈,则子女畏慎而生孝矣。
11. 千载一圣,犹旦暮也;五百年一贤,犹比髆也。
12. 山中人不信有鱼大如木,海上人不信有木大如鱼。
13. 与善人居,如入芝兰之室,久而自芳也;与恶人居,如入鲍鱼之肆,久而自臭也。
14. 每常心共口敌,性与情竞,夜觉晓非,今悔昨失,自怜无教,以致于斯。
15. 言及先人,理当感慕,古者之所易,今人之所难。
16. 颜、闵之徒,何可世得!但优于我,便足贵之。
17. 四海之人,结为兄弟,亦何容易。必有志均义敌,令终如始者,方可议之。
18. 别易会难,古人所重;江南饯送,下泣言离。
19. 宇宙可臻其极,情性不知其穷,唯在少欲知足,为立涯限尔。

20. 人生衣趣以覆寒露，食趣以塞饥乏耳。形骸之内，尚不得奢靡，已身之外，而欲穷骄泰邪？

21. 至诚之言，人未能信，至洁之行，物或致疑，皆由言行声名，无余地也。

22. 为善则预，为恶则去，不欲党人非义之事也。凡损于物，皆无与焉。

23. 人足所履，不过数寸，然而咫尺之途，必颠蹶于崖岸，拱把之梁，每沉溺于川谷者，何哉？为其旁无余地故也。

24. 今不修身而求令名于世者，犹貌甚恶而责妍影于镜也。

25. 夫修善立名者，亦犹筑室树果，生则获其利，死则遗其泽。

26. 既以利得，必以利殆。

27. 士君子之处世，贵能有益于物耳，不徒高谈虚论，左琴右书，以费人君禄位也。

28. 肠不可冷，腹不可热，当以仁义为节文尔。

29. 吾见世人，清名登而金贝入，信誉显而然诺亏，不知后之矛戟，毁前之干橹也。

30. 善恶之行，福祸所归。

31. 君子处世，贵能克己复礼，济时益物。

32. 能走者夺其翼，善飞者减其指，有角者无上齿，丰后者无前足，盖天道不使物有兼焉也。

33. 光阴可惜，譬诸逝水。当博览机要，以济功业；必能兼美，吾无间焉。

34. 夫学者犹种树也，春玩其华，秋登其实；讲论文章，春华也，修身利行，秋实也。

35. 文章当以理致为心肾，气调为筋骨，事义为皮肤，华丽为冠冕。今世相承，趋末弃本，率多浮艳。

读后感

读书可以使我们陶冶情操、增长知识，可以让我们内心变得丰富，在精神上拥有巨大而宝贵的财富。在寒假期间，我参与了学校组织的校本课程自主学习活动，阅读了《颜氏家训》这本书。

读完《颜氏家训》后，我有很多收获和感悟，发现其中的很多理论和思想都值得我们去学习借鉴，都可以应用到自己的学习和生活中。

作者非常重视家教，但是我看到在现实生活中，那种对孩子不讲教育而只有慈爱的家长常常不以为然。往往孩子要吃什么、要干什么，就任意放纵孩子，不加管制，该训诫时反而夸奖，该训斥责备时反而欢笑，当孩子懂事时，就认为这些道理本来就是这样的了。到骄傲怠慢已经成为习惯时，才开始去加以制止，那就树立不起父母的威严了，愤怒得再厉害，也只会增加孩子的怨恨而已。

作者非常重视学习，《勉学》中说："幼而学者，如日出之光，老而学者，如秉烛夜行，犹贤乎瞑目而无见者也。"这句话的意思是："从小学习的，如日出的光芒，能见识的多；老来再学的，像拿着蜡烛赶夜路，看到的东西虽少，但总比到死都见不到什么好啊！"可见学习的重要性。

在现代，随着科学技术的日新月异，要生存，要发展，要满足时代发展的需求，必须接受教育。只有勤于学习，更新知识，才能提升能力。社会在进步，学海永无涯，所以，我们应树立一个终身学习的观念。

在作者看来，士、农、工、商、兵各行各业都有学问，无论哪个行业，学好了都可以安身立命。作者又说，学习不仅是为了安身立命，更大价值在于利世。在作品中，作者列举了许多勤学故事，用来勉励子孙们努力学习。包括梁元帝为皇子时勤奋学习、苏秦握锥、文党投斧、孙康照雪、车胤聚萤、常林带着经书去种地、温舒携着书简去牧羊等，这些古人勤学的故事，对今天的我们依然有着强大的感染力。

学习哪有不勤奋刻苦的呢？一勤天下无难事。从古到今，有多少名人不是通过勤奋而换来成功的呢？三国时吴国的吕蒙，近代数学家华罗庚，不都是经过自己的勤奋从而取得成功的吗？

作者不仅提倡学习，而且提倡从小养成良好的习惯。我们现代的家庭教育，父母只希望我们成绩优异，很少愿意花时间培养我们的日常习惯。因此也有人说，现在的孩子是越来越没有家教了。

在平常学习生活中，有同学桌子非常乱，抽屉里堆满了乱七八糟的东西，用过的书、不用的书都堆在一起，擦完鼻涕的纸也随意放在抽屉里，到了放学的时候才开始整理，结果上课的时候找书找不到，放学还耽误回家的时间。

这些虽然看起来都是日常的小事，却都是非常不好的生活习惯，会对我们的人生发展产生非常不利的影响。我们平时一定要注意自己的一言一行，这样才能逐渐养成良好的习惯。

作者也非常重视环境的影响。他认为少年儿童的习惯，多半是受身边人影响而形成的，所以要审慎地选择师友，发挥教育习染的积极影响，以防误入歧途。

《颜氏家训》中还有很多有益的思想内容，读完这本书我收获了很多。相信在以后，我会通过阅读更多课外书籍，来进一步提升自己的品行和修养的。

知识互动大会

一、填空题

1. 颜之推，字 介 。中国古代 文学家 、 教育家 。生活年代在 南北朝 至 隋朝 期间。

2. 颜之推出生于 建康 郡的一个 士族 官僚家庭，爷爷是南齐治书御史 颜见远 ，父亲是南梁咨议参军 颜协 。

3. 颜之推 19 岁的时候，在 梁湘东王府 做官。当时有个叫侯景的人发动叛乱，颜之推被俘，在 建康 度过了 三年 的囚徒生活。

4. 在梁国，梁国灭亡；在齐国，齐国灭亡。颜之推非常伤心，写下 《观我生赋》 ，倾诉自己的苦难经历和痛苦心情。

5. 《北齐书·文苑传》记载，颜之推有文集 30 卷，《颜氏家训》5篇。可惜文集已经佚失了，而《颜氏家训》一直流传至今，在 家庭教育 发展史上有重要的影响。

6. 《颜氏家训》在 隋 朝时全部完成，是颜之推记述 个人经历 、 思想 、 学识 以告诫子孙的著作，是一部系统完整的 家庭教育 教科书，在封建家庭教育发展史上有重要的影响。后世称此书为"家教规范"。

7. 《颜氏家训》的主要刊本有 宋淳熙七年台州公库本 、 明万历甲戌颜嗣慎刻本和程荣《汉魏丛书》本 、 清康熙五十八年朱轼评点本 、 清雍正二年黄叔琳刻节钞本 、 清乾隆四十五年卢文弨刻《抱经堂丛书》本 、 清文津阁《四库全书》本 。

8. 学者、教授、文学家、国学大师 王利器 撰有 《颜氏家训集解》 ，并附各本序跋、颜氏传及其全部佚文，是最为完备的版本。

9. 序致篇 是全书的自序，讲述了撰写这本书的主要目的，作者从亲身经历入手，告诫子孙好好做人。

10. 《颜氏家训》把 读书做人 作为核心，认为无论年龄大小，都应该读书学习，才能进步。颜之推注重 家庭教育 ，认为应该及早对子女进行教育，甚至主张 胎教 。

二、选择题

1. 颜之推把圣贤之书的主旨归纳为什么？（C）

　　A．诚孝、慎行、检迹　　　　B．诚孝、谨言、检典

　　C．诚孝、慎言、检迹　　　　D．诚实、慎言、检迹

2. 颜之推注重全面教育，要求把什么相结合？（D）

　　A．为人、处事、强身、杂艺　　B．做人、为学、强体、修身

　　C．做人、当官、强身、杂艺　　D．做人、为学、强身、杂艺

3. 下面哪一句出自《颜氏家训》？（C）

　　A．称尊长，勿呼名，对尊长，勿现能。

　　B．交友须带三分侠气，作人要存一点素心。

　　C．积财千万，无过读书。

　　D．待小人不难于严，而难于不恶；待君子不难于恭，而难于有礼。

4. 认为读书问学的目的，是为了什么？（D）

　　A．修身齐家　　　　　　B．治理国家

　　C．升官发财　　　　　　D．开心明目

5. 颜之推批评＿＿＿＿视文学为雕虫小技的说法。（B）

　　A．张衡　　　　　　　　B．扬雄

　　C．司马相如　　　　　　D．屈原

6. 《颜氏家训》中_____篇考据名物，讨论语词训诂，_____篇辨析声韵，"斟酌古今，掎摭利病"，都颇具精义，反映出颜氏广博的学识和较深的造诣。（B）

   A．杂艺、终制　　　　　　　B．书证、音辞
   C．文章、名实　　　　　　　D．涉务、省事

7. 颜之推一生，历仕_____朝，_____为亡国之人。（A）

   A．四三　　　　　　　　　　B．三三
   C．三四　　　　　　　　　　D．五三

8. 颜之推原籍_____，先世随东晋渡江，寓居建康。（B）

   A．浙东　　　　　　　　　　B．琅邪临沂
   C．河东　　　　　　　　　　D．河南商丘

9. 颜之推要求子女将_____作为自己的人生偶像，并且"心醉魂迷"地向慕与仿效他们，在他们的影响下成长。（D）

   A．才子名士　　　　　　　　B．富商巨贾
   C．王侯将相　　　　　　　　D．大贤大德之人

10. 下面哪一句不是出自《颜氏家训》？（B）

    A．父不慈则子不孝。
    B．处世不必邀功，大公俱是功；与人不求感德，无怨便是德。
    C．积财千万，不如薄技在身。
    D．巧伪不如拙诚。